让我们  一起追寻

新浪微博
weibo.com/oracode

莱茵译丛
Rhein

赵涟 译

〔德〕汉斯·莫姆森 著

希特勒与20世纪德国

Zur
Geschichte
Deutschlands
Im 20.
Jahrhundert

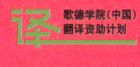
歌德学院（中国）
翻译资助计划

社会科学文献出版社
SOCIAL SCIENCES ACADEMIC PRESS (CHINA)

© 2010 Deutsche Verlags-Anstalt, München

The translation of this work was financed by the Goethe-Institut China
本书获得歌德学院（中国）全额翻译资助

前　言

本书所集纳的有关德国1918～1945年历史的文章对从纳粹专制统治建立、第三帝国危机再到崩溃这条道路上的重要节点进行了探讨。同时，本书借助示范性的事例对抵抗希特勒的运动及希特勒内政外交目标进行了描述，同时也将纳粹统治体系可能的历史替代品是什么纳入考虑。这些文献的很大一部分迄今为止没有发表过，或者是仅在冷门出版物上发表过。在个别情况下本书引用了业已出版的文章，考虑到最近的当代史讨论，它们会具有新的现实意义。

目前当代史出版方面存在一股浪潮，它们宣传一种对纳粹统治的新的整体诠释方式，其出发点是将希特勒独裁政治和德国民众共同体（Volksgemeinschaft）一分为二。正是鉴于这一点，本书所刊登的文章旨在将阿道夫·希特勒的作用

希特勒与 20 世纪德国

纳入当时的历史背景下,并突出强调了使纳粹专制和由它所启动的武力与恐怖升级成为可能的结构性因素。

本书的第一部分以魏玛共和国解体和 1933 年纳粹攫取权力为题,一方面研究了魏玛帝国宪法的缺陷在多大程度上促成了这一议会制度的失败;另一方面则对 1948/1949 年《基本法》通过时议会理事会(Parlamentarische Rat)从中吸取了哪些教训进行了探讨。其中有一点变得清楚明确,议会制度的失败只能在很小程度上归咎于宪法政策方面的因素,尽管给予帝国总统的特权使向着希特勒专制过渡变得简单。决定共和国衰落的是保守派集团和德国国防军(Reichswehr)领导层对国家总统的影响,他们表示支持任命希特勒为帝国总理,是为了防止他们所担心的议会制度复萌的发生。

希特勒是这种态势的受益人,在这种态势下他想必是害怕公开改选的。他和他的手下绝对没有遵循什么深思熟虑的攫取权力的战略,同样,他们也不是要追求什么革命性的彻底变革,尽管最初的考虑——在德国共产党(KPD)计划的颠覆活动中扮演民族拯救者角色并以"圣巴托罗缪之夜"(Bartholomaeusnacht)的形式篡夺政治权力——即便在 1933 年 1 月 30 日之后也没有完全消失。希特勒临时拼凑起来的战略理念倒不如说是不停歇的民族主义宣传和对公私机构系统一体化(Geichschaltung)的结合。令激进的纳粹冲锋队(SA)感到十分失望的是,希特勒满足于对现有国家机构的一体化以及采取伪合法路线,他把德国国家社会主义工人党(简称国社党,缩写 NSDAP)形式上的领导权转交给倒不如

前　言

说是平淡无奇的鲁道夫·赫斯（Rudolf Hess）也是其中的一个表现。

本书的第二部分对希特勒在国家社会主义统治体系中的地位以及政权成立的最初几年德国公众对其政策支持度的日益提高进行了分析。作为总理，希特勒保持着一直以来的领导方式，尽可能少地关注政治细节，而且，在保罗·冯·兴登堡（Paul von Hindenburg）退隐到诺伊德克（Neudeck）之后，他干脆开始对政府的日常事务不闻不问。国民议会（Reichstag）因为《国会纵火法令》（Reichstagsbrandverodnung）和《授权法案》（Ermaechtigungsgesetz）而形同虚设，与此同时，内阁作为决策机构被剥夺了权力，这造成了制度上的真空。与苏联体系不同，1932年12月希特勒解散由格雷戈尔·施特拉塞尔（Gregor Strasser）建立的中央领导机构之后，这个空白并没有为一个相应的党的机构所填补。

自那之后，超过36名省党部头目（Gauleiter）竞相追逐"元首"（Fuehrer）的青睐，此外还产生了一系列"二级（sekundaer）管理机构"，它们作为元首的直属机构导致了一种空前的"野生"状态。这种态势以及取代管理行为的"人治"原则导致了一场受社会达尔文主义深刻影响的所有人反对所有人的战争以及管理单位的日趋瓦解。塞巴斯蒂安·哈夫纳（Sebastian Haffner）很早就在其《论德国之双重性格》（Jekeyll & Hyde）一书中描述了希特勒统治体系内部的对抗，并警告说不要过高估计这位专制者的"政治家"特性。

希特勒与20世纪德国

在当前的研究中，下面这种趋势占据了主导：将这位专制者蛊惑人心的诱骗功夫与大部分德国人无条件服从他的意愿相对照，并且以将元首和追随者一分为二为出发点；而接下来您将看到的文章则对狂热崇拜希特勒的心理根源及其限度进行了分析。与某些学者所代表的对"民众共同体"简直可以说是唱赞歌似的高度评价相反，纳粹政权事实上仅仅在它达到了惊人的外交成就顶峰时才能指望得到人民的一致肯定。对此，希特勒所担当的和平维护者的角色是具有决定性意义的。但是战争一开始——最迟自1941年秋开始，人们就逐渐开始觉醒，当然最初这主要是针对"高官统治"（Bonzenherrschaft）制度，而并非针对希特勒个人。

纳粹宣传机构系统突出强调的"民众共同体口号"唤起了一种社会平等感。但是除了少数几个诸如实行强制参加"同喝一锅汤"（Eintopfessen）活动这样的象征性行动之外，社会差异仍旧存在，经济上的崛起与广大人民关系不大，改善中产阶级境况的承诺在绝大多数情况下也都是空头支票。所有这些都造成普通百姓退回到个人空间以及进一步的去政治化。"民众共同体"通过将犹太人和所谓的"共同体外人"（Gemeinschaftsfremden）排除在外而自动开启了极端化的螺旋——这一假设与人们所掌握的社会数据资料不符，而且，用它来解释以法西斯主义政党结构为基础的体系的逐渐极端化是不合适的。

纳粹体系的法治国家基础和道德基础的日益瓦解是国社党的对抗结构所固有的。借助对犹太人迫害升级的例子，本

前 言

书对法制观念的逐渐被掏空和司法部门被无限用于政党的目的进行了描述，它同样也描述了向种族灭绝战争的过渡，这场种族灭绝战争使波兰和苏联被占地区人民完全失去了法律的保护。鉴于安全警察（Sicherheitspolizei）和保安部（Sicherheitsdienst）特别行动队（Einsatzgruppe）的谋杀行动，犹太人问题的"最终解决"（Endloesung）开始了，与之并行的还有负责强化德国民族特点（Volkstum）的帝国专员（Reichskommissar）海因里希·希姆莱（Heinrich Himmler）所推动的日耳曼化政策——"东方总体规划"（Generalplan Ost），该政策计划驱逐和清洗上千万人。所有这一切最终都化为失控的暴力行为的不断升级，这在政权最后几周内极端的谋杀行动中达到了顶峰，并且也更多地波及本国人民。

本书第三部分着手探讨的是第三帝国的日渐解体。这关系该体系逐渐自我毁灭的各个方面、希特勒早就该采取的合理化改革措施的缺失以及他拒绝对军事高层架构和政治领导结构进行彻底的改革。最迟到兵败斯大林格勒的时候，后者似乎已经是不可否认的了。1944年七二〇运动失败，之后在元首地堡（Fuehrerbunker）中与现实隔绝的希特勒完全抵触任何路线上的改变，这使得反对政权推行坚持抵抗政策（Durchhaltepolitik）的力量无法表达意见，也导致它在走向深渊的道路上越行越远。

人们称该政权有着不同寻常的稳定性。然而，军事方面几年来就呈现出崩溃的迹象；公共机构瓦解；（不管是中层还是市政层面的）内部和日常管理因为权力被国社党和党卫队（SS）攫取而被架空——前者与后两者是一荣俱荣、一损俱损的关系。自从墨索里尼下台之后，纳粹党办公厅主任马丁·博尔曼（Martin Bormann）和担任帝国组织机构部长的罗伯特·莱伊（Robert Ley）就在恢复国社党的活力，因此他们必然也推动着这个迟钝笨拙、索然无味的群众性政党（Massenpartei）向着一个强有力的政治组织转型。但是这样的一场政党改革欠缺所有的内在条件。博尔曼的战略局限于不惜一切代价为坚持抵抗政策煽风点火的思想动员。借助与此相联系的"党化"（Partifikation）政策，纳粹党办公厅似乎试图在最后一刻推翻希特勒和国社党在1933年1月30日之后通过一体化政策（Gleichschaltungspolitik）与传统国家机构达成的妥协。值得注目的是，博尔曼和希姆莱企图将"德国人民冲锋队"（Deutscher Volkssturm）置于党的领导之下，并借此抹去恩斯特·罗姆（Ernst Roehm）失败的一页。

纳粹统治体系逐渐极端化的顶峰是犹太人问题的"最终解决"。领导精英们一致同意应当尽一切努力使德国"没有犹太人"（judenfrei）。但是直到1940年，除了推动犹太人移居国外之外没有其他现实可供选择的替代办法，后来推行的对犹太居民的杀戮在当时还是不切合实际的考虑。此外，从这个角度来看，强迫犹太人移民国外的措施在吞并了拥有300多万犹太公民的波兰之后最终被证明是"杯水车薪"。同样，从尼斯科（Nisko）计划到马达加斯加计划（Madagaskarplan）的各种保护区计划也没有确保问题的"解决"。

前　言

这个难题被以快刀斩乱麻的方式解决以及走出"最终解决"的这一步仍然是个复杂的过程。在研究当中占据主导的推断是，希特勒在 1941 年深秋（在德国对美国宣战似乎让在那之前的外交顾忌一去不复返之后）作出了系统清洗欧洲犹太人的决定，此前特别行动队的杀戮和最早一批集中营在苏联被占地区的设立为之带来了前景。与之相对应，本书第三部分第三个章节所论述的"走向最终解决的转折点"则拿出证据证明了，在万塞会议（Wannseekonferenz）于 1942 年初召开的时候，有计划的种族灭绝措施还未采取，甚至希特勒也还遵守着关于迁移要"向东"流放的犹太人的一般口头规定。后来由阿道夫·艾希曼（Adolf Eichmann）系统实施的欧洲"最终解决"计划在万塞会议结束之后的几个星期才开始。

因此，一切都表明，尽管希特勒十分渴望除掉欧洲的犹太民族，然而他并没有为由希姆莱和艾希曼付诸实施的整体解决方案下达任何正式的命令。这符合他避开不舒服和不受欢迎的决策并掩盖责任的倾向。可是，这种政治意愿形成的混沌状态是大屠杀整体计划的起源所特有的，而且它有助于解释为什么系统内部没有对计划的实施进行反对，以及为什么地方官们对最后由海因里希·希姆莱在 1943 年 10 月掀起的谋杀行动的反应会是集体排斥。

本书的第四部分收入了有关反对希特勒历史的文献，并描述了 1943 年团结在七二〇运动中的各个抵抗圈子所处的不同阶段和所确立的不同目标。直到 1939 年的时候，当时兴起的资产阶级反对派除了防止战争发生之外还没有真正达

希特勒与 20 世纪德国

成什么战略,而希特勒出乎意料地在法国速战速决并与苏联达成《互不侵犯条约》(Nichtangriffspakt)都对正在形成的反对力量产生了持续的削弱作用。虽然在《慕尼黑条约》(Muenchner Abkommen)签署时已经存在一个小范围的反体制核心,但是直到 1941 年深秋的时候才形成了一个阵容更为广泛的反叛集团。民族保守派反叛者经历了一个漫长的学习过程才认识到,对盘根错节的政权领导结构进行改良性的干预和促使西方力量对希特勒的生存空间政策(Lebensraumpolitik)及其预备阶段采取坚定立场的努力一样,对于政权陷入在军事上滥杀无辜的灾难所能产生的补救效果是微乎其微的。在亨宁·冯·特雷斯科(Henning von Treschkow)领导下形成的军方反对派在改变军事高层结构的努力徒劳无功之后从中吸取了教训,并决定通过刺杀的方式除掉希特勒,而平民反对派——例如卡尔·弗里德里希·格德勒(Carl Friedrich Goerdeler)——则在很长时间里对是否支持后来由克劳斯·申克·冯·施陶芬贝格伯爵(Claus Schenk Graf von Stauffenberg)推动的刺杀计划持保留态度。1943 年主动权转到特雷斯科、弗里德里希·奥尔布里希特(Friedrich Olbricht)和施陶芬贝格手中,与此同时路德维希·贝克(Ludwig Beck)则在军方反对派和以格德勒为首的圈子之间担当着联系人的角色。

对施陶芬贝格和其他反叛者来说,有一个考虑具有重大的意义,那就是不能因为继续对苏联的种族灭绝战争而最终威胁第三帝国的政治和军事行动能力。而对以格德勒为首的圈子来说,道义上的动机则处于核心位置——尤其是对希特

前　言

勒、国社党和党卫队罪恶政策的否定，同时它也关乎缔造一个宪法政策上的新秩序，它带来了在被视为失败了的魏玛议会制度之外的其他选择。与提早准备放弃德国在战后欧洲领导地位的"克莱骚圈"子（Kreisauer Kreis）成员不同，格德勒和乌尔里希·冯·哈塞尔（Ulrich von Hassell）领导的保守—民族主义这一派系只是为了一个欧洲联盟的形成而迟疑地告别了这一要求。反叛者用一个全面的改革纲领来与德国国家思想的腐败变坏对抗，这一纲领结合职业思想，主张自治并赞成（具体来说存在相当多变体的）联邦制度。特别是"克莱骚圈"以全面的广泛社会改革与整个欧洲经济合作相结合的新秩序理念而闻名。

与1944年七二〇运动不同，很大程度上受哈罗·舒尔策—博伊森（Harro Schulze-Boysen）和阿维德·哈纳克（Arvid Harnack）鼓舞的"红色乐团"（Rote Kapelle）主张密切依照苏联建立社会主义特色的战后秩序。与源自盖世太保并在冷战影响下得到加强的诠释方式相反，亲苏间谍活动实际上起的作用倒不如说是微不足道的。和反对派组织"白玫瑰"（Weisse Rose）类似，它关系的是为反对继续铤而走险和军事上毫无意义的战争行为赢得更广泛人群的支持。由于苏联情报部门的重大泄密，壮大膨胀的反对派组织"红色乐团"在1942年就成为盖世太保手下的牺牲品。

最后本书还回忆了我的学术导师汉斯·罗特费尔斯（Hans Rothfels）——德国抵抗希特勒运动研究领域一位德高望重的长者、多年来《当代史季刊》的出版人。这里的关键不可能是在年青一代历史学家的大规模论战面前为他进行辩护，但或许可以帮他摆脱为国家社会主义做准备工作并在 1945 年后阻碍新开端的指责。身处几代人之间，在被迫移民再返回德国之后，罗特费尔斯认为，自己作为学术导师的职责首先是在 20 世纪 20 年代特别是受历史至上主义深刻影响的历史学和战后失去方向的时期之间进行斡旋，并促生一种历史意识上的连贯性。

目　录

第一部分　从魏玛到第三帝国

第 1 章　从魏玛共和国到国家社会主义元首国家　　3
第 2 章　1918 年 11 月 9 日：首个德意志共和国的机遇与失败　　21
第 3 章　1948/1949 年议会委员会建立民主国家时从魏玛共和国吸取的教训　　35
第 4 章　国家社会主义攫取权力：革命还是反革命　　47

第二部分　希特勒的崛起与权力垄断

第 5 章　阿道夫·希特勒与 1919 年至 1933 年国家社会主义工人党的崛起　　67
第 6 章　法西斯政党国家社会主义工人党　　79
第 7 章　希特勒和政治的毁灭　　96
第 8 章　双重人格：塞巴斯蒂安·哈夫纳早期对希特勒的诠释　　112

第9章	希特勒、德国人和第二次世界大战	125
第10章	民众共同体的神话——资产阶级国家的瓦解	138

第三部分　第三帝国的危机和崩溃

第11章	国家社会主义暴力体系中道德层面的缺失	153
第12章	第三帝国的瓦解	169
第13章	走向"最终解决"的转折点：国家社会主义对犹太人迫害的升级	187

第四部分　第三帝国的抵抗运动

第14章	德国抵抗希特勒运动——总结	207
第15章	克劳斯·申克·冯·施陶芬贝格伯爵和德国抵抗希特勒的反对派	222
第16章	卡尔·弗里德里希·格德勒在1944年"七二〇"运动中的地位	234
第17章	德国抵抗希特勒运动计划中德国和欧洲的未来	256
第18章	"克莱骚圈"的外交设想	274
第19章	"红色乐团"和德国抵抗运动	284
第20章	汉斯·罗特费尔斯：连接不同时期的历史学家	297
感谢		311
注释		312
人名译名对照表		389

第一部分

从魏玛到第三帝国

第 1 章 从魏玛共和国到
国家社会主义元首国家

多数同时代的人认为，1933 年 1 月 30 日组成的阿道夫·希特勒任帝国总理的民族集中内阁（Kabinett der nationalen Konzentration）只不过是众多短命的总统内阁（Praesidialregierung）中的一个，他们只给了这个新执政联盟短短几个月的寿命。没有一个政治观察家会想到，保罗·冯·兴登堡大人最后这个总统内阁会发展成一个极权主义的元首国家。希特勒的保守派联盟伙伴也预计，如果真能成功地除掉所谓的"马克思主义政党"并消灭自由工会，那就可以按照极权思想对这个总统内阁进行重组。甚至主要的国家社会主义者也沉迷于这样的幻想当中——在左翼政党瓦解之后将这个

希特勒与20世纪德国

在他们眼中变得多余的纳粹群众运动（Massenbewegung）改造成一个由元首精挑细选的小规模的骑士团（Orden）[1]。

但是事实上，随着阿道夫·希特勒帝国总理地位的稳固，回到议会体制的回头路最后被堵上了。德国民族人民党（DNVP）阵营内部和国家总统身边的联盟伙伴担心，总统制度可能会被废除并退回到议会制，而总统制度似乎预示着政治党派萎缩退化到意识形态阵营当中的日子即将来临。为了避免总统制度被废除，他们进一步迎合希特勒，同意解散国会并紧接着同意了他们本打算阻止的新选举。因为他们不愿意冒险，让左翼党派在新的公开选举中获得多数并因此而阻碍他们所期盼的极权主义宪法改革的道路[2]。

从1930年9月开始，国社党在选举方面取得了卓越的成绩，并在1932年7月的选举中以37%的得票率到达了高峰，之后开始走下坡，在11月的选举中经历了严重的选票流失，在接下来12月的地方和地区选举中选票流失甚至高达40%。纳粹运动的危机体现在党内的关系紧张上，尤其是冲锋队的反抗愈演愈烈，党的财政捉襟见肘，同时选举宣传的吸引力降低。1932年8月13日兴登堡断然拒绝希特勒接管总理府的要求使他的威望遭受了严重的打击。纳粹运动的内部危机再也无法隐瞒了。

在这种情况下，希特勒最能干的党领导干部——格雷戈尔·施特拉塞尔（乱七八糟的党有了运转良好的领导机构要归功于他）决心劝阻希特勒放弃不成功便成仁（Alles-oder-nichts）的战略，该战略可能使国社党面临遭到孤立的威胁。他试图促使希特勒与施莱歇（Schleicher）将军内

第一部分　从魏玛到第三帝国

阁达成联盟,但是遭到了断然拒绝。因为国社党在1932年年底的时候没有能力在竞选中获胜。当事实证明希特勒并非孺子可教时,施特拉塞尔在1932年12月放弃了他在党内的职务,可能是借此向党的领导人说明他斟酌考虑的严肃性。但是希特勒却闻到了背叛的气息,特别是当施莱歇向施特拉塞尔提供了一个部长职位时[3]。

从人的因素来考虑,如果不是弗兰茨·冯·巴本(Franz von Papen),希特勒的战略肯定会以一场政治灾难而告终。他不顾希特勒的强烈猜忌,背着这位现任总理向持怀疑态度的国家总统暗示中央党(Zentrumspartei)将即刻进入内阁而且内阁会成为一个实际上的多数派政府,从而实现了民族集中内阁。这为国家总统扫除了为不断增多、取代常规立法的紧急法令(Notverordnung)承担责任的障碍,而这正是他所厌烦的。

就这样,一个纯粹是杜撰出来的多数派政府(因为巴本只是假装开始了与中央党的谈判)导致了民族集中内阁的形成。对希特勒极度怀疑的兴登堡看不到任何摆脱困境的办法,巴本向他担保说,希特勒在内阁中将被久经考验的保守派部长所包围并且将在方方面面依赖于他们,以此来安抚兴登堡。赞成共和的政党和资产阶级媒体也以为,阿尔弗雷德·胡根贝格(Alfred Hugenberg)将成为内阁的真正领头人,他是除弗兰茨·冯·巴本之外的民族集中内阁的主要建筑师之一,并且自己就担任了三个部长职位。

尽管有着总理的额外优势并且得到了戈培尔(Goebbels)所能想到的所有手段的支持,但是希特勒在1933年3

月5日的选举中仅仅获得了43.9%的选票,仅仅和德国民族人民党一起勉强获得了议会多数。然而这个联盟从一开始就下定决心通过提交全面的《授权法案》使国会自行失去作用。在强大的压力和革命手段的威胁下,资产阶级政党在3月23日同意了《授权法案》。最初有效期为期四年,后来该法案延长了两次,成为纳粹统治形式上的法律基础。

此前2月27日晚上年轻的荷兰共产主义者在国会大厦礼堂纵火已经造成了一个新的态势[4]。国家社会主义党领导人认为,德国共产党不会接受左翼政党被逐步排挤并将以武力行动作为回答,他们预计行动将在3月5日国会选举之后的晚上进行。他们无法设想德国共产党会保持无所作为的状态,而共产党煽动斗争的口号和大罢工呼吁主要意义在于掩饰其暂时按兵不动的战略。事实上,德国共产党领导人在国会大厦纵火案的那天晚上因为在腓特烈斯费尔德(Friedrichsfelde)召开秘密会议而无法取得联系,因此无法对最初的逮捕浪潮做出适当的反应。

在燃烧的国会大厦震撼下以及即刻被捕的案犯属于德国共产党的错误信息影响下,希特勒和匆忙赶往火灾现场的纳粹大佬们谈到了"共产主义的号志灯"。共产主义者打算通过这一行动妨碍国会选举,对此希特勒丝毫没有怀疑。筹划好的借助《授权法案》将这些党派排挤出去的攫取权力战略因此而受到了质疑,而且出现了这样的担心:在这种情况下,兴登堡将把执行权转交给德国国防军,那样选举就会暂时失效。

为了避免这样的态势,在普鲁士内政部形成的一个以戈

第一部分　从魏玛到第三帝国

林（Goering）和新帝国内政部长威廉·弗里克（Wilhelm Frick）为首的专家小组决定，鉴于想象出来的来自共产党方面的内战威胁而动用为此类情况准备的紧急状态计划。匆忙之间准备并在第二天（2月28日）就由帝国内阁通过的《保护人民与国家法令》（Verordnung zum Schutz von Volk und Staat）使民事紧急状态取代了军事紧急状态。这个再也没有被废止的法令被称做"第三帝国基本法"是有道理的。随着基本权利被取消，它为打压德国共产党和部分社民党人以及消除各州自治打下了基础，也就是说，使得在各州权力攫取提前进行。后来在极大政治压力下得到了也包括中央党在内的党派通过的《授权法案》实际上只有令走向极权专制的举措合法化的功能。

对于希特勒内阁的起源，卡尔·迪特里希·布拉赫尔（Karl Dietrich Bracher）称之为一种"新式的权力攫取"，它采取了形式上合法的方式，并避免了与宪法秩序的公开决裂。贝尼托·墨索里尼（Benito Mussolini）走向权力的道路为这种行事方式做出了榜样。和墨索里尼一样，在伪合法方式的背后是来自迅速壮大成一支百万兵力队伍的冲锋队暴力行为方式的赤裸裸的威胁。然而合法性几乎是谈不上的。因为纳粹领导人在1月30日之后所采取的战略包含大量违宪的内容，特别是在关系选举前期的政府组成以及对反对派的阻挠时[5]。对通过《保护人民与国家》紧急法令的理由的误导性说明也是同样。事实上那根本不能称得上是一次共产主义的抵抗尝试，这一点在2月28日上午就已经清楚了。但是这种情况没有妨碍赫尔曼·戈林（Hermann Goering）到深秋时还在帝国法院用可疑的原始资料来论证这一点。

与此同时，纳粹领导人在很大程度上得以凭借巴本和施莱歇内阁创立的配套机构，这很能说明纳粹攫取权力进程的特点。2月28日的紧急法令以巴本在1932年7月20日颁布的普鲁士法令为基础，这并非偶然。同样，政府也得以动用巴本内阁为奥特兵棋推演（该推演以左翼政党进行武装大罢工的情景为出发点）而准备的逮捕名单。除此之外，这些醉心于"没有政党的政府"幻想的总统内阁不管是在意识形态上还是法律上都为纳粹政权这个立宪国家的酝酿打下了基础[6]。

上面所描述的这种发展立刻被约瑟夫·戈培尔（Joseph Goebbels）加到"民族奋起"（nationale Erhebung）和革新的陈词滥调当中，这种发展的根源在于自1929年以来加剧的德国议会制度的危机，而这场危机是世界经济崩溃的一个后果。魏玛共和国从一开始就有着对宪法缺乏共识的弊端，而且资产阶级中间和右翼党派仅把它视作保障和平的过渡，认为它要求接替德意志帝国是没有道理的。在1920年6月的国会选举进行期间，魏玛联盟党派以及支持宪法的力量就已沦为少数了。因此，指责魏玛的民主政治家造成了制度的不稳定是错误的，虽然恰恰是来自主要的社民党多数派方面的过多的法治国家原则对除掉行政、外交和帝国内的皇室精英构成了阻碍，而这是早就该进行的。

在初期持续不断的危机过后，共和国在1923年之后成功抵御了极右翼分子进一步的叛乱企图，并在整顿货币和1924年道威斯（Dawes）计划通过的背景下明显巩固了议会

第一部分　从魏玛到第三帝国

制度。然而这是以势力对比不知不觉地向右推移为代价的，这体现在将社会民主党排除在外的公民联盟内阁（Buergerblockkabinett）的形成上。外国贷款的注入为可以明显感觉到的经济复苏提供了支撑，这在1927年给公职部门带来了全面的薪俸改革，并促使大工业首次与共和国达成了妥协。

至少，共和国成功地抵御了极右翼浪潮（它在恶性通货膨胀期间导致与作为核心的巴伐利亚内政矛盾的严重激化），并使大量准军事组织去军事化，比方说"钢盔党"（Stahlhelm）和青年德意志骑士团（Jungdeutscher Orden）。国社党在1924年12月的选举中降格为一个微不足道的小派别，而且，在1928年5月的选举中，它也没能显著壮大其潜在选民。1923年之前强有力存在的反犹太主义势头在这一稳定期内也得以被击退。同样，它也成功地使德国民族主义者有限地参与到议会制度当中。

但是，外在的稳定〔古斯塔夫·施特雷泽曼（Gustav Stresemann）顽强争取到的外交成就降低了它的难度〕却没有内在的共和国—议会制度的扩大与之相对应。事实倒不如说是相反。在1919年魏玛宪法通过时起了决定性作用的左翼自由派组织日益丧失影响力，这不仅仅是在选举活动当中，在公众心目当中也是如此。自由中间党派的日益削弱构成了魏玛共和国时期的特征，自1930年9月起它们对多数派的形成就已经无足轻重了。这与人们日益摒弃自由派的观点是相符的，与此同时，新保守主义知识分子在媒体和学术讨论中的影响力增大，这还不算民族主义浪潮在大学生以及学术界新生力量中的突飞猛进。反自由主义思想浪潮是一种

希特勒与 20 世纪德国

遍布全欧洲的现象,在德国,它因为敌视才智的非理性主义和当时正产生影响的反《凡尔赛和约》综合征而表现更为激烈。因此,在国家社会主义宣传侵袭德国之前,像"元首原则"(Fuehrerpinzip)和"民众共同体"这样的流行语早已是为人所熟悉的政治词汇了。同样的还有这样的想法:必须从挫败的思想中唤起根本的"民族奋起",它最终与西方社会传统的唯物主义(Materialismus)决裂,并把重点放在"普鲁士式的社会主义"思想上,就像奥斯瓦尔德·斯宾格勒(Oswald Spengler)宣传的那样。

特别是在共和国后期,只靠改革是不够的想法得到了右翼资产阶级知识分子的广泛承认,他们认为,现在需要的倒不如说是一场"保守主义革命",那就可以把政治权力和打造的任务交到"年青一代"的手中,他们没有被西欧文化和价值观的沦落所影响,并将再次想起符合约翰·戈特利布·菲希特(Johann Gottlieb Fichte)精神的德国唯心主义的起源。特别是汉斯·策雷尔(Hans Zehrer)大力宣传的年青一代神话在受教育阶层中为国家社会主义攫取权力作了思想准备。此外还出现了影响颇大的"军人民族主义"(soldatischer Nationalismus)文学,它与恩斯特·荣格(Ernst Juenger)的《作为内在经历的斗争》等书一起抵制着国家社会主义的雄辩[7]。

然而我们不能高估德国法西斯主义这些思想史根源,尽管我们不得不说,在 1933 年之后进入纳粹国家领导位置的德国学术阶层没有在政治和道义上发挥作用。因为议会制度解体的决定性原因在于外交与军事政策因素的共同作用以及

第一部分　从魏玛到第三帝国

自道威斯计划生效以来社会政策方面冲突的加剧。后者首先涉及利益政策冲突，但是由于工农业精英这一方和军事机构另外一方的盘根错节，这些冲突在内政上的爆炸力日益增大。

与常见的想法相反，古斯塔夫·施特雷泽曼的外交成就——特别是《罗加诺公约》（Locarno - Abkommen）的签署和结束莱茵地区被占领状态（但功绩却被继任者占为己有）——都没有带来共和国力量的加强。只要盟军以战争赔款的形式扼住德国政府的咽喉命脉，只要公然违反《凡尔赛和约》的条件是不可能的，政治右翼对于为施特雷泽曼的谅解政策承担责任就犹犹豫豫，该政策被贬斥为"履行（条约）政策"。因此就出现了这种效应，如果出现外交政策所决定的危机或者紧急状况，例如在鲁尔区被占领、签订道威斯计划以及后来的杨格计划（Young - Plan）时，只有在将在经济与社会政策上不遗余力与资产阶级政党斗争并在议会遭到孤立的社会民主党纳入进来时才能产生议会所需要的多数。因此1928年最后一届社民党领导的奥托·布劳恩（Otto Braun）议会制内阁只是因为面临着马上要进行战争赔款谈判的压力才产生的，而且它在道威斯计划通过后就立刻垮台了。这些事情表明，外交压力通常会带来制度的稳定，因为反对共和的右翼不敢大胆地站出来，而且他们在外交政策上也没有妥协的能力，因此温和的资产阶级力量就与社民党结盟了。

世界经济危机对财政政策的影响——尤其是胡佛《延债宣言》（Hoover - Moratorium）以及战争赔款问题在1931

年被搁置——改变了这种态势。因此，帝国总理海因里希·布吕宁（Heinrich Bruening）的希望破灭：他所渴望的战争赔款阵线的成功一直拖到洛桑会议才出现，而且好处让冯·巴本得去了，非但没能给他的总统内阁带来稳定，也没能给他按照极权精神改造宪法的机会。反共的力量醉心于可以自己推行德国强权政治的幻想的程度是如此之深，以至于在他们看来，海因里希·布吕宁的调停政策变得可有可无了。战争赔款支付的实质结束也使他的退场板上钉钉了。

这种态势和德国的军事政策密切相关，多年来它一直致力于避开《凡尔赛和约》对解除德国武装的规定，而且即便在结束与苏联的军备政策合作之后，"秘密国防军"（schwarze Reichswehr）仍在着手通过改头换面的预算将其日益泛滥的军备计划付诸实施。军方领导对在国际裁军谈判中立场要更加坚定的敦促伴随着总统内阁政策，并在民族集中内阁中得以继续。就这样，在国防军领导人的敦促下，德意志帝国在1933年10月退出了裁军会议[8]。

自1929年起，军事院外集团的压力在下面这个方面也加大了：因为组建预备役部队是被禁止的，所以，由于10万国防军陆军的服役期限为12年，征兵开始出现缺口。为了继续扩军政策并确保其财政条件，事实上行使总参谋部（Generalstab）职能的军队机关敦促将社民党排挤出普鲁士和帝国政府。因此其负责人施莱歇将军决定性地参与了海因里希·布吕宁总统内阁的就职仪式，人们希望布吕宁不会为非法扩军制造什么障碍。1932年6月，德国国防军和帝国内政部长威廉·格勒纳（Wilhelm Groener）发布的冲锋队禁

第一部分　从魏玛到第三帝国

令遭到施莱歇的激烈反对,并导致格勒纳辞职,这拉开了布吕宁内阁下台的序幕,而布吕宁内阁不愿造成与社民党的决裂并结束宽容政策。在他们大力支持的弗兰茨·冯·巴本总理失败之后,施莱歇和国防军领导人认识到,自己不得不最终走出掩体、走到政府的最高领导位置上了,而此前他们是通过帝国总统发挥他们的影响力的。他们醉心于能够利用希特勒并将其束缚在"合法柱"(Pfahl der Legalitaet)上的幻想当中,而希特勒则期待着重新实行普遍义务兵役制。

撼动共和国根基的第二个利益冲突涉及道威斯计划实行后工业劳资关系的恶化,该计划使此前实行的将工资成本增加转嫁到消费者身上的做法变得不合时宜。力量无论如何都被通货膨胀危机削弱的自由工会和基督教工会看到,仅凭一己之力无法阻止11月革命在社会福利方面取得的成就被一点点蚕食,而且他们不得不在工作时间和工资问题上忍受一而再再而三的克扣。

只有依靠原本为了稳定货币在1924年引入但随后成为常设机构的国家仲裁机构,他们才能在一定程度上顶住企业家组织的压力,然而为此付出的代价是工会内部的反对者增多,他们最终以革命工会反对派(Revolutionaere Gewerkschaftsopposition)的名义公开拥护德国共产党。由于社会福利政策的不平等,达成自由工资协议的情况越来越少,几乎所有的情况都要仲裁机构介入。最终,西北钢铁制造业组织(Nordwestliche Gruppe der Eisen und Stahl erzeugenden Industrie)决心通过西部重工业大规模停工的方式来对国家仲裁发起正面攻击,它的目的是消除自由工会对工资政策的影响。这场所谓的"鲁尔铁争端"（Ruhreisenstreit）虽然以企业方面的战术撤退而告终，但它没有减轻劳资协定阵线的负担，以至于重工业价格政策最终不得不在内阁会议桌上决定[9]。

魏玛的产业劳动关系一方面受经济相对停滞和高结构性失业率（Sockelarbeitslosigkeit）的拖累，另一方面受到鲁尔区重工业回归战前大规模销售的算盘落空的拖累，这导致了严重的开工不足。雇主方面因此而下定决心通过大幅度削减工资降低固定成本，并在必要情况下通过系统停工和对工会施加政治压力来强行采取必要的取消劳资协定的措施。与此相联系，重工业公开声明不再与议会制度的合作，使自己成为一场极权主义宪法改革的代言人，这场改革将由"帝国革新联盟"（Bund zur Erneuerung des Reiches）对外推动。

与此同时，削减工资和1930年开始的衰退使工会遭到严重削弱，并间接导致工人运动受到削弱，运动中的改革派多数日益陷入激进派的压力之下。在经济危机的影响下，德国共产党得以大幅壮大了其主要由长期失业者圈子组成的支持者队伍，而企业工人则支持全德工会联合会（ADGB）和社民党。随着失业者数量在1932年超过600万人，民主工人组织的活动空间缩小。虽然特别是帝国旗帜（Reichsbanner）和"铁的阵线"（Eiserne Front）反对国家社会主义运动的行动给人留下了极其深刻的印象，而且有组织的工人运动有能力抵御国家社会主义工厂组织NSBO（国社党的工会组织）对其领导干部的袭击，但是（尤其是鉴于与屈从于共产国际指令的德国共产党不可调和的矛盾）它们没

第一部分　从魏玛到第三帝国

有能力防止政治右翼不知不觉的政变。最晚从冯·巴本推翻普鲁士社民党政府开始，社民党和全德工会联合会就被剥夺了总罢工这个工具，而且，它们很大程度上在最终导致希特勒内阁形成的过程中扮演了消极的角色。

所以，在经济危机和大规模失业加剧的条件下，再也没有能阻止国家社会主义运动抬头的有效力量了。该运动极其有效地对德国社会"不一致的各个行业"（ungleichzeitige Sektoren）发起了动员，并能将不同利益集团对制度的不满为己所用。与资产阶级和社会主义政党不同，国社党放弃在地方和地区层面推行建设性的政策，也不会明确什么具体的内容。取而代之，他们将来自成员的凝聚力用在持续不断的竞选宣传和宣传活动上，并完全出于煽动性的理由推动人们参加选举。

阿道夫·希特勒及其慕尼黑追随者小圈子给国社党打上了特有的法西斯主义烙印，这将它与资产阶级但也与左翼政党区别开来。它的特征是：无限的元首崇拜、禁止党内所有层面的民主选举和对纲领的解释、精力完全集中在动员发动追随者上而且不明确具体的纲领内容。领袖魅力和派系主义（Faktionalismus）的结合保证了下级领导人在无条件忠于希特勒的同时又有相当大的活动余地。国社党的主要冲击方向是针对所谓的"马克思主义政党"和"11月共和国"的代表，它和德国民族人民党一样把德国战败的责任推到他们身上。国社党再三利用利益冲突来为自己动员，同时，人们可以感觉到，它避免在政治上做出选择，并有意识地利用了强硬反对派立场的优势。

1928年的时候,国社党在议会选举中获得的选票还不超过2.4%,这促使普鲁士政府取消了一直延续到当时的禁止希特勒演说的命令。但是选民运动中出现了明确的逆转。国社党打入产业工人阶级的努力失败,但它出人意料地在自1924年以来尤其饱受长期农业危机之苦的德国北部农村地区赢得了支持者,而且还是在完全没有组织支持的情况下。为了赢得在此前一直被忽视了的农民,希特勒认为有必要破例偏离他避免改变纲领的原则,改动党纲内赞成不受限制征收土地的一节。

此前对右翼资产阶级感兴趣的潜在选民转向了国社党,在这种情况下,自1929年春季开始,国社党取得突破为群众运动的进程拉开了帷幕,与之相伴的是资产阶级中间党派选民储备的几近完全瓦解。正如事实所表明的,国社党成功地将完全不同的潜在选民暂时凝聚在一起。第一个根本性突破随着发动农民在1930年9月的选举中投反对票而完成,同样为它所发动的还有退休人员和养老金领取者,也就是布吕宁通货紧缩政策影响最大的那些群体[10]。

第二,与社民党和资产阶级政党相比,国社党能够将特别多的年轻选民拉到自己身边,鉴于这个在战前特别庞大的年龄段在这几年里达到了选举年龄,这具有重大的意义。最终它跻身为自由选民组织和四分五裂的利益派系的委托人。除此之外,国社党〔借助瓦尔特·达雷(Walter Darre)建立起来的"农业政策部门"(Agrarpolitschs Apparat)〕对魏玛共和国的主要农业政策机构帝国农业联盟(Reichslandbund)进行渗透,并把它的潜在选民拉到自己身边。

第一部分　从魏玛到第三帝国

国社党选民的社会组成随着选举运动的进行而发生了改变。与各自在整个人口中所占的比例相比较而言,中产阶级选民的代表过多,而产业工人阶级的比例较小,同时可以看到,上层中产阶级被纳入进来的人数直线上升,而在最初阶段出于抗议而选择极端政党的选民数量减少。国社党是一个有能力将极其不同的社会群体暂时维系在自己身边的一个综合性的政党。但是其极高的不稳定性(在1933年1月之后才减小)不允许这个选民自始至终呈发散状态的运动与特定的社会群体相认同。

国社党对广大德国民众的吸引力仅在微不足道的程度上以其反犹太主义和种族主义思想为基础,1930年它转而反对杨格计划并在1931年加入"哈茨堡阵线"(Harzburger Front)的意义也只是次要的。至关重要的是,这个党有能力把自己描述成取代12年议会危机的唯一的和不容妥协的选择及一个"新德国"的保证,而且它承诺消除政党垄断并缔造一个真正的"民众共同体"。借助这个内容空洞的论证,它不仅成功地吸引到为了抗议而投极端党派票的选民,也吸引到了年轻选民。

与普遍的看法相反,国社党从未有过为自己赢得多数选民的时候。它所拼凑起来的集合体充其量可以称做消极的或者是伪装的人民党,它以高度的不稳定性为特征。这体现在1932年11月的选举上,当时国社党不得不遭受14%的选票流失,与此同时,在个别支持者群体方面选民的波动幅度还要剧烈,因此国社党面临着选民无限增长神话破灭的危险,而这个神话的宣传十分成功。如果不是帝

希特勒与20世纪德国

国总统身边的保守集团在议会选举进行前就建立了民族集中内阁并由此颠倒了选举和政府形成的关系的话,事情肯定就会是那样。

事实证明,可以通过内阁中的保守派多数控制希特勒的想法是个幻想,特别是因为,兴登堡退隐至诺伊德克,而希特勒则足够聪明地摆脱了"看家狗"冯·巴本并按照自己的意愿操纵着总统。兼任双重部长的胡根贝格的所谓强势地位同样被证明是错觉,尤其是德国民族人民党正处于衰落过程中。希特勒最终利用胡根贝格未经协调就在殖民地问题上对英国政府步步紧逼而迫使他退出内阁。与此同时,在社民党遭到禁止,而共产党干脆受到镇压之后,资产阶级政党在杜撰的民族最终实现了统一的谎言下承受着巨大的自行解散的压力。希特勒得以在没有遭遇较大阻力的情况下完成了对各州政府的一体化,通过任命戈培尔为帝国人民启蒙和宣传部长以及任命鲁道夫·赫斯和恩斯特·罗姆为不管部部长,他成功地使内阁的比重向着有利于国社党的方向转变。

同时,社会也在进行一体化,这剥夺了其保守派伙伴的组织支持。与新教不同,起初保持了谨慎态度的天主教受帝国与罗马教皇宗教协定的影响,开始与新政权接近,并且几乎是未有异议地跳上了戈培尔大力号召的"民族奋起"列车。重新争取到的关键词"民众共同体"传播开来,并掩盖了三分之一以上的人被正在站稳脚跟的警察国家禁止任何表达言论的可能并可能受制于政府镇压政策的事实。

第一部分　从魏玛到第三帝国

在1934年6月30日之后,冲锋队的最高领导人遇害拉开了纳粹统治最终得以巩固的序幕。在戈林和希姆莱的推动下,希特勒以"先发制人"(Flucht nach vorn)的方式对冲锋队领导集体进行了清洗。借此他完全击败了恩斯特·罗姆这个竞争对手,罗姆作为冲锋队这个几百万人组织的最高领导人,力图进行一场"二次革命"(zweite Revolution)、消除希特勒与遗留下来的国家秩序所做的妥协。应该说,"长刀之夜"保证了德国国防军对武器的垄断,它将党卫队带到了政治权力的核心,就这一点而言,军队的参与被证明是一场"惨胜"。

将军们建议,为了将这个独裁者与军方的利益绑在一起,在依稀可以预见的兴登堡的死亡之后将帝国总统和帝国总理的职位合二为一。这为希特勒消除了任命继任者的困难。它为元首国家教育打下了至关重要的基础,而戈培尔则着手利用所有自己可以支配的宣传手段来令希特勒神话深入人心。按照计划,这导致了思想精神的枯竭。

我们现在能从这些历史事件中得出哪些论断,这个问题需要加以区分地回答。当年特有的态势将不会重现——在这种态势下,敌对利益重叠在一起并导致对一个不受欢迎但是绝对有效的共和国秩序的清洗。同样,帮助国社党获得权力的民族主义和种族主义极度仇恨目前虽然在社会边缘群体中仍继续存在,但是在欧盟条件下是再也无法设想的了。德国民众当中极权主义观点的沉积(它促使民众容忍国家社会主义的国家恐怖)即便在今天也没有消失,但我们将尽一切努力来避免这些观点重获新生。同样,我们也不希望德国重回到传统的民族主义的老路上。这可能不能说是意识形态立场的问题（今天我们在关于魏玛共和国毁灭的教科书中遇到这个问题，而且鉴于当前的政治态势它的意义重大），而更多的是用权力收买和腐蚀的问题，这点我们可以从知识分子精英的例子中看出来。但它尤其适用于德国职能性精英（Funktionseliten）对自由机构的草率放弃，这使希特勒的专制成为可能。

第 2 章 1918 年 11 月 9 日：首个德意志共和国的机遇与失败

自从联邦德国如彗星般转瞬即逝的经济崛起开始变得暗淡，备受诋毁的魏玛共和国的形象也有所改变。人们指责它说，与被称做是"自卫型民主"（streitbare Demokratie）的联邦德国不同，它因为对宪法中立主义的理解使它的左翼和右翼敌人有可能逐步撬动议会制度，并因此为国社党在 1933 年 1 月 30 日之后攫取权力铺平了道路。这种对魏玛共和国的看法忽视了当时动荡的外在条件——在这样的条件下，1917 年《和平决议》（Friedensresolution）通过时就联合在一起的国会党派认识到自己面临着下面这个任务：鉴于威廉二世的帝国被革命推翻，它们必须建立一个自由的政治秩序并将德国人民团结在这一秩序下。

1918年11月9日魏玛共和国的成立是在这样一个社会里发生的,除了社会困顿(例如很大一部分国民缺乏食物)之外,它还以内战性质的激烈冲突为特征。共和国必须摆脱德意志帝国失败的沉重遗产以及战争影响和《凡尔赛和约》所带来的巨大经济负担。这包括将因为威廉二世以及帝国政府失败而产生的革命形势[这体现在人民代表委员会(Rat der Volksbeauftragten)的建立上]转变成一个符合宪法的政府的任务。后者应当有能力在符合国际法的基础上结束战争状态,同时防止反革命力量从中分一杯羹,这些反革命力量还一直以为可以否认帝国的军事失败,可以把帝国崩溃的责任推到社会主义政党的"背后捅刀子"(Dolchstoss)上。

不管人们如何具体评价弗里德里希·艾伯特(Friedrich Ebert)(社会民主党无可争议的领导人)在1919年11月之后推翻君主制度的几个星期里的政策——他与帝国结束后幸存下来的"最高陆军指挥部"(Oberste Heeresleitung,缩写OHL)的联盟或者是与绝大多数立场反动的自由军团(Freikorps)和志愿组织的合作并不总是有助于平息部分工业工人的抗议运动,但他在尽可能快地推动选举以便召开立宪国民大会(Nationalversammlung)问题上所表现出的坚定与果断以及很早就把拟定未来国家宪法草案的任务交给自由派的宪法学家胡戈·普罗伊斯(Hugo Preuss)都值得人们给予其绝对的承认。德国独立社会民主党(USPD)地位的巩固在1919年1月16日的德国国民大会选举中还没有表现出来,这使得多数派的形成变得简单。

第一部分 从魏玛到第三帝国

德国国民大会不得不于1919年2月6日在魏玛而不是首都柏林举行反映了德国独立社会民主党退出人民代表委员会之后激烈的内政冲突。1919年1月1日在卡尔·李卜克内西（Karl Liebknecht）和罗莎·卢森堡（Rosa Luxemburg）领导下成立的规模又小、立场又极端的共产党在1月的斗争当中以及后来都扮演着从属性的角色，直到与德国独立社会民主党的左翼联合起来它才在议会有了一定的分量。支持社民党的工人阶级当中的左翼革命派起义在当时就遭到不公正的诋毁，人们诋毁它"与斯巴达克同盟有关"。冲突的激化尤其要归咎于多数社民党党员僵化死板的秩序思想，当罢工运动失败时，他们过于轻率地向军方求助。

1919年7月31日德国国民大会通过的宪法是多方政党让步的结果，但是它仍旧带有胡戈·普罗伊斯的痕迹，而且宣传的是一种改良的议会制度，在这种制度下，总统的合法地位在面对国会的自主权时是有保留的，这一地位是与德意志帝国国家利益至上的传统密不可分的。与占据主导的国家法学说相一致，普罗伊斯不怎么重视公民基本权利的调控功能，但是即便他肯定后来联邦德国所实行的第三人效力（Drittwirkung），在当时的情况下也没有可能超出突出的中立主义宪法概念的范畴。因此，再往后批评魏玛宪法的制定没有走上系统保障基本权利的道路就是多此一举的了[1]。

普罗伊斯在各州会议咨询前期就不得不在上帝一位论问题上作出根本性的让步，并且不得不放弃将各州降格为行政单位以及赋予共和国突出的中央集权制国家特征的打算，这些似乎要重要得多。他扩大乡镇自治职能并借此启动管理民主化的努力同样也失败了。因此格哈德·舒尔茨（Gerhard Schulz）在其关于魏玛国家改革的基本研究中得出了下面这个倒不如说是持怀疑态度的结论：与普罗伊斯根据其鲜明的民主基本观所设想的情景相比，帝国宪法更多的是"极权国家思维的产物"[2]。

尽管存在着这些局限，但是，我们将不得不高度评价胡戈·普罗伊斯在宪法制定过程中的贡献。甚至自由派的代表人物一直也表示怀疑，争取国家完全议会制度化是否值得——例如受邀为宪法筹备提供咨询的社会学者马克斯·韦伯（Max Weber）就要求仅仅将帝国参议院（Reichsrat）议会制度化，而普罗伊斯从一开始就坚信，未来的德国宪法将最终带来议会制，他称其为"民主最佳和最富成果的组织形式"。因此他也间接批评了仍在继续产生影响的委员会国家的思路，比方说特别是德国独立社会民主党内部就对其偏爱有加。"我们的任务"，他在一篇关于1919年1月宪法草案的备忘录中写道[3]，"不能是用民主排挤议会制度，而更当是一个议会制民主的发展与巩固"。

然而普罗伊斯不想承认纯粹的代议制宪法（Repraesentativverfassung）具有议会制的属性（依据代议制宪法，人民代表机构发挥着国家主权唯一载体的作用），他与汉斯·凯尔森（Hans Kelsen）和奥地利社民党在见解上的差异就在于此[4]。他不认为政府是议会的委员会，而是论证说，"在纯粹的议会制度下……政府部门"形成了"两个相互独立的国家机关之间的弹性纽带"——也就是说君主制以及民主制的国家首脑和议会之间[5]。

第一部分　从魏玛到第三帝国

同时普罗伊斯为产生一位公民投票选举的总统尽心尽力，试图通过这一方式将简化迄今为止的君主立宪制向议会制共和国过渡的问题纳入考虑。马克斯·韦伯也是这种考虑的大力支持者——也就是说让一位总统与议会势均力敌。他的话听起来似乎有明显的波拿巴主义倾向，但是他没能将赋予总统职位超强领袖魅力特征的广泛要求贯彻实施[6]。因此，正如汉斯·博尔特（Hans Boldt）所说，它仍旧是一个由帝国总统面对国会（同时由帝国政府担当"纽带"）的二元制度[7]。

魏玛宪法赋予帝国总统的地位是人们批评它的核心——得到公民投票支持的、制衡人民代表机构无限议会主权的力量。这事实上是与在一般情况下发挥榜样作用的西方议会制度的根本决裂。同样，普罗伊斯的宪法草案中已经为帝国总统设定的在执法和立法之间模棱两可的地位也遭到了同时代观察家的批评[8]。

这也体现在下面这一点上：作为还是由国民大会选举出来的帝国总统，弗里德里希·艾伯特丝毫没有迟疑就担当起帝国内阁领头人的职务。虽然总统在政务活动方面受帝国总理签字同意的约束，但是因为拥有可以根据第25条解散国会并借此让国会的不信任票流产的大权，所以他有效的途径对内政决策施加影响。另外，总理制定方针政策的职权和签字确认权也有助于保持帝国总统和政府首脑关系的平衡。

相反，宪法规定赋予总统任命总理的自由而且对他没有多数票的约束，这产生了极其负面的影响。这在艾伯特总统任命威廉·库诺斯（Wilhelm Cunos）而不是当时已经蓄势待发要组阁的古斯塔夫·施特雷泽曼为帝国总理时就已经表现出来了[9]。还要糟糕得多的是——鉴于魏玛宪法第48条——它没能限制总统的特权,因此在弗里德里希·艾伯特总统任期突然结束之后,普罗伊斯还在致力于宪法中预定的关于魏玛宪法(WRV)第48条第5款实行法案的通过,该法案本应对总统的全权进行明确的说明和限定。然而该提案被兴登堡驳回,他称它是对总统特权的限制,是违反宪法的。1926年11月,他向帝国总理马克思提条件说,若要继续执行法律草案就要先全面改革选举权并巩固他的地位,这将导致宪法向着独裁的方向发展。因此该草案被搁置并再也没有在国会提出过[10]。

根据第48条所拥有的紧急条例颁布权在艾伯特任总统时就被用来与常规立法竞争(很多时候是因为国会的贪图安逸)——这本来肯定会很早就促使宪法的捍卫者行动起来。但是相对于兴登堡及其身边的人有意奉行的旨在以牺牲政府为代价来扩大总统职权的政策而言,在共和国最初几年里这种滥用的比重是很小的。不过,兴登堡一直力求在形式上遵守宪法规定,直到1930年春天大联盟破裂,特别是自从中央党和国社党威胁向最高法院起诉他通过布吕宁违背紧急条例法以来[11]。

紧急条例颁布权在总统内阁时代的过度扩张几乎不受宪法的约束,但是资产阶级中间党派却忍受了下来[12]。公民投票对总统的支持以及总统在外交和防务政策方面的执行职能在很大程度上促成了政治党派承担不那么舒服的政治责任的意愿的丧失,这主要也是因为它们能成功摆脱党派身边的利

第一部分　从魏玛到第三帝国

益组织支配的时候越来越少。总统出于对宪法的错误解读而在 1932 年出于自己的责任感要求担任国防部长一职，这让希特勒攫取权力变得简单[13]，这一点可能也具有决定命运的意义。但是，自 1925 年以来一直朝着有利于总统方向进行的权力转移首要归咎于忠于共和国的党派的失败，它们没有能力就总统职位的人选问题达成一致，也没有能力阻挠院外选举委员会推动任命保罗·冯·兴登堡——所谓的坦能堡（Tannenberg）会战的获胜者——为总统，它们希望这将带来外交和内政上的转折。

1925 年的总统选举反映了共和国党派的两难境地，自 1920 年 6 月的选举以来它们在德国国会就已经不再有明确的多数。在就是否接受《凡尔赛和约》进行投票之际，德国民主党（DDP）就能否承担国会责任，仅出于战术原因对条约投反对票。尽管有着这些很早就能看到的弱点而且在革命结束后存在着严重的冲突——其中包括占领莱茵兰（Rheinland），但是通过引入地租马克（Rentenmark）和克服通货膨胀，魏玛共和国的各届内阁成功地从本质上稳定了议会制度并成功地击退了极右翼的叛乱企图——从 1920 年 3 月的卡普（Kapp）政变到 1923 年 11 月 9 日希特勒进军统帅堂（Feldherrnhalle）。在奥匈帝国分裂后成立的中东欧和东南欧国家，通过巴黎和会建立的新秩序而出现的议会制度大多数分崩离析了，恰恰是在与这些国家的发展相比时，仅仅逐步得到西方外交和财政支持的魏玛政府的成绩就必须明确加以突出强调了。

共和国经历了最初的持续危机之后，在整顿货币和

1924年道威斯计划的背景下，议会制度明显得以巩固。但这是以势力在不知不觉中向右转移为代价的，这体现在将社民党排除在外的公民联盟内阁的形成上。与此同时，它成功地使无数准军事组织去军事化，并击退了在1923年作为挑起和利用不满抗议的政党在地方获得了影响力的国社党。尽管如此，特别是学生反犹太主义和民族主义努力的深入宣告了政治心态的彻底改变，它有利于对自由中间党派的侵蚀，而这起初是不知不觉发生的。

魏玛共和国的相对稳定首先是由对西方列强的外交和安全政策的依赖决定的。1923年法国和比利时占领鲁尔区（这要归咎于德国对强加给自己的赔款偿付拖拖拉拉）清楚明确地把这一态势摆到了人们面前。《凡尔赛和约》的条款（特别是政治右翼在反对"战争罪责"条款第231条斗争的口号下对其进行系统的大肆宣传）给这个年轻的共和国增加了沉重而且多半无法承受的经济负担。但是，由此所决定的帝国在财政和经济政策上的依赖性使得政治右派阻止"履行政策"（特别是古斯塔夫·施特雷泽曼犹豫了良久才最后下定了决心）的所有努力都显得不合时宜了，并且防止了德国民族人民党及其背后的集团特别是军方积极参与到公开反对共和国的爱国组织的独裁宪法实验当中。

要在恼人的赔款问题上达成可以过得去的解决方案就必须在将社民党纳入进来的情况下达成妥协，并逾越民主社会主义和资产阶级中间派政党之间的鸿沟。这一局面使德国有机会借1925年的《洛迦诺公约》小心地克服了德意志帝国在外交上的极度孤立。直到1931年赔款将最终结束的迹象

第一部分　从魏玛到第三帝国

显露出来、裁军谈判似乎将扩大德国活动空间的时候，聚集在（当时已经接管德国民族人民党领导权的）阿尔弗雷德·胡根贝格身后的极权主义右翼分子才认识到自己有必要亲自接管权力并积极推动议会制度的改造，使其向着"极权主义民主"发展。这一目标和鲁尔区重工业坚决推翻11月革命在社会政策方面的成绩特别是劳资协议制度的计划密不可分。议会制度没有在多数人民的意识中扎根，而且在一种"新的"元首原则（Fuehrertum）中寻求解脱的趋势偏偏在资产阶级圈子得以滋长，魏玛宪法的缺陷肯定也有助于这些局面的出现。

除此之外，批评者宣称，1919年开始引入的比例代表制（Verhaeltniswahlrecht）导致了党派的四分五裂，并因此而导致了议会制度的危机。但是后者并非令议会工作难度加大的长期联盟危机的根源。小党派的比例从未超过15%，而且它们对多数派的形成从未起过任何决定性的作用。古斯塔夫·施特雷泽曼说的"议会危机"的根源更多的是指中间党派的无能[14]，它们没有能力与社民党达成有益的妥协，而没有社民党是不可能形成多数的。通过修订选举法来稳定多数派的努力后来看来是味可疑的药剂，因为魏玛宪法实际上遭抱怨的核心说到底也就是通过跑到舒服的反对派角色这边来逃避政治责任的趋势，这也包括社民党在内。此外还要再加上从第一次世界大战战争经济制度中移植过来的利益组织在政治党派中过度膨胀的影响力。

比魏玛共和国的机构缺陷重要得多的是对于起支撑作用的基本价值观缺乏共识。约瑟夫·贝克尔（Josef Becker）

挖苦说，"构成各党派之间微弱的基本共识的不是共和国宪法，而是对修改《凡尔赛和约》的要求"[15]。站在联邦共和国这个"万无一失的安全之所"，很多历史学家指责魏玛宪法被"制定得自己可以废除自己"[16]。与此同时，鉴于1919年对于宪法基本问题缺乏共识，当时决定性的政治力量对于宪法的理解仅仅是"公开的政治形式"。这体现在魏玛宪法第6条上，它允许在国家形式发生变化时改动宪法，只要具备了必需的符合资格的多数[17]。

此外，将不受宪法左右的基本准则确定下来与当时国家法学说的一致见解相抵触，并且会让人感觉新宪法丧失了合法性。改动选举法（例如在5%的条款上）不会令多数派的情况发生太大变化，此外还会产生在1930年之后将德国人民党（DVP）和德国民主党排除在议会共同责任之外的效果。而且，就像各方在危机中斟酌考虑的那样，操控选举法在政治上是绝对不可能实现的。因此，通过提高选举年龄就能阻击国家社会主义工人党也不过是个幻想，这些内政部长威廉·冯·盖尔男爵（Wilhelm Freiherr von Gayl）都认真地考虑过了。

1948年议会委员会（Parlamentarischer Rat，即制宪会议。——译者注）就宪法进行咨询时，委员们对魏玛共和国的失败记忆犹新。他们首先把失败归咎于宪法的本质缺陷。首当其冲的是下面这个指责：宪法纯粹出于对民主的形式主义理解而无条件服从多数裁定原则，因此对民主的反对者毫无抵抗力。这种论点的背后很多时候隐藏着对议会享有无限自主权原则的拒绝和很晚才在议会委员会消除的对多数

第一部分 从魏玛到第三帝国

派"专制主义"的担心[18]。

相对于魏玛共和国的波恩/柏林共和国"自卫型民主制度"的说法忽视了下面这一点：在魏玛共和国稳定下来之后，通过党和组织禁令阻止宪法秩序被掏空的努力并不少。它们虽然绝大多数是针对共产党左翼，但也针对国社党和其他民族组织；一个例子是1921年和1922年《共和国保护法》（Republikschutz）的制定，但是巴伐利亚州政府很早就避开了该法。不过普鲁士自由邦对国家社会主义工人党和冲锋队的干涉日益遭到总统内阁的阻挠和打乱，这些内阁与国家社会主义运动眉来眼去，并将其视为有用的制衡有组织工人运动的力量。同样，普鲁士警察一再看到自己受到显然是站在国家社会主义者一边的民事司法的阻碍。

州委员会（Staatenausschuss，魏玛国民大会时期各州的代表机构，后为帝国参议院所替代。——译者注）面对胡戈·普罗伊斯的最初计划强行将各州保留下来以及宪法中央集权要素的不断减弱没有加强魏玛民主制度的内在抵抗力——尽管普鲁士发挥了直到1932年7月才被摧毁的共和国堡垒的作用。巴伐利亚自1922年以来所走的特殊道路也表明了这一点。及早消除帝国和普鲁士（考虑到法国对莱茵兰的野心，它的存在是不可侵犯的）之间的紧张关系可能会有助于共和国制度的稳定，但是鉴于革命的发展走向和地区力量的持续作用这没有实现。

基于联邦德国最终记录下来的成功史，德国在康拉德·阿登纳（Konrad Adenauer）领导下的总理民主制时期成功地逐步消除了魏玛时期流传下来的对议会制度的理解，这一点在很多时候变得无足轻重了。魏玛共和国的看法是，政党和议会的职责首先是面对政府代表形形色色的社会利益[19]。但是，当议会委员会的各党代表成功地顶住各州代表的反对并从宪法上保证了政治党派是政治意愿形成不可或缺的工具时，起初试图让联邦参议院（Bundesrat）作为"合法性保护区"限制议会自主权的努力失败了。在这个关键词背后隐藏的是对魏玛时期帝国总统的跨党派职能的追忆和对绝对多数制专政的公开怀疑。

因为各党领导人在波恩打消了这些考虑，而且联邦参议院的职责范围受到局限，正在形成当中的联邦德国走向对自己新的认识的道路就畅通无阻了。在最初的联邦议会选举过后，面对占据主导的形成超党派政府的趋势，担任基民盟最高领导人的康拉德·阿登纳获得了承认——当时库尔特·舒马赫（Kurt Schumacher）让社民党成为反对党的决定间接给了他支持，并以在联邦议会极其微弱但足够的多数接管了总理府。由此他打开了走向执政党与反对派相互作用的道路，这种关系使得获得多数并任命总理成为政党的核心任务，并且因此而有利于大党的形成。与魏玛时期对宪法的理解相比，根本性的质的区别就在于这个变化。与之相比较而言，吸取魏玛共和国的经验而做出的修正（如5%条款、建设性不信任投票和联邦总理制定政策方针的职权）意义倒不如说在其次了。

对魏玛宪法的公民投票元素的批评也是同样，特别是国家总统的普选。公民对杨格计划投反对票的消极效应通常被高估了。事实证明，共和国的反对者过度利用公民投票来反

第一部分　从魏玛到第三帝国

对国会的再三尝试在很大程度上并不成功。相反，1926年关于没收旧日诸侯财产的全民投票却产生了一场给人留下了深刻印象、对共和派阵营有利的实力较量[20]。只是在联系总统其他特权（其中包括对国防军的最高指挥权）的情况下，保罗·冯·兴登堡担当国家首脑角色的意图才得以成为现实，他才得以在这个位置上通过任命阿道夫·希特勒为总理而施加灾难性的影响。

然而，任命希特勒的关键责任在总理弗兰茨·冯·巴本身上，这点很多时候没有得到足够的关注，是他欺骗兴登堡说，由他推动的"民族集中内阁"在中央党加入进来后将拥有议会的多数（这是他随后仅仅表面上与中央党进行结盟谈判的背景）。因此产生了下面这个似是而非的悖论，在假定新内阁即便是总统内阁也将拥有议会多数的情况下，兴登堡在1933年1月30日任命阿道夫·希特勒为总理，以避免保守集团担心的退回到议会制度的情况的发生[21]。单是这个过程就说明，最迟到海因里希·布吕宁退出时就不能说它是个符合宪法的程序了。随着国会的解散和确定1933年3月5日为新选举日（理由是让德国人民有能力对新组成的"民族集中内阁"表态），组阁和选举的关系已经被本末倒置了，正如卡尔·迪特里希·布拉赫尔给人以深刻印象的表述那样[22]。直到今天个别宪法学家还持这样的见解——希特勒政府的形成是合法的，这很难理解。人们很难把这一发展过程的责任归咎到宪法的弱点上，杜撰希特勒是在民主选举中获得了权力也是不可以的。

事实上我们今天完全有理由尊敬魏玛共和国的创造者和

先行者，他们在极其沉重的外来负担下并背负着威廉二世体制的遗产为德国的民主打下了至关重要的基础，即使他们的努力最终因为国家社会主义工人党攫取权力而失败。魏玛共和国特别在现代福利国家方面但也在国家财政秩序和税收政策方面留下了至关重要的遗产，这一点人们不应该忘记。同样，不管是在经济产业还是教育文化现代化方面，魏玛共和国的成绩也不应当脱离人们的视野，尽管魏玛时期经济相对停滞不前。特别是对福利国家制度来说也是同样，今天公众视之为理所应当的，但它是在恶性通货膨胀、农业危机和工业转型的压力下产生的。在魏玛共和国成立纪念日的时候，我们完全有理由在回顾历史时公正地将其一分为二地来看待。

第 3 章 1948/1949 年议会委员会建立民主国家时从魏玛共和国吸取的教训

在议会委员会就宪法进行咨询时，委员们对魏玛共和国的命运还记忆犹新，他们把它的失败首先归咎于宪法的根本缺陷。与此同时，他们把国家社会主义攫取权力视为在劫难逃的厄运，因此这些宪法之父们努力使新的国家尽可能地不受专制的损害。魏玛和国家社会主义专制的双重失败似乎堵住了简单回到魏玛宪法上的道路，尽管在占领国的影响下通过的各州宪法在很大程度上仍与其有着联系。

与此同时，一种看法也在持续发挥着影响：民主主义议会制度（就像在巴黎郊区签署的条约给中欧国家盖上的印记那样）不仅仅在德国失败了，而且在欧洲大陆普遍失败了，特别是议会制度在法国解体之后。议会制原则仅仅在荷比卢三国和受英式宪法榜样影响的斯堪的纳维亚国家站稳了脚跟[1]。德国反对希特勒的力量从头至尾都在寻找议会制度的替代选择，而且在德国移民当中全心全意维护该制度的人也寥寥无几，这很能说明这种形势的特点[2]。很大一部分德国领导精英的反议会制立场根深蒂固，它不仅体现在魏玛时期随着时间流逝而加剧的敦促强化帝国总统地位和放弃关于不完全总统结构的魏玛宪法第45条的趋势上面（这后来在总统内阁时期成为了现实），也更多地体现在1945年之后仍可以听到的批评上面——希特勒的崛起是一个所谓的魏玛共和国"过度民主化"的直接或者是间接后果，与此同时也是各地人们对"大众民主"（Massendomokratie）概念理解不准确的结果[3]。

阿道夫·希特勒攫取权力最终是通过民主选举完成的——这个看起来几近根深蒂固的假设是上述这些想法的基础。直到当前我们所处的时代，这种看法仍旧存在：共和国是被左翼和右翼极端主义扼杀的，任命希特勒是对民主形式主义理解的不可避免的后果，也就是将民主理解为无条件地忠于少数服从多数的原则。与此同时，与魏玛共和国相比联邦共和国是"自卫型民主"的说法忽略了一点，即在魏玛体制1920年稳定下来之后人们一再试图限制公开宣称的共和国反对者对共和国秩序的掏空，比如说借助1921年的《共和国保护法》[4]。同时这也表现在下面这一点上：尤其是各州提出的防止国家社会主义暗中削弱国家机构的努力遭到了政府的阻挠制止。

第一部分　从魏玛到第三帝国

直到今天绝大多数宪法学家仍坚持他们的看法，称希特勒攫取权力形式上是合法的，事实上1933年3月政府组成和选举的关系是"本末倒置"[5]的（卡尔·迪特里希·布拉赫尔的评论很有道理）。此外，奥托·布劳恩领导的普鲁士政府率先进行的一体化似乎很难被宪法原则包括在内，顺便提一下，他的政府为后来至关重要的《国会纵火法令》准备了技术性的法律工具。但是正如往常一样，对这个问题的评价是（这的确也无可否认）：对希特勒的任命是在帝国总统兴登堡身边的保守派集团的敦促下发生的，它主要是为了不惜一切代价防止他们所担心的退回到议会制度的发生[6]。

不管怎样，1933年1月30日民族集中内阁的形成以魏玛宪法基础的事实失效为前提。这种情况也使魏玛宪法有可能在形式上生效至1945年5月，尽管是以完全被掏空的形式，这单单一个原因就够了：希特勒在被视为"革命性"的行动——像威廉·弗利克在1937年建议的那样颁布一项全面的"帝国立法"法案——面前怯懦不前[7]。就这一点而言，1948年当宪法之父们在纳粹专制的建立与魏玛政治制度和特别是帝国宪法的结构性缺陷之间确立间接联系时，他们基于的出发点是错误的想法。

除掉公民投票选举的、作为"皇帝替代者"行使职权的国家总统并在这方面与西方议会制原型相结合，在这一点上存在着共识是可以理解的。然而人们不能简单地把任命希特勒为总理的责任推到年事已高的兴登堡身上，他是在弗兰茨·冯·巴本有意识地欺骗他说新内阁将因为中央党的立即加入而变成一个在议会拥有多数的内阁时才做出这一举措的。当反对根据魏玛宪法第48条扩大紧急法令颁布权的意见日益增多并且产生影响时，当他开始怀疑到那时为止的总统政府路线是否该继续下去时，对俾斯麦之前的普鲁士部长威胁弹劾内阁记忆犹新的兴登堡就更容易被说服了[8]。

另外，魏玛宪法第48条（它的主要内容在于解除党派对国家最后的责任）的致命影响无疑首先要归咎于兴登堡始终拒绝给内政部1926年提出的执行法令草案投赞成票——暂且撇开在艾伯特时期就已经蔓延开来的为了解决持续不断的立法任务而对紧急状态条款的滥用不谈[9]。同样，兴登堡出于对德皇时期指挥权的怀念而要求任命国防部长权的态度也完全不在宪法范围内，而这种态度对共和国的结束来说无疑是致命的。

尽管如此，议会委员会作出的剥夺联邦总统在此之前的特权的结论是完全正确的，该特权使他有机会干预现行政策并插手特别重要的人事决定。在《基本法》中实现的联邦总理地位的加强完全是一个自然而然的结果，而且它反映在譬如说强调制定方针政策的职权以及防止通过不信任投票将个别部长"清除出"内阁上面。当然，由此所打开的走向总理民主的道路并非真正有意而为之的。

这尤其适用于建设性不信任投票，这方面从魏玛后期的情况就可以看出来，普鲁士三人委员会（Dreimaennerkollegium）通过改变议事规程使政府组成在第三次投票时也必须获得绝对多数的战术举措对此起了作用[10]。在普鲁上，这妨碍了戈林成为总理，或许这导致他后来失去了在帝国层面的发展可能。不管怎样，没有获得足够多数的管理内阁是没

第一部分 从魏玛到第三帝国

有行动能力的,并成了"骑士"(Herrenreiter,不仅指赛马者的外貌,还含有傲慢、冷淡、脑袋空空之意。——译者注)冯·巴本的唾手可得之物。

当然,建设性不信任投票作为魏玛共和国长期联盟危机重要后果的实际意义往往被高估了,尽管这个机构性的刹车装置对在职政府的下台可能很有用,因为这其中存在的形成多数的强制性既不能持久地跨越现有的利益冲突也不能替代所缺乏的多数。除此之外,此前恰恰是海因里希·布吕宁通过限制性法律(它们部分在联邦德国的议会实践中得以继续)在类似的方向采取了行动,并由此有效地缩小了议会的活动空间。

对破坏性多数形成的担心在1948年之后也一直持续着,这从议会委员会内外各种各样将联邦参议院扩建为合法性保护区并拒绝给予联邦议会完全自主权的努力就能得知,这在基姆湖(也称茵梦湖。——译者注)绅士岛上的准备阶段就很明显了。例如黑森州基民盟领导人埃里希·克勒(Erich Koehler)要求"防止政治党派痴迷于权力"[11],而对公开声明支持基社盟的阿道夫·聚斯特亨(Adolf Suesterhenn)来说,"议会专制违背良心的程度"可能"并不亚于一人专制"。瓦尔特·门采尔(Walter Menzel)所代表的社会民主主义宪法草案被右翼称做"一种原则上的无限暴政",只不过在该草案当中由多数取代了希特勒而已。

在盟军占领德国之后,德国人民大多数对政治不感兴趣,而且对"魏玛国家"的反感就像人们对它的轻蔑称呼那样,丝毫未减。积极从事政治活动的意愿降至最低点,并且仅限于少数人，特别是遭到政治迫害的人、归国侨民或者是在第三帝国期间被排挤的精英们。战败和崩溃导致了一种广泛的与己无关的态度（Ohne－mich－Einstellung）。与此同时，公众对魏玛共和国的失败的批评变得激烈起来，它的失败使希特勒攫取权力成为可能。与此同时，表明到了一切重新开始时刻的政治真空导致了广泛的民族冷漠，并促使分离割据主义努力重新抬头。

西方盟国试图通过它们的"再教育"政策来填补这个真空。它们主要依靠慢慢重新组成的工会的代表，但也包括魏玛共和国的著名政治家。不管是社区管理部门的重新启动还是新成立的州的政府和管理机构的建立都是如此。上文提到的这些人同样也被拉去建立首批代表机构，它们在很多情况下是在公开选举之前进行的，而且这些人决定性地参与了在占领国监督下进行的各州宪法的制定。因此，除了少数例外，这其中与魏玛宪法存在的普遍联系就得到解释了[12]。

拖延到 1947 年的宪法咨询和同一时间媒体进行的关于德国政治新秩序的讨论两者之间关系的紧张一目了然，关于魏玛共和国的流行偏见重新又回到这些讨论当中。调查研究用"宪法民主制度"的概念来说明讨论中所持的观点。它们主要旨在对上下两院形式的议会制度进行职业化的修改，但在关于州宪法的咨询中遭到美国占领军的否决。因此旨在限制代议制民主（repraesentativ Demokratie）的战略在议会委员会准备阶段就已经失败，而且没有像基民盟争取的那样，出现联邦参议院被转变成一个真正的上院的情况。巴伐利亚州总理汉斯·埃哈德（Hans Ehard）和社民党宪法学专

第一部分 从魏玛到第三帝国

家瓦尔特·门采尔引起轰动的妥协更多的是对众多有远见的宪法学家所争取的参议院解决方案构成了阻碍。另外，该妥协避免了议会的独立自主性受到上院的限制。

直到1948年5月议会委员会举行会议，在它之前进行的关于讨论当中对议会制进行职业化修改的咨询和会议才结束。此前一直被遏制的政治党派的影响到这个时候才由于特别是委员会的组成而得以承认，并让此前居主导地位的"反政党效应"后退。就像威廉·亨尼斯（Wilhelm Hennis）给人留下了深刻印象的描述一样，在这次"纯粹的党派人士会议"中政党终于作为西德战后政坛的晚产儿得到了行动起来的机会[13]。

将联邦参议院转变成一个真正的上院只是受限制地进行，而著名的埃哈德—门采尔妥协妨碍了高瞻远瞩的宪法制定者所争取的参议院解决方案，这一点直到不久前还遭到公开抱怨。1948年之前在西德地区十分活跃的关于宪法政策选择的时政讨论反映了反对议会制的不满情绪和对退回到魏玛共和国情形的担心。甚至康拉德·阿登纳偶尔也会擅自批评"议会专制主义"，并且说，"议会多数的专制"也可能会存在[14]。

与此类似，不管是在基姆湖绅士岛的宪法大会上还是议会委员会内部都有很强的反对将公民投票要素纳入未来宪法的潮流。这时不同的政治阵营得以达成一致。社民党和纯粹议会制的支持者对人民选举帝国总统和公民投票反对杨格计划的灾难性后果记忆犹新。另外，资产阶级阵营对公民投票形式的拒绝则是源于对所有不受阶梯形代表和间接选举控制的间接民主的广泛怀疑。

事实上,魏玛共和国公民投票要素的意义被高估了,特别是因为,公民投票没有一次最后获得了成功,其中也包括支持共和的关于没收旧日诸侯财产的公民投票,它只是因为议会没有发挥作用才发生的。人民选举帝国总统也不能被视为从头至尾都是有害的,倒不如说是这样,在把总统职务托付给弗里德里希·艾伯特时放弃利用它是一个严重的政治错误。毫无疑问,议会委员会从魏玛持续危机的经验中得出的最重要的结论是:接受政治党派是形成意愿和多数不可或缺的工具的这个事实。然而,它的发生并非没有阻力,而且罗伯特·勒尔(Robert Lehr)表示,"未来整个德国的宪法"必须重新消除政治党派的优势,基民盟的主要代表——其中包括特奥多尔·施特尔策(Theodor Steltzer)也对此进行了激烈的反对[15]。

威廉·亨尼斯认为[16],可以通过一次"纯粹的党派人士会议"遏制这种公开的反政党效应(就算不能完全消除的话),这是联邦共和国制定宪法的契机之一。事实上,政治党派作为西德战后政坛的晚产儿终于有机会行动起来,并且,与共同参与了宪法大会和有关制定基本法的非正式咨询委员会的宪法政府代表和专家权威相比,它们获得了决定性的重要性。相对于政党在其中仅仅作为消极因素出现的魏玛宪法而言,宪法对政治党派在政治意愿形成中的作用的承认是一个至关重要的进步。

与此同时,有鉴于魏玛的历史,人们试图通过实行5%条款来应对令人担心的党派分散现象。这被证明在一定范围

第一部分 从魏玛到第三帝国

内是适宜的，但是人们不应当忽略：分裂的小派别的存在不是在魏玛时期变得困难的联盟形成的真正问题，特别是这些党派的比例从未超过15%，因此它处在一个完全可以与联邦德国相比较的规模上。除此之外，这样的一部选举法在1930年9月之后首先会打击德国民主党、德国人民党和争取重新形成功能较弱的政党制度的那些人。

毋宁说，至关重要的是利益集团不受约束的影响力，它与立场右翼的职能性精英一起，使得逾越民主左翼和资产阶级中间派之间的鸿沟的可能性变得越来越小。通过当今十分常见的政治党派公开融资来抑制它对具体利益的依赖——这个结论从古斯塔夫·施特雷泽曼开始就在斟酌考虑，但是鉴于魏玛当时的条件它只能是乌托邦而已[17]。与魏玛共和国时期政党被组织剥夺了权利相比，今天从这一结论中形成了一种新的过度特权化，这是典型的对魏玛经历的过度补偿之一，它有可能导致代议制宪法被撬动的危险，这是令人担忧的。

与这种对政治体制结构性缺陷的过度反应类似，虽然在原本的宪法咨询中没有计划，但是联邦总理府仍扩大成一个与各部门竞争的机构：拥有约500名职员，其中至少120人是高级职位，这也包括自60年代后期进行的名为"国务部长"（Staatsminister）的议会国务秘书（Parlamentarisch Staatssekretaer）职位的设立。由此联邦总理制定方针政策的职能得到了行政机关的固化确定，同时也完成了它在承担政治职责竞争中的扩张，而这是以各部门的职权范围缩小为代价的。这只有一个先例——帝国总理府升格为决定性的调控工具，它在总统内阁时期开始并在1934年之后迅速发展。原本是协作性质的帝国总理府国务秘书在部长排名中的地位上升表明了这一点[18]。与联邦共和国的相似之处是显而易见的。

然而，在考虑议会委员会宪法制定时有两个因素必须特别提及。一个是基本权第三人效力原则和联邦宪法法院作为除政府和议会之外的第三个国家机关的突出地位。它在魏玛时期没有对应的机构——尽管设立了最高法院（Staatsgerichtshof），虽然最高法院完全清楚在政治决策过程中州法院（Obergericht）对议会意愿形成的影响。因为联邦宪法法院实行违宪审查（Normenkontrolle），到基本法通过的时候，存在着一种还没有完全发展起来的与西方议会制原型的背离，这包含着不断掏空议会独立自主性和在不为人察觉的情况下剥夺合法性的危险，这是毫无疑问的。

另外一种改变涉及发生了变化的对民主的理解，它以英国为样板，并以政府党派和反对派的斗争为出发点，它到康拉德·阿登纳的头两届内阁时才形成。因此，为任命总理创造多数的角色落在了政党身上，它取代了在1949年还占据主导的按比例代表社会利益的职能，并因此而使大党的形成成为可能。然而旧的态度看法并没有完全消失，这反映在直到19世纪50年代州一级还存在着超党派政府上，但是德国共产党很快就从中退出了[19]。阿登纳借助最初非常微弱的优势形成联盟政府的决心和库尔特·舒马赫走向反对派的决定使得民主与议会制典范的根本转变成为可能，由此，与魏玛体系的远离在一个至关重要的时刻完成了。

第一部分 从魏玛到第三帝国

最近几十年来联邦德国的发展和公民联盟内阁时期的魏玛共和国的情形越来越接近——除了在下面这个事实上存在着根本差异之外,那就是当前的多数派政府是建立在对捍卫民主宪法秩序的广泛共识的基础上的。不能与政治冷漠相提并论的蔓延的"党派愠怒"预示,政治活动有被选民利益所取代的趋势,并面临失去与人民的联系的威胁。

与此同时可以清楚地看到,不断推进的行政擎柱化(Versaeulung)正在进行,它也包括各州在内,而且有掏空或者是(像在联邦和各州管理协议情况中那样)绕开议会监督权的危险。同样,财政政策多次动用补救方案,这原本是布吕宁时期在经济危机和过大的通货膨胀政策压力下形成的,而且触及议会的预算自主权。自以为是地用 F. R. 冯·阿勒曼(F. R. von Allemann)的话——波恩不是魏玛——来美化自己不太恰当[20]。在某些方面,当前的政治制度面临着与魏玛共和国后期类似的挑战,特别是多数党的衰败方面。与此同时,魏玛的下面这个错误必须避免:政府干预工资政策并因此把左右翼既得利益者的聚集在一起的压力揽在自己身上[21]——譬如在布吕宁时期时就是这样,煤价是在内阁的会议桌上决定的[22]。

至于从国家社会主义专制得出的教训,首先引起普遍重视的是这样的经验,那就是一切都取决于对公共机构被不知不觉的掏空的应对和保证司法权的独立,然而这是有附带指示的,那就是要让法官和律师处在民主宪法的基础上。当可以看出所争取的目标具有违反法律和不人道的特征时,为纳粹政府服务的职能性精英仍表现出意愿,这一点也可以通过在德国继续发挥着影响的对合法性的迷信来解释。它尤其体现在下面这一点上：与西欧不同，在路德教和理想主义哲学的影响下，德国没有抵抗权利的传统，而且直到战后才迟疑地给予了希特勒抵抗运动无保留的承认[23]。

如果我们试图最终得出一个结论，我们能从魏玛共和国和第三帝国的经验中吸取多少教训以及它们落实到宪法形式和现实中的情况如何，结果得出的只能是一个含糊不清的图像。议会委员会从魏玛宪法所谓的和事实上的功能缺陷所得出的直接结论部分被证实是积极的成就，但部分也被证实是基于不实历史论据的宪法陈述，它们暴露出多少有些明显的与"德国道路"和魏玛反议会制度思想的渊源。对公民投票的批评就属于此类，对魏玛比例代表制影响的完全高估也是同样，尽管人们找到的替代选择无可否认地经受住了考验。鉴于魏玛历史而被纳入基本法当中的其他宪法政策上的调整措施几乎不适用于抵挡不稳定的多数派的压力——后者对第一个德意志共和国来说可是臭名昭著的。

通过确定基本权利的不可更改，宪法之父们和德国人民从魏玛宪法的失败和阿道夫·希特勒和国社党对它的掏空和压榨中得出的最重要教训在于，承认保护个人自由权利不受政治操纵侵犯、保障公民参与以及防止国家权力变得独立的宪法秩序是不可或缺的。恰恰是在1930～1933年魏玛从议会制过渡到不完全总统制这期间的这些经验（当然还有代表原则逐步遭到侵蚀和独裁结构的发展形成）对联邦德国形成了一个始终现实的挑战——要用内在的活力实现这个民主制度并使它始终值得公民信赖。

第4章 国家社会主义攫取权力：革命还是反革命

国家社会主义在1933年1月30日接管权力是否应该被视为革命的过程，这个问题的历史已经像该事件本身一样悠久了。将民族集中内阁的形成粉饰为"民族奋起"，并通过戈培尔的宣传将紧随其后的权力巩固阶段描述成"民族革命"，这些都是为了把政府更迭说成是德国政治的根本性新开端。国家社会主义工人党向着独裁方向的冲击由此得到了强调。

在后人看来，1933年1月30日无疑是历史的休止，但是这一点同时代的人起初并未感觉到。事实上，在当时人们无法预见，希特勒能成功地不仅把对手也把联盟伙伴除掉，并建立起一个民族专制政权,而且这个政权直到第二次世界大战一触即发之际都能以相对广泛的人民共识为依据,甚至得到了其他西方国家的承认——尽管1933年4月抵制犹太人的活动形成了国内政策加剧极端化和迫害犹太人的明显先兆。

另外一个完全不同的问题是,是否应该把纳粹统治的建立称为"革命",如果对于这个概念人们的理解不是纯粹的颠覆活动,而是通过努力在质上达到一个新的政治发展阶段的话(通常这是将重大欧洲革命与单纯的国家或政府的危机区别开来的标准)。与此相类似,尽管界定肯定不是一成不变的,但是想把阿道夫·希特勒列入世界杰出革命家之列的打算似乎仍值得怀疑。同样在雅各布·布尔克哈特(Jacob Burckhard)看来,希特勒也不能进入被认定具有"历史重要性"的人物之列,而是要归到"重大的强有力的毁灭者"一类[1]。

然而,希特勒在德国和欧洲政治中压倒性的毁灭作用并未妨碍很多作者明确承认他的革命特质。休·特雷沃—罗珀(Hughes Trevo-Roper)在《希特勒最后的日子》中避免得出这个结论,并对其革命特性表示了怀疑[2],而约阿希姆·克莱门斯·费斯特(Joachim Clemens Fest)在其仍旧还占有重要地位的希特勒传记中则毫不犹豫地将这位专制统治者推到了距离左翼"伟大革命家"不远的位置上,即便他也承认,与列宁或者是罗伯斯庇尔的纲领相比,希特勒的革命纲领有意为之的可能性较小,倒不如说貌似偶然产生的[3]。

对革命家的定义在研究文献中也存在着很大的差异,而

第一部分　从魏玛到第三帝国

且承认这位德国专制者发挥了一位成功"社会革命家"角色的说法占据了优势。这个论点最早是由拉尔夫·达伦多夫（Ralf Dahrendorf）和达维德·舍恩鲍姆（David Schoenbaum）带入到讨论当中的[4]，尽管是以在特定条件下的形式，而几年前赖讷·齐特尔曼（Rainer Zitelmann）和米夏埃尔·普林茨（Michael Prinz）果断开始着手对其进行研究并利用材料来对其进行论证[5]。现在，国家社会主义专制和由它所引发的世界大战的长期影响对早就该进行的德国社会现代化有着至关重要的引发作用，这一点是完全没有争议的，而社会现代化——就像达伦多夫声称的那样——是国家以稳定为导向的产生的基本条件之一。然而，人们绝对不能抱有任何的错觉——例如，就像沃尔夫冈·查普夫（Wolfgang Zapf）在精英的更替方面给人以深刻印象的证明那样[6]：真正的现代化动力直到60年代产生，虽然战争和随后德国的分裂为其创造了某些社会条件。

违背民意地将希特勒视为"现代化推行者"似乎也有点可疑，纳粹政府日益破坏性的政策不由自主地摧毁了旧传统的包袱，否认这一事实同样也是成问题的。后面这一点既涉及贵族和大地主的地位、地方教会的统治地位也涉及交通渠道的落后。在社会关系方面，纳粹专制到处加强业已存在的合理化和现代化推动措施，但是如果仔细看一下就会发现，它们没有释放出任何新的更不用说是创新性的打造性的力量了[7]。

因此，将革命范例与现代化理论联系起来（从舍恩鲍姆开始它们就如幽灵般出现在各种文献中）无助于澄清事实。在语义哲学上耍诡计同样毫无意义，比如说杰弗里·赫弗茨（Jeffrey Herfs）自创的"保守的现代主义"（reactionary modernism）概念[8]、与之相对的亨利·A. 特纳（Henry A. Turner）的"乌托邦式的反现代主义"[9]。在这方面最极端的是普林茨和齐特尔曼的立场，他们暗示希特勒是一个常常遭到误解的革命家，他明确争取的不仅是一场政治革命，也是一场社会革命。

这样的立场距离起初由克劳斯·希尔德布兰特（Klaus Hildebrand）所代表的见解不远了：国家社会主义政策中特有的种族主义成分形成了它真正的革命特性[10]。丹尼尔·戈尔德哈根（Daniel Goldhagen）用一种革命阶梯秩序将这种论点推到了极致，这种秩序的最高端就是国家社会主义的"种族主义革命"[11]。必须把种族均一性强加给社会的想法在犹太人世界阴谋这一失真图像的推动下，就像是摆脱不掉的思想一样贯穿在国家社会主义意识形态和政治实践当中。它必定以不断加重的消耗、失控的恐怖活动和对人的极度轻视而告终；特别是在失败的情况下它以荒诞不经的激化形式出现。确定它背后的新社会的轮廓十分困难。为这样的幻想打上"革命"的标签意味着事后再赋予其严肃认真的表象。

有意识地把革命的概念局限在突然的社会或政治体制变革现象上，不再将对国家社会主义来说十分典型的对意识形态目标傲慢的过度拔高（因此还有把误导性的千禧年幻想强加于人）视为革命性的，现在人们可能认为这是在吹毛求疵。与此同时，这样一个被挑选出来的术语把人们的注意力从法西斯政策的特殊性上转移开来，而这种特殊性在于其

第一部分 从魏玛到第三帝国

真实的寄生性质。胡安·林茨（Juan Linz）就曾指出，必须将法西斯主义理解为源自有组织的工人运动特别是其共产主义变体的矛盾的"政治舞台的晚产儿"，而且要将其解释为特有的"后革命主义"抗议运动[12]。它从广泛的反布尔什维克和反社会主义的不满中吸取力量，这种不满是其意识形态的温床。这种不满与不一致的各行业的可发动性同时发生，这对正处于飞速工业化进程的社会来说是十分典型的。

在这方面，法西斯运动特别是国家社会主义应当解释为反革命组成或者后革命组成更好一些。因此，不能将法西斯主义理解为处于同一历史层面上的极权主义的共产主义变体，而应将其理解为对其反射性的模仿，弄清楚这一点是必要的。这既适用于它发展形成的政治形式和结构，同样也适用于它与共产主义结构显著不同的操纵性的动员技巧[13]。

在具体情况下，国家社会主义工人党的产生和崛起源自对11月革命的抗议和打击"11月罪犯"的斗争这一点是很明显的。国社党的成功建立在对不断积聚的民族主义和社会不满的发动基础上，而这种不满源于没有得到承认的失败。11月的事件给德国右翼资产阶级力量留下的精神创伤在国家社会主义工人党的紧密领导核心身上尤其明显。希特勒就反复回忆11月的颠覆活动，并再三表示，11月9日永远不能也不可以再出现[14]。

1918年11月的创伤一再对政权的内政政策产生影响，这从希特勒对于下令定量配给食物犹豫不决及其牺牲受压迫民族以保证德意志人民有足够的食物供应的努力就能看出来。同样，他拒绝对女性实行义务兵役以及拒绝因为战争而限制消费——乃至关闭慕尼黑赛马跑道（Trabrennbahn）和理发店——都可以理解为是这一创伤的后效。总体战的纲领肯定是戈培尔正式强加给这位专制者的[15]。

对来自共产主义抵抗的危险的高估（例如对苏联战俘的过度封锁）同样来源于这个后革命精神创伤。另外，类似的态度在民族保守主义反对者中也可以看到，他们为颠覆辩护说，11月9日肯定会导致德国完全布尔什维克化，所以无论如何都必须避免它再次出现[16]。这种对11月革命、反布尔什维克主义和反犹太主义的特有认知也在紧密追随者圈子之外给国家社会主义带来了空前的心理上的推动力。

尽管如此，如果因为它对1918～1920年革命持坚决反对的立场而片面地强调纳粹运动的反革命性质将是误导性的。因为和右翼政党范围内所有新的社会运动一样，它的目标是消除19世纪资产阶级结构以及对社会重新进行根本性的塑造，这其中体现了纳粹世界观的千禧年说的基本特征。毫无疑问，这个方面占了往往被算在它头上的"现代性"的一部分。

但是值得注意的是，特别是希特勒在20年代时对于使用"革命"这个词极其克制。在关系到11月的颠覆活动时，宣传虽然使用"日耳曼"或者是"民族革命"的字眼，希特勒也宣称向统帅堂的宣传性进军是"德意志革命"的第一步[17]，然而，可以看出，"革命"这个概念在1923年后的党的宣传中很大程度上退到了次要位置，直到1933年1月才作为自我描述重新得到广泛的运用。然而这并不适用于国家社会主义的左翼，他们在口头上坚持"革命"讨论，

第一部分　从魏玛到第三帝国

但是随着奥托·施特拉塞尔（Otto Strasser）的辞职——以及最终随着国家社会主义工会组织的解体而变得完全无关紧要了。

在1930年之后的紧锣密鼓攫取权力时期，希特勒没有将一个有着异乎寻常的新开端的党的广泛目标与"革命"这个词联系起来。这肯定也有战术考虑方面的原因，因为单是考虑到对外领导德国国防军希特勒就要遵循突出的合法路线。然而在1933年1月30日之后，他毫不犹豫地重新动用了革命的概念，但通常是以"组织良好的国家社会主义革命"的这种"小剂量"形式，因为他需要人们赞成计划中的《授权法案》[18]。不管怎样，他兴奋地谈到了"革命的革命"或者是"古往今来最重大的革命"，后来可能也热情洋溢地说到了"一场历史规模的真正革命"[19]。所有这些表述都预示着对"革命"这个概念的运用首先是宣传性的，他借助革命来为自身的立场提供辩证支持，但与此同时将其说成是独一无二的。

希特勒的这场革命讨论的内容实际上多么空洞，这从他自1933年初夏开始所采取的立场就能看出来——他要求结束革命活动。他在1933年7月6日向帝国的地方长官们保证说[20]，革命必须过渡到健康渐进发展的轨道上，然而这并没妨碍他后来谈到"国家社会主义革命"以及"法西斯革命"[21]。鲁道夫·赫斯在一次讲话中曾与党内的恩斯特·罗姆反对派遭遇，在这次已经可以让人感觉到6月份长刀之夜的刀光剑影的讲话中，他为了先发制人让"二次革命"的闲言碎语无计可施而将希特勒称做"历史上最伟大的战略家和革命家"，这就并不令人奇怪了[22]。

然而，政府在权力稳固期间逐步向国家社会主义元首国家转变，但这时它在一般情况下却放弃了对现有机构进行转型或者是继续伪革命的路线，虽然具体看来暴力侵犯行为层出不穷——几乎就像这是国社党习以为常的一种习性似的。与所有人的预期相反，希特勒放弃了国家社会主义工人党的领导权，将它交给看起来倒不如说平淡无奇的鲁道夫·赫斯，这使保守派联盟伙伴产生了希望——在除掉"马克思主义政党"之后国家社会主义工人党会被缩减成一个由元首挑选的骑士团[23]。同样，希特勒也放弃了对政府机构进行形式上的改造，尽管他任命戈培尔为国民教育和宣传部长以及任命赫斯和罗姆为不管部部长破坏了无论3月份的选举结果如何都不改变内阁组成的承诺。但是，将未来的宣传部打造成一种下属几个部的上级大部的构想仍旧没有实现。

不管怎样，对各部门进行渗透（虽然形式上没有取缔它们）的国家社会主义一体化政策（它源自"斗争时期"的竞选战略）被暂时保留，而范围更广的革命活动被有意识地封锁。罗姆危机引起了轰动，其政治背景建立在冲锋队的社会革命预期基础上，在《授权法案》颁布之后的头几个星期，冲锋队在国社党欣喜若狂地瓜分官职时保持了克制。恩斯特·罗姆和冲锋队领导在此之前曾指望希特勒在《我的奋斗》中计划的"将运动的合法性转给国家"[24]会带来完全不同的东西，而并非进一步继续伪合法路线。

卡尔·迪特里希·布拉赫尔将攫取权力说成是"合法的革命"[25]隐含着这样的含义，在该策略背后隐藏着一个多

第一部分　从魏玛到第三帝国

少不为人知的政治理念。但这里关系的也是典型的"反复摸索"（trial and error）的方法，它与拒绝任何机构化的冲突解决模式结合在一起。毕竟，人们必须承认，希特勒和小圈子党领导转化了自 1930 年夏天以来的党和冲锋队的过度动员是个值得一提的政治成就，当时竞选持续不断，国内氛围如火如荼，而且在圣巴托罗缪之夜后偏偏又突然发生偏移。但是这一成就是与暴力的蔓延密不可分的，在（例如通过设立"野蛮的"集中营）将潜在的"马克思主义"左翼反对力量排挤出去之后，它首先针对的是国民当中的犹太人。

暂停"民族革命"的事实导致，表面上被一体化的国家机关重新接管了权力，而国家社会主义工人党在作为竞选工具变得多余之后被逼退回到单纯的监管和宣传功能上。党和国家之间出现的内在紧张关系仍旧是内政的推动力量，并启动了递增发展的极端化进程，该进程一方面因为运动的社会革命要素和（在某些方面的）无政府主义要素的突进；另一方面则因为政府官僚的妥协让步而出现，并迅速让自己变得理所当然，而且使自己无需帝国领导方面的特别推动[26]。

显然，希特勒更偏好业已产生的这种混沌状态，在这种状态下，在此之前已经存在的法律秩序和规范被悄无声息地掏空，同时又没有产生新的机构来取代它们的位置。这方面很有代表性的是希特勒的下面这个习性，只有在紧急状态下（偶尔在他的官员们的大肆敦促下才会这么做，例如在杀害恩斯特·罗姆的事件当中）才会背弃他的下属军官或者是部长，并取而代之建立新的专员职位与其竞争，在实现他所追寻的空想目标的过程中，它们的相互竞争占据了相当大的比例。

在这方面特别具有代表性的是，希特勒断然拒绝了威廉·弗里克通过一部大德意志帝国宪法并由此消除在宪法政策上的不确定状态的建议。这位专制者表示，他希望避免革命的破灭（在他看来放弃《授权法案》就意味着革命的破灭），取而代之，他希望在《授权法案》原本确定的时间期满后继续延长，这很能说明他的特点[27]。而且，在一般情况下，例如在建立元首选举机构（Fuehrerwahlsenat）这个存在争议的问题上[28]，希特勒拒绝任何可能暗含个人约束意味的对机构职责范围的明确。

将希特勒长期促使帝国变得难以管治的态度说成是革命主义动机是不大合适的，但是把它与变成习惯的对政治决策乃至未来的"最终解决"保持开放态度联系起来或许倒可以，他多次表示过，最终解决将在战争结束后出现。这涉及比方说教会政策，在教会政策上，他没有听从官员们特别是马丁·博尔曼和海因里希·希姆莱的敦促对教会高层采取大规模行动，尽管他对于使战争作为德国的生存方式长期持续下去这一点是坚定不移的，而这么做的缘由则是避免德意志民族因为爱好和平而松懈虚弱。

对犹太人的毁灭在多大程度上是一个因为制度的天性而产生的后果（因为在战争被触发导致潜在的国内冲突呈幂指数增长之后，不断加剧的利益冲突寻找并找到了一个补偿性的出气孔，在当时的条件下，这些冲突被推到了个人仇恨

第一部分 从魏玛到第三帝国

的出路上并以激烈的敌对斗争形式释放出来),这个问题必须保持没有定论的状态[29]。

与此相联系的是这样一种机制:在殖民地地区——首先是奥地利和波西米亚和摩拉维亚保护国(Protektorat),然后是被合并的东部地区,最后是德国驻波兰占领区(Generalgouvernement)和苏联被占地区,政治结构和意识形态按照该机制获得了承认,它们反过来对旧帝国产生影响,而且中期来看导致了已有政治机构和法律秩序的进一步崩溃或瓦解。随后,由此释放出来的活力使得希特勒在1933年与当时已经存在的国家及其军方、管理部门、外交和经济界代表达成的妥协被不断掏空了。

与此同时,1933年被刹车的政党革命方案后来又得到了政府的采用,因为遵循了该方案,罗姆和他在党内的同道中人成了希姆莱、戈林和国防军领导反密谋行动的牺牲品。在经历了不仅象征着军事危机也象征着政治危机的斯大林格勒战败之后,约瑟夫·戈培尔在其1943年2月18日在体育宫发表的轰动性讲话中宣告发动"总体战"(totaler Krieg),借此争取对政府在攫取权力阶段向当权派精英所做的让步进行修正,以便将全部力量集中到战争努力上[30]。

就算在这方面,希特勒也被证明是真正的障碍,就和心有抵触的省党部头目们一样。这持续了整整一年,直到1944年"七二〇"暗杀行动和1944年夏红军突破中央集团军群的双重危机的发生。直到这时,希特勒才放弃了他禁止接触(noli me tangere)的立场,对小圈子领导集团的敦促做了让步,委托戈培尔担当负责总体作战动员的帝国专员[31]。

希特勒与 20 世纪德国

事实上，这位日益退缩在元首地堡里的专制者倾向于将干预局限在现有的高层架构和管理结构上。一个例子是，他阻挠解散本质上已经变得多余的帝国经济部，这或许是出于本能的洞察力，认识到已经变得脆弱的统治制度再也经不起重大的调整。另外，戈培尔认识到，如果迄今为止的懒散马虎像他看到的那样继续下去，如果不事不宜迟地采取严肃认真的努力大力推动挖掘最后的资源，他的坚持抵抗的口号就会失去可信性。

在阿尔贝特·施佩尔（Albert Speer）加强军工生产要求的推动下，发动全部还可供支配资源和劳动力的努力从这时开始主要来自国家社会主义工人党，国社党不得不担心，不然自己会被排挤到边缘位置。希特勒挑选施佩尔为继任者的谣言被国社党理解为间接的威胁。因此纳粹党办公厅主任马丁·博尔曼和帝国组织机构部长罗伯特·莱伊自 1943 年夏开始对党进行全面的复兴活动，它因为成员达到 800 万人而被膨胀起来，变成了一个迟钝笨拙、在政治上索然无味的机构。特别是党的干部在人民心目中的形象是腐败和无所作为的。与此同时，他们还被视为敷衍取巧者，在享受着免服兵役地位特权的同时甚至在战争后期也过着其他国民只能梦想的奢侈生活。

博尔曼的复兴政策体现在集会浪潮、宣传攻势、大规模示威、开放日以及成员游行上，其目的是对干部和党员进行动员[32]。此外还有重拾国社党在民众心目中受损的威望的努力，马丁·博尔曼下令国家社会福利组织（Nationalistische Volkswohlfahrt）原则上只能以国家社会主义工人党的名义出

第一部分　从魏玛到第三帝国

现也是努力之一。与此同时，国社党保证自己享有照顾和疏散炸弹伤者的特权，而国家和教会的救援机构在很大程度上被排除在外[33]。同样，只有国社党有资格疏散儿童下乡（Kinderlandverschickung）。通过使党的工作以民众的直接需求为导向，它至少暂时成功地提高了这个政治组织和各党分部的声望。但是它所争取的对国民的动员仍旧是个还没有实现的愿景。

与此同时，党要求在内政和日常管理范围内接管权力，它试图通过任命省党部头目为帝国国防委员、将其拉到自己身边来实现这一目的。戈培尔促成的所谓"地方三角"的形成也有利于国家机关和国社党机关的融合，这原本恰恰是博尔曼所回避的。类似的篡权努力涉及武装力量，其相对独立性在1944年"七二〇"政变失败后事实上被废止。同时引入纳粹指挥官的目的是，在对其进行系统的政治监督之外，中期以狂热偏激的国家社会主义者来取代现有的军官团，并由此更加接近"人民军队"（Volksarmee）的构想。这些指挥官根据博尔曼的意愿受纳粹党办公厅的严格领导并接受单独培训[34]。1944年10月所谓的"德国人民冲锋队"的形成采取的是同一方针。在他们的军事观念中值得怀疑但是服务于发动民众共同体以及党和武装力量融合的民兵部队（除了后备军的技术管辖范围）不是隶属于国防军，而是隶属于国社党的领导。它应当由党的干部领导，1945年初还为他们设立了斥资不菲的军事训练营。因此，恩斯特·罗姆在1934年6月30日之前遵循的建立一个国家社会主义人民军队的目标其实已经到了一个触手可及的距离。

希特勒与20世纪德国

革命讨论在这些效果极其可疑的动员努力的背景下再次出现,这很能说明特点。例如海因里希·希姆莱在1944年10月18日纪念莱比锡民族大会战的声明中将人民冲锋队称做是一场"革命的人民运动"[35]。对最后的储备力量的动员和坚持到最后一个人在这时被说成是完成"国家社会主义革命"。与此类似,希特勒在1944年5月26日对将领和军官的讲话中说:"我们还没有走到这场革命结束的时候,而是某种程度上才处在它开始的时候。"而且他含糊地补充说他需要时间来进一步说明[36]。在这个时候,这种伪革命言论被用来为一种结果是断掉自己一切后路的立场辩护。

这种表述和类似的表达必须放在将国家社会主义工人党的斗争时期神秘化的背景下来看待。不单单是希特勒,整个宣传都将"斗争时期"作为历史成功模式来突出强调,称它证明了:只要保证民族的狂热信念以及他们对坚持抵抗的果断支持,"最终胜利"的实现就会近在眼前。国社党在1923年11月9日晚上前途无望的处境被拿来与当时的危机相比较。他们说,在那之后几年里运动不可思议的崛起是实现它将再次克服出现的挫折的证明。党办公厅在1944年9月29日的一项命令中说,"国家社会主义运动到现在为止已经掌握了所有的局面!它从未被偶尔的挫折和重大的困难所迷惑",在同一时间出版的国家社会主义工人党演说家材料中可以看到:"今天我们德意志人民和民族要进行的战斗本质上是在与同样的敌人进行的同样的战斗,我们在运动的斗争时期那些年里曾经在国内与他们进行过同样的斗争。"[37]

重提斗争时期并将国内外威胁等同视之——这在当时所

第一部分　从魏玛到第三帝国

有的宣传指示当中都能看到,而且它们强调了下面这个虚构的内容：一旦国社党能把情况掌握在自己手中,它将强行带来胜利的转折。当时的公告（其中部分显示出戈培尔的笔迹）当中包含着同样的思想轮廓,并信誓旦旦地表明了坚持到"最后一个人站立并倒下"的绝对意愿。这背后是而特别是希特勒再三强调的"意志崇拜"以及意志的绝对性是不可战胜的伪尼采观点[38]：当德意志人民保卫自己的国土和家园、乡村和城市直到最后一个人时,仅仅由雇佣兵部队组成的盟军部队将不得不认识到,与"全部人民"对抗是没有前途的,并将停止作战。

和这一幻想联系在一起的是下面这个荒唐的信念：党在1933年没有"全力以赴",没有冷酷无情地消灭国家和军队的资产阶级和贵族精英,只是因为这个原因它才会出现军事和政治危机。因此混在民众共同体当中的叛徒和"失败制造者"毫无例外都必须把他们赶出去。除了有计划地争取人种的均一化之外,现在也必须让政治思想均一化了。在灭亡过程中政权还打算消除可能的反对国家社会主义在暂时战败的德国复苏的力量,它采取的方式是貌似预防性地着手消灭事实存在或潜在的敌人。所谓的"格栅行动"（Gitter）或者叫做"雷暴行动"（Gewitter－Aktion）就是服务于这一目的,它导致了几千名德高望重者被捕[39]。只是因为崩溃突然发生,幸存的魏玛共和国政治精英们才没有被加害。所谓的"狼人"（Werwolf）计划也与此有关,它主要应帮助国家社会主义继续存在下去,而不是直接进行游击活动[40]。

毫无意义的"死亡行军"（Todesmarsch）也应归于大规

模谋杀的范畴，犹太和非犹太裔集中营难民还有一些战俘和劳役成为死亡行动的牺牲品。这个时候恐怖主义的释放不仅仅针对处在德国监禁下的外国人，也针对所有敢于不惜一切代价反对坚持到底口号的德国人。在最后一刻如此嗜血的心理背景是通过极端的过激行为来"补偿"自身失败的需求，其目的是通过除掉所谓的政权的内在敌人，借助暴力带来信誓旦旦地要实现的意志上的统一。

因此，本质上来说，国家社会主义工人党回到了它最初的状况，只是试图用恐怖主义来帮助完成意识形态上的灌输。与此同时，它致力于让自己在历史上幸存下来。将希特勒的自杀美化成英雄主义行为与政权后期的自导自演天衣无缝，现在它从解放战争的局面中找到样板，在戈培尔喜爱的乌发电影股份公司（UFA，Universum Film A. G. 的缩写，意为宇宙电影有限公司。——译者注）的彩色电影《科尔贝格》（*Kolberg*）中，观众看到并留下深刻印象的就是这些[41]。

在衰败崩溃的阶段，所有的顾忌和传统都灰飞烟灭，国家社会主义的内在本质变得赤裸裸，看到这些会让人很难同意它与表面上可以与之相比的极权主义浪潮类似，很难同意它们都具有革命的性质——如果对革命的理解不是恰恰在崩溃过程中释放出来的毁灭性和自我毁灭的能量的话，希特勒和他忠诚的追随者想借这种能量无视所有业已形成的历史形式和传统将不切实际的幻想强加到政治现实当中。就像塞巴斯蒂安·哈夫纳之前说过的，他们这么做是因为看到了失败风险背后的英勇的"诸神的黄昏"（瓦格纳《尼伯龙根的指

第一部分 从魏玛到第三帝国

环》歌剧的最后一部分，意指世界末日。——译者注）的结局。1933年，戈特弗里德·本（Gottfried Benn）在厚颜无耻地反驳海因里希·曼（Heinrich Mann）的批评时试图利用这个论据来为国家社会主义攫取权力辩护：这是"最后一个伟大的白种人计划，可能是世界精神的最伟大实现之一"，同时也是"令一个民族重生的最后的努力"[42]。与此类似，希特勒在1937年11月曾预言德国人"作为占优势的白人力量和种族"的地位[43]。但是失败的预兆、对各种死亡崇拜变体的嗜好就在它的旁边。

国家社会主义的统治地位体现了对德国社会部分是潜伏的、部分是大白于天下的潜在暴力和极权主义态度的成功动员。尽管如此，除了像寄生虫似地利用遗留下来的机构和思想立场之外它没有走得更远。它表面上的成功里面总是带有毁灭的病菌。"东方总体规划"和在扩大的国家社会主义统治范围内建立人种均一结构的广泛幻想事实上比致命的妄想好不了多少，它很难被纳入欧洲革命的范畴内。断然背弃西方社会内在价值观的发生横贯着革命与反动这对概念，它缺乏能保证纳粹制度至少部分存活下来的持续的实质性要素。纳粹体系崩溃了，并没有值得一提的历史遗产留下。

第二部分

希特勒的崛起与权力垄断

第5章　阿道夫·希特勒与1919年至1933年国家社会主义工人党的崛起

阿道夫·希特勒从无名小卒到成为帝国总理以及无所不能的专制者——他的这条道路对很多观察家来说似乎有着无法解释的魅力。绝大多数的希特勒传记都求助于马克斯·韦伯的领袖气质说，它有助于解释为什么如此多的德国人毫无异议或者是满腔热情地同意并遵循希特勒的过分要求，这一点此前在伊恩·克肖（Ian Kershaw）的重要希特勒传记——以及汉斯—乌尔里希·魏勒（Hans-Ulrich Wehler）的《德国社会史》第四卷中都有强调[1]。最近卢多尔夫·赫布斯特（Ludolf Herbst）在一篇内容丰富的评论中提出的观点是，希特勒的"德国救世主"角色要追溯到早期在慕尼黑时期与他志同道合者的杜撰，因此他的魅力建立在一个传说的基础上[2]。就和很多在他之前的诠释者一样，赫布斯特致力于解释这个矛盾：为什么希特勒凭借平庸的才智、中人之资（而且还没有能力建立长久的社会联系）却可以先是担任党的领袖，然后又在德国历史上灾难性的12年里担任了总理。为了阐明希特勒走入政坛的道路就需要对1919年至1923年这一时期以及源自第三方的影响进行深入的分析，这种影响使他作为宣传鼓动性的演说家、之后成为无可争议的党领袖青云直上成为可能。

这与下面这个问题联系在一起，安东·德莱克斯勒（Anton Drexler）的德国工人党（DAP）是如何成功地从一个不能登堂入室的组织变成一个在1923年底时成员已经超过5200人的地区性政党的。

因此是时候描绘一下这个进程了——在这个进程的发展过程中，偏偏正是安东·德莱克斯勒的德国工人党（后来改名为国家社会主义工人党。——译者注）在众多相互竞争的民族党派和组织中成功取得突破发展成了群众运动，也是时候研究一下阿道夫·希特勒在其中所扮演的角色了。

当希特勒在1918年11月离开帕泽瓦尔克（Pasewalk）野战医院回到慕尼黑时，他是社会的局外人，而且政治上一片空白。发生革命的那几天他是在第二步兵团兵营度过的，在1919年5月时他是巴伐利亚国防军第四军指挥部通讯部门的一员，听从卡尔·迈尔（Karl Mayr）上尉的命令。

11月革命的时候，希特勒人在军营，根本没有参与革命过程，也没有以任何方式崭露头角。他只在边缘上参与了

第二部分　希特勒的崛起与权力垄断

些许打倒委员会统治的努力。

与后来在《我的奋斗》中所美化的不同,他没有以任何方式确定自己的政策。成为其导师的卡尔·迈尔后来说,自己5月份遇到他时,希特勒"完全没有原则",而且只要能给他弄个职位,不管这个人是什么流派什么路线,他都会听命于他[3]。

根据卢多尔夫·赫布斯特的研究,希特勒在卡尔·迈尔的通讯部门任职时期在意识形态上获得了至关重要的推动,这点是毫无疑问的了,当时他的雄辩天赋已经开始为人所知,他在那里被培训成一个鼓动性的演说者,足以让他在早期的德国工人党崭露头角。他也因此而与担任讲师并隶属图勒(Thule)学会的民族诗人迪特里希·埃卡特(Dietrich Eckart)和历史学家卡尔·亚历山大·冯·米勒(Karl Alexander von Mueller)建立了密切关系。

直到这一时期,希特勒才成为极端的反犹太主义者,除了迈尔、埃卡特和米勒的影响之外,尤里乌斯·F. 勒曼(Julius F. Lehmann)大量出版发行的反犹太主义册子也对他产生了影响。所有这些人对希特勒的影响远远大于对他在林茨和维也纳时期的模糊回忆的影响。在此之前希特勒没有鲜明的反犹太主义观点,这点从布里吉特·哈曼(Brigitte Hamann)的分析中可以看出[4]。

可以断定,他在国防军第四指挥部的活动(它于1920年3月31日结束)对希特勒政治观念的形成具有至关重要的意义,尽管直到他写完《我的奋斗》第一卷时才完成了某种程度上的修饰完善。这些政治观念当中没有任何东西是他原创的，即便是希特勒所代表的根除性的反犹太主义或者是针对凡尔赛和"11月罪犯"的臭名昭著的论战也都不是[5]。

众所周知，希特勒的政治生涯是从他成为异常成功的德国工人党（他名义上是作为第555名成员加入的）鼓动演说家开始的[6]。他的无数次公开演讲为他在民族主义圈子建立宝贵的社会关系助了一臂之力，特别是与贝希施泰因（Bechstein）夫妇、布鲁克曼（Bruckmann）出版家族但也包括与艾尔莎·汉夫施丹格尔（Elsa Hanfstaengl）及其先生的关系，后者赞赏地在他们举办的沙龙里把他介绍给了很多人[7]。

与此同时，希特勒成功地将一群无条件忠于他的追随者聚集在自己身边，其中也包括鲁道夫·赫斯、阿尔弗雷德·罗森堡（Alfred Rosenberg）、马克思·阿曼（Max Amann）和克里斯蒂安·韦贝尔（Christian Weber），除了不可或缺的人民演说家的地位之外，他还成功为自己争取到了党内的支持。因此希特勒能够逐步对党的委员会施加决定性的影响。这样就形成了一个非正式的领导圈子，其中主要包括迪特里希·埃卡特、阿尔弗雷德·罗森堡、鲁道夫·赫斯和赫尔曼·埃塞尔（Hermann Esser），这个圈子慢慢挤到了安东·德莱克斯勒领导的党委员会身边。

在希特勒推动将卡尔·哈勒（Karl Harrer）开除之后，1921年6月，在德莱克斯勒推动的与奥托·迪克尔（Otto Dickel）（他一直与德国社会党有接触）的"民族工厂组织"（Voelkisches Werksgemeinschaft）合并努力的问题上又

第二部分　希特勒的崛起与权力垄断

出现了似乎无法调和的矛盾。希特勒认为这是一种讨厌的竞争，同时他担心这会威胁德国工人党的本体。从这时起他就公然表现出已经追求了很长时间的野心和抱负了——让自己坐到当时正在不断壮大的党组织的最高位置上，并通过示威性地宣布辞职向党委员会施加巨大压力令其满足自己的要求[8]。

这一出乎意料的行动使希特勒在党内获得了几乎是不受限制的领导地位，在接下来的时间里，宣布"25点纲领"不容改变的决议使这一地位进一步得到了巩固。关于无纲领政党方案的想法要追溯到1920年。当时希特勒就已经宣称，这个纲领必须"坚定不动摇"，而且要担当起类似于识别标记的作用[9]。向着形成一个法西斯政党类型的第一步就这样迈出了，在放弃了总是变化的纲领性目标的情况下，它把精力完全集中在发动支持者上，而且距离参与现实政治和选举的想法还很遥远。

在希特勒的想象世界里，元首原则和"理念"（Idee）是共生的关系，但是其实际内容却从来没有具体化过。例如1922年他在《人民观察者》（*Voelkischer Beobachter*）报上表示："我们的党不是个组织，而是对我们人民强烈信念的体现。"[10]他的目标在于，在民族组织阵营内为德国工人党/国家社会主义工人党争取垄断地位，与之相对的则是抑制党内在政策方向上的冲突。

当时希特勒虽然对具有领袖魅力的元首的垄断地位（1921年7月21日的法令仅对其进行了微不足道的限制）提出了要求，但是他意图在政治体系中发挥什么作用不得而知[11]。他仍旧首先自视为最好的宣传鼓动者，是在埃里希·鲁登道夫（Erich Ludendorff）陆军元帅（原文有误，鲁登道夫实际没有接受元帅军衔，实为上将。——译者注）身边的"击鼓振奋士气和集合队伍的人"。直到1923年11月他还称自己是这场"伟大的德国自由运动"的"探路人"，是为一个人们还未发现的元首服务的[12]。

将元首崇拜转嫁到希特勒个人身上的倡议是一个至关重要的转折，而且它并非来自希特勒本人，倒不如说它是在1922年10月贝尼托·墨索里尼进军罗马的影响下发生的。鲁道夫·赫斯发挥了最重要的元首思想（从这个时候开始仅仅指希特勒）先行者的作用，他是希特勒最狂热的崇拜者之一；在1923年初国家社会主义工人党散播的一份由鲁道夫·赫斯执笔的传单中，这种对希特勒的崇拜得到了淋漓尽致的体现。赫斯将希特勒视为"未来的德国领袖和救世主"。这个最初以传单形式传播的口号后来为当时已经沦为党报的《人民观察者》报所采用，并升格为党的宣传的核心内容[13]。

强调希特勒不仅是党也是德意志人民的魅力领袖，同时也是未来的德国的墨索里尼，这是埃卡特、罗森堡和埃塞尔十分有意识地推动的。该举措有这样的作用：将分裂成很多小群体和理念支持者的党团结并正面动员起来，考虑到国家社会主义工人党在右翼保守阵营中面临着被孤立的威胁，这一举措似乎是迫切需要的。卢多尔夫·赫布斯特把重提成功的党领袖的魅力称做希特勒的慕尼黑跟班的"发明"，这是有道理的[14]。

第二部分 希特勒的崛起与权力垄断

所以说，将国家社会主义系统地策划成政治宗教并强调希特勒是救世主，是希特勒的紧密支持者圈子的大作。这个圈子基本上局限于慕尼黑，他们定期在咖啡馆会面。在后来慕尼黑和国家社会主义工人党历史上的著名事件中从头至尾都能看到他们的名字。这其中包括赫尔曼·埃塞尔、恩斯特·罗姆、鲁道夫·赫斯、赫尔曼·戈林、马克思·阿曼、克里斯蒂安·韦贝尔、阿尔弗雷德·罗森堡和海因里希·霍夫曼（Heinrich Hoffmann）。在他们所制造的氛围下，希特勒最终摆脱了所有的障碍，不再仅仅作为副手寻求引发他们所力争的德国变革，而是大胆地亲自走上了最高领导的位置[15]。

11月9日的政变尝试是由希特勒启动的，在那之前事实已经表明，没有冯·泽克特（von Seeckt）上将的参与，民族主义组织以及自由军团运动不敢冒险行动。然而希特勒试图促使政府专员冯·卡尔（Ritter von Kahr）参与行动的努力全线失败，而且众所周知，向统帅堂进军（他将其理解为非军事示威活动）在巴伐利亚警方的枪林弹雨下也宣告失败[16]。

但是，直到1923年11月9日啤酒馆政变企图失败之后，希特勒才迅速进入指派给他的德国的墨索里尼的角色。希特勒在慕尼黑人民法院的诉讼中获得了一个引人注目的宣传平台，并且他通过人民法院的慷慨姿态获得了弥补11月9日政变失败的机会，这些也对此都大有裨益。反之，在对民族主义组织领导权方面的主要竞争对手鲁登道夫在公众中的威望下降，并在1925年总统选举之后沦为政坛的无名之辈。

希特勒前所未有地将慕尼黑人民法庭的诉讼变成一场鼓动宣传，而且这确保了他第一次在德国公众和资产阶级媒体中受到极为广泛的关注。因为直到那时候，国家社会主义工人党在慕尼黑和巴伐利亚之外还得不到什么公众的反响。他被有反常规地判以很轻的处罚，之后希特勒利用在兰茨贝格（Landsberg）监禁的时间通过撰写《我的奋斗》第一卷展示了一个相对完整的意识形态纲领，并对其宣传鼓动战略的每个细节进行了加工，至于运动的原则性目标方面他则没能超越老生常谈[17]。

希特勒身边的亲信当中有少数考虑周全的人，他们完全清楚这种对具体纲领的有意识遏制。例如奥托·施特拉塞尔在1930年8月（与希特勒决裂之前）曾这么写到："所以，严格来说，我们有的只是一个意识形态纲领，而不是一个一旦我们步入政府就能提供的建设性纲领。"而且他补充说："因为这些有创造性的人——就像这个希特勒一样——实际上根本不是什么有创造性的人，他们身上的创造性是个抽象概念，这种创造性存在于承载者的本性、教育和培训中，而不存在于可以形成深思熟虑的、按计划采取的行动的能力上。尽管如此，他们偶尔能够实现或者做到人们以前从未见过的东西，如果这可以借单纯的政变实现，如果其他能在可能的反作用出现之前就从中吸取教训的人在场的话"[18]。

直到20世纪二十年代中后期，元首的统治地位主要在日益分化的纳粹社会中得到了巩固。这主要归因于对希特勒实行的演讲禁令被逐步取消了，先是在巴伐利亚，后来是在

第二部分　希特勒的崛起与权力垄断

普鲁士。因此希特勒直到1928年之后才作为公开演说家获得了普遍的重视，起初作为演说家获得了极大成功的还有格雷戈尔·施特拉塞尔，他从这时开始担任帝国组织机构部长（Reichsorganisationsleiter）。就这方面来说，希特勒直到1928年9月的选举之后才成为核心领导人物。

在被捕期间放弃对党的领导是希特勒走的聪明的一招，这使他在提早获释后有可能彻底重新开始。国家社会主义工人党的溃散和1925年的重建使希特勒有可能将竞争组织排挤出去或者将其一体化，并且在发挥党的领导职能的慕尼黑分部的帮助下孤立民族主义阵营内的竞争对手。向着纯粹的元首政党的最后转变在1926年的班贝格（Bamberger）领导人会议达到了顶峰，在该次会议上，希特勒成功将在此之前还跟他唱对台戏的约瑟夫·戈培尔和格雷戈尔·施特拉塞尔拉到自己身边，并借此让反对慕尼黑派系统治地位及其无纲领政策的反对派失去作用[19]。

这次冲突是魅力元首政党纲领遭受的唯一的严重质疑，其背景是国家社会主义工人党北部与西部党团的公开对抗，此前它们在格雷戈尔·施特拉塞尔的倡议下合并到"国家社会主义工人党西北德省党部头目工作组"当中，它们反对慕尼黑派系的统治地位，尤其反对埃塞尔和施特拉塞尔。在人事问题背后隐藏着的是原则性的本质分歧——正如提交的纲领草案所表明的那样，分歧并不在拒绝"25点纲领"上，而主要在于纯粹将其用于战术宣传目的上。以剥夺没收旧日诸侯财产为例就清楚了，希特勒在1926年2月的班贝格领导人会议上断然拒绝了德国共产党和社民党提议的公民投票。

后来奥托·施特拉塞尔领导下的国家社会主义左翼就再也没有机会在国家社会主义工人党内获得承认了;与此同时,回归现实政策的机会也被贻误殆尽,反而继续沉迷于不理性地为元首歌功颂德,加强人们对救赎的信念。在奥托·施特拉塞尔喊着"社会主义者离开国家社会主义工人党"口号退出国社党的同时,担任帝国组织机构部长的他的哥哥格雷戈尔则致力于通过不断地扩大和优化的党机构来务实地解决这一冲突,同时又不触及领袖的权威。在1932年秋的危机当中,鉴于11月的国会选举结果令人沮丧,他试图说服希特勒放弃不成功便成仁的战略。当希特勒拒绝时,格雷戈尔·施特拉塞尔在12月8日辞去了党内职务,而希特勒对此的回答则是空前的迫害行动,但是首先是推翻施特拉塞尔的政党改革。打消希特勒不切实际的政治观念并钳制领袖崇拜的最后一个机会就这么白白错过了,这在本质上具有重大意义[20]。

元首原则获得承认,一个完全以招募成员和宣传动员为导向的政党产生,与此同时与其竞争的民族主义组织遭到排挤,这些尤其发生在慕尼黑。委员会统治被打倒之后,那里的政治氛围有利于民族运动的崛起,德国工人党/国家社会主义工人党参与其中,在图勒学会和日耳曼兄弟会(Germanenorden)——但也在全德联合会(Alldeutsch Verband)都找到了很有影响力的支持者[21]。但是至关重要的是国防军的作用,特别是恩斯特·罗姆作为巴伐利亚地区国防军与自由军团和民族主义组织联系人的作用。没有巴伐利亚国防

第二部分　希特勒的崛起与权力垄断

军,希特勒一跃成为政治家将是无法想象的。

"将国家社会主义策划成政治宗教"的结果是"将国家社会主义工人党的元首描述成救世主,将党描述成宗教社区,将它的纲领描述成信条"[22]。在希特勒看来,党只是"实现目标的手段"。他醉心于能建立起"元首和人民的直接接触"的幻想中,而国家社会主义工人党则恰恰相反,它需要"精心打造的组织技巧与结构",从而避免"领袖气质被日常化"并维持希特勒所代表的魅力元首政党的生命。

因此,党机构似乎是在着眼于希特勒的领袖魅力运动下发展的,它在海因里希·希姆莱和格雷戈尔·施特拉塞尔推动下得到了扩大并被彻底塑造成一个包罗万象的官僚机构。这关系到一种劳动分工。它以在党员和支持者帮助下对民众共同体策划的不断升级为前提,并在1928~1932年——特别是1929年的竞选中导致希特勒领袖魅力被削弱。这尤其体现在国家社会主义的原始核心地段——慕尼黑和巴伐利亚,在这些地方再也没有出现过1923/1924年的动员顶峰。

因为从1925年重建到1933年攫取权力之前的这一阶段,在国家社会主义工人党的增长方面,这个后来的"运动首都"被证明是个没有什么成效的战场,这一点与东德和石勒苏益格—荷尔斯泰因(Schleswig - Holstein)是不同的。尽管用了最大的"残忍和战斗力"进行选举,但国家社会主义工人党在1932年11月在州一级仅获得了30.5%的选票,在慕尼黑只获得了24.9%的选票[23]。直到1933年3月5日的时候,选举结果仍明显低于全国平均水平,而不管是巴伐利亚人民党还是社民党的表现都很突出。1932年11

月时，慕尼黑分部成员大约有 5200 人，绝对算不上是最强大的地方组织之一。直到 1933 年，国家社会主义工人党吸纳的人数在有政治组织的慕尼黑人当中也没能超过五分之一[24]。在 1932 年 4 月的巴伐利亚州议会选举中，国社党在慕尼黑获得的选票不超过 28.5%，虽然在州一级选举中票数有所增长达到 32.5%，但仍低于平均水平。很多迹象表明，国家社会主义工人党在慕尼黑的增长达到了极限，而且它在 1922 年获得的相对强有力地位只能在攫取权力后在不自由的选举条件下才能再次产生[25]。1933 年 1 月 30 日之前，国家社会主义工人党的拥护者就开始出现疲劳效应。

恰恰以慕尼黑为例可以表明，希特勒的魅力元首统治只是碰上了一个在意识形态和心理上都做好了准备的"民众共同体"，而且政权暴力统治的升级是在人民没有做出值得一提的抵抗情况下发生的[26]——这一想法是与实际情况不符的。一方面，对元首的崇拜建立在一个被精心打磨到了极致的党的宣传组织的基础上；另一方面，国家社会主义工人党和它所控制的宣传机关与党机构虽然有能力让政治和宗教反对力量以及政治党派及社会关系失声，但是戈培尔的宣传机关所杜撰的不同社会力量融为一个统一的"民众共同体"却与（特别是巴伐利亚的）社会现实一点关系都没有。同样，与此有别的希特勒崇拜也日益走到了尽头。国家社会主义和希特勒——他宁可在上萨尔斯堡（Obersalzerg）而不是在慕尼黑逗留就很有代表性——对"运动首都"的内在占领也从未成功过。

第6章 法西斯政党国家社会主义工人党

常见的极权主义理论的共同特点是强调极权主义的统一党（Einheitspartei）的作用[1]，鉴于苏联共产党（KpdSU）的作用它被解释为极权专制制度中的至关重要的政治权力中心。它是一个共产主义的干部性政党也好，是一个法西斯主义的群众性政党也好，一种统一的意志似乎贯穿了这个党，而且它的特点是成员对专制者或者集体实行的暴力统治的无条件忠诚。

这个可以从列宁和斯大林主义制度上觉察到，并且紧接着转嫁到法西斯主义意大利和国家社会主义德国的模式大多数情况下都是以尽善尽美的专制制度形象为出发点的，也就是说，(为了具体表现与之相比较的法西斯主义理论的抽象性）它反映了"政权阶段"的必要条件。绝大多数传统极权主义理论家像卡尔·约阿希姆·弗里德里希（C. J. Friedrich）、布热津斯基（Brzesinski）、弗兰茨·诺依曼（Franz Neumann）和卡尔·迪特里希·布拉赫尔、恩斯特·诺尔特（Ernst Nolte）、艾伦·布洛克（Alan Bullock）和约阿希姆·克莱门斯·费斯特等作家（这里只能点到为止提及大批著作作者中的几个人的名字[2]）主要对该制度的运作方式感兴趣。只有汉娜·阿伦特（Hannah Arendt）是个例外，她把给极权主义独裁者带来权力的运动及其思想基础的奠定放到了显著位置[3]。

令人惊讶的是，这些极权主义理论家从不关心国家社会主义工人党的历史，而是完全将其视为阿道夫·希特勒政治生平的衍生品并在某种程度上忽视它。不管希特勒对国家社会主义工人党和纳粹政权的作用有多重要[4]，援引他的传记是解释不了国家社会主义工人党在1929年之后一跃成为群众运动以及国社党在政权内所发挥的作用的。下面是对国家社会主义工人党结构和功能的典型分析：一方面确定它与共产党干部性政党的典型差异；另一方面则是强调在党内所采取的政治行动形式对元首国家这种表现形式的重要性。

德国工人党/国家社会主义工人党的开端与无数民族组织的开端简直毫无差异，它们很大一部分同样是在全德联合会的下属组织推动下产生的，特别是1919年在图勒学会的推动下。这些组织的目标是，通过发动民族反犹太主义形成一种抗衡正在崛起的、因为选举法民主化而获益的左翼政党的力量[5]。除了在意识形态上与自由主义和工人运动明确对

第二部分　希特勒的崛起与权力垄断

立之外，它们的后室社团热（德国工人党创建人安东·德莱克斯勒似乎是这方面的代表人物）是与法西斯组织形式相反的，这个烙印是阿道夫·希特勒身边的慕尼黑活动分子群体逐步给这个眼下改名为国家社会主义工人党的年轻政党打上的。作为慕尼黑国防军第四军指挥部的情报员和德国工人党建立联系的希特勒在1921年出于本身无关紧要的动机完成了在党内的第一次权力攫取，他通过大规模集会对安东·德莱克斯勒领导的党委员会施加压力，作为党的宣传负责人，他将这些大规模集会用作新的煽动工具[6]。

通过将个人的便利、慕尼黑派系（其中包括马克思·阿曼、鲁道夫·赫斯和赫尔曼·埃塞尔）的无限忠诚和由他形成的政治构想结合起来，希特勒引入了对他个人无条件服从的元首原则。与此同时，更为重要的是，他成功地使这个年轻的党不在纲领性问题上提建议出主意。他宣布同样由他个人强制推行、内容上未受影响的"25点纲领"不容改变。他本能地像个职业宣传专家那样行动，他认为任何对曾经采用的宣传口号的改动都是荒谬的，并试图让党效忠元首的意志[7]。

当然，在接下来的几年里将年轻的国家社会主义工人党变成纯粹的宣传组织的计划（为了利用与议席联系在一起的特权而参加选举的观点还没有得到承认）很大程度上没有实现。希特勒反而意外地发现自己被卷入了得到自由军团支持的巴伐利亚爱国组织游行示威当中。在随后成立的埃里希·鲁登道夫领导的政治作战联盟（Politischer Kampfbund）当中，希特勒只有政治宣传者的作用。尽管作出了最大的宣传努力（这使他与一般情况下都持赞同态度的巴伐利亚政府专员冯·卡尔的冲突日益增多），他仍有要输掉主动权的危险，在右翼反动运动的国家社会主义派系方面，主动权主要是在富有军事经验的领导恩斯特·罗姆和恩斯特·克里贝尔（Ernst Kriebel）的手上[8]。希特勒夸夸其谈的表现也遭到了部分右翼的公开批评；给人印象最深的是埃尔哈特（Ehrhardt）舰长通过下面这个评论所表达的对他的否定："这个家伙以为他在从事政治。"[9]

事实上希特勒不再掌握着巴伐利亚的发展了，自从鲁尔消极抵抗失败之后，巴伐利亚的发展就由这样的意图所决定，那就是用一个专制政权（必要时由冯·泽克特将军领导的一个三人执政集团）来替代柏林政府，并在镇压萨克斯和图林根共产主义暴动的借口下向柏林进军。为了抗议人们最后不再征求他的意见，他挑起了11月8日和9日的政变企图，并随着进军统帅堂而吞下了苦果[10]。这一切没有以灾难告终，这一点希特勒要感谢巴伐利亚政府以及慕尼黑最高法院在对他和鲁登道夫的诉讼上难以言说的表现。

至于党嘛，它在政变之后瓦解成大量掩盖自己真实面目和相互竞争的后继组织。希特勒不得不担心，和鲁登道夫的德国民族自由党（DVFP）在民族联盟下走到一起的格雷戈尔·施特拉塞尔遵循的是与阿尔弗雷德·罗森堡的大德意志民众共同体（Grossdeutsche Volksgemeinschaft）不同的路线，并且自己面临着被排除在外的危险[11]。但是他成功地说服鲁登道夫参加了简直是毫无希望的1925年总统选举，结果是毁灭性的失败，这也迫使鲁登道夫退出了政坛[12]。

第二部分　希特勒的崛起与权力垄断

事实证明，希特勒决定放弃对党的领导并在提早获释后推动在 1925 年完成的对国家社会主义工人党的重建是极其成功的[13]。同时他得以依赖慕尼黑派系以及保持着忠诚的北德的志同道合者，而且他坚持个体成员的加入。新的党组织逐渐适应了绝对的元首原则。尽管还存在着多数联邦州对他实行演讲禁令的障碍，但希特勒仍由此获得了通过他在慕尼黑的统治地位（那里仍旧还是组织上的总部）控制正在形成的整个党的机会[14]。尽管如此，认为自从 1925 年之后国家社会主义工人党就是个以统一的元首意志为导向的、团结和组织完善的党的想法仍是误导性的。希特勒党内统治技巧的基础是，只要个人保持忠诚就会放手给下属，而且并不用总部指令来管束他们，实际上元首心底里并不关心他们。只要党处于绝对的反对派位置，只要它的任务仅限于不断的纯粹的宣传，禁止党内意愿在任何组织级别的形成以及为了便于总部任命领导人而取缔在地方范围内的选举——这种方法就被证明是极其成功的。

这个在摸索中发展的党的特点是，希特勒作为毋庸置疑的党的元首在各种各样的党团派别之上活动，并尽可能避免在出现政治冲突的情况下作出选择[15]。1924 年产生的党的西北组织试图在格雷戈尔和奥托·施特拉塞尔（毫无疑问这两人是该运动最具政治天分的首脑人物）的领导下形成一个政治目标，它赋予迄今为止在没有具体内容情况下进行的极度国家社会主义和反犹太主义宣传以明确的方向，并使国家社会主义工人党看起来不再像是魏玛政党风景线上的纯粹的寄生虫了。众所周知，希特勒在 1926 年班贝格领导人会议上阻挠施特拉塞尔此外还有戈培尔准备的计划通过。该计划虽然在很多方面不成熟，但是相对于矛盾重重的"25点纲领"来说，它在一致性、连贯性方面要强太多了，此外"25点纲领"与资产阶级右翼政党的立场没有本质的区别[16]。

希特勒虽然在没收旧日诸侯财产问题上把党的政策推向右翼[17]，但是直到最终攫取权力他都没有明确地选择政治方向，因此国社党因为它的社会主义纲领和反资本主义论证而受到工业界圈子的批评，而它与此同时又作为"马克思主义政党"最激烈的竞争对手出现[18]。在确定空想、模糊的最终目标的同时保持纲领上的灵活性，这使它能像变色龙一样对各种变化莫测的地区和特殊阶层的选民利益作出调整。格雷戈尔·施特拉塞尔创立的帝国竞选领导小组投机地利用选民的现有不满，并创立了一个在某些方面可以替代现今民意调查的信息系统。排在首位的是不惜一切代价动员选民，而不是对特定政治矛盾的宣传[19]。国家社会主义工人党在其纲领内容上与极端资产阶级右翼没有质的区别。

什么构成了国家社会主义工人党的法西斯特征？它可以从多个层面来确定。在党的组织方面，它不是以通过政治商讨和党内利益均衡的方式缔造成员和支持者的政治融合为目标的。情况倒不如说是恰恰相反。在希特勒和与其关系密切的慕尼黑集团的影响下，集体商讨的所有要素——以及所有机构化的党的组织——都被系统消除了，并为新的在任何层面都有效的元首原则所取代。将党团结在一起的是与富有魅力的元首的同志情谊和由他所确定的对获得无限权力这一最

第二部分 希特勒的崛起与权力垄断

终目标的空想。

由于党的政治意愿的统一,政治讨论和商议在希特勒看来就是多余的了,并且还是向着议会制度的倒退。起初还允许在党大会背景下就事实问题进行会议式的集会,但是后来它们就变成了在多数情况下为党意愿的形成做陪衬的纯粹的喝彩和示威活动[20]。虽然希特勒再三说(特别是在1932年12月格雷戈尔·施特拉塞尔辞职之后)他同意建立一个党的委员会——慕尼黑"褐色大厦"(Braun Hause)的委员会大厅就证明了这一意愿,但是罗森堡、弗里克和其他人再三努力,这个机构也从未产生。希特勒本能地拒绝任何集体委员会的约束[21]。

在运动时期适用的东西被类比着移植到体制时期。只是例外的是,希特勒愿意依靠党内和国家的委员会。很快又停止了的1933年夏天的帝国地方行政长官会议就是个例子,希特勒召开该会议是为了将它用作抵御自下而上的党的革命的基石[22]。在1932年政党改革和指定鲁道夫·赫斯为元首副手之后,一个能够要求代表党的集体委员会同样没有形成,尽管国家社会主义工人党领导班子已经任命(它可能被设想为平衡的因素)[23]。

省党部头目一再要求希特勒至少邀请他们当中的一部分人定期进行磋商。然而由参与者发起的省党部头目会议却是禁忌,并且最终遭到禁止,这意味着,即便是体制内的真正权力承载者也被杜绝了进行机构化的政治商讨的可能。与意大利不同(在那里,作为影子存在保留下来的法西斯大委员会在1943年得以复活)[24],在帝国内阁不再召开会议、仅勉强维持了作为票据交换场所的总理府（Reichskanzlei）和国务秘书会议的协调工作以及传阅文件书面决定的程序（Umlaufverfahren）之后，第三帝国在1944年时就不再有在必要时能发挥制衡希特勒绝对主权作用的代表机构了[25]。

即便在斯大林主义最显著的发展时期也不曾有过这样个人化的决策过程——而且是在所有层面。尽管这两个专制者的领导方式存在着种种一致性，但是斯大林制度一直含有回到集体领导的可能，而纳粹政权在希特勒退出后立刻在不惜兵刃相见的继任竞争者的对抗中分崩离析了。这个党没有作为一个团结的组织，更多的是作为一个由博尔曼的党办公厅仅仅进行着有限控制的联盟存在着，它以希特勒大开了绿灯的省党部头目对职位的肆意霸占为特征，作为帝国行政长官（最后则是作为国防委员）的他们相互进行了最为激烈的争斗[26]。与受希特勒和慕尼黑党内集团影响的政治理解相对应，决定领导职能所有者之间的臭名昭著的竞争的是：形势变迁，这些官员没有人能指望自己的位子受到机构化的保证，而是取决于党领导以及专制者的意愿。正如人们所说，随着第二次世界大战的推进，党的"封建化"取得了飞速的发展——而这么说完全是有道理的。

与共产主义政党不同，这个党从严格意义上来说没有等级制度化。它的结构更多是由不断增多的下属机构所决定的，因为希特勒一直习惯于用这种使他获得领导权的方式来解决机构冲突，例如在1931年冲锋队问题上或者是1938年2月占领帝国战争部的问题上。因此党的结构不受机构从属关系的影响，而是受等同的地位以及因此而造成的持续冲突

第二部分　希特勒的崛起与权力垄断

的深刻影响。这其中包括，除了长期不堪重负的调查解决委员会（Uschla）之外，没有任何解决政治冲突的机构[27]，特别是因为，任何形式的讨论——甚至是党内性质的讨论都被抨击为"议会制"。

运动时期体现为各省党部头目之间持续不断、激烈争斗仇恨的东西到了纳粹制度下则以地方官员之间不断升温的竞争的形式继续着，直到政权最后的日子。它的基础是，官方对言语的规定（根据该规定就根本不存在也不可能存在什么冲突）把客观矛盾和利益矛盾赶到了个人调解的道路上。随着帝国改革被规定为禁忌，相应的利益冲突被挤到了其他领域[28]。这些地方官们相互之间就公众事务缔结私人合约很能说明特点，例如罗森堡和莱伊或者莱伊和帝国经济部都是如此，它们代替了对缺乏的机构统一的要求[29]。

因此，政权无力让分歧重重的利益在中期实现妥协是这个党的组织结构的一个反映。在杜撰说和谐已经事先稳定下来的情况下，这使得对权力的分配永不停歇，不管遵循的意识形态目标是什么，并在"人治"这个关键词下面原则上确定了各层面职能担任者的完全管辖权[30]。此外，由此产生混乱的职权分配因为官员在纪律和专业两方面的双重隶属制度而变得更加含混不清。

只要党完全处于反对派的位置，这种迎合希特勒的倾向并将其美化为没有官僚作风的组织技巧相对来说就是有效的，尽管在斗争时期就已经出现了十分显著的因摩擦造成的损失。因为它使成员和支持者有可能把全部能量都集中在不停歇的宣传活动上，其目的是在动机和组成极其不均的抗议运动中动员广大群众。

自 1930 年 9 月选举之后活力就未曾中断的竞选活动的极大的波动和其中所反映出的支持者的一度减少不太引人注意。但是，当崛起浪潮结束、党的最佳选民储备（约 36% 的选票）耗尽的时候，运动在 1932 年 11 月面临着完全崩溃的危险。与保守右翼联盟让希特勒有可能在 1933 年带着总理的优势领先 3 月份的选举，就这样崩溃才得以避免。公开选举——这是指在政府重新组成之前——很有可能会导致重大的挫折，在之前的地区选举（例如图林根）可以明显地看到这一迹象[31]。

很能说明这个至关重要阶段的国家社会主义竞选宣传的特点的是下面这个战略，将国家社会主义工人党说成是与到那时为止的魏玛政党制度本质不同的东西，并且首先将广泛的反议会制度和政党情绪为己所用。当国家社会主义工人党不得不直接同民族反对派（也就是冯·巴本）较量时，它就失去这一优势了；通过无休止的宣传鼓动来发动动员以及对左翼实行恐怖主义都产生了反效果[32]。国家社会主义动员成功的秘诀主要在于避免明确的政治选择并回避在左右翼之间作原则性的选择，这样不管是反社会主义还是反资本主义的不满都可以在政策上捕捉。随着在州一级层面上被纳入联盟当中，该政策的可行性越来越低，但资产阶级联盟伙伴对这个机会的利用却只是有限的[33]。

然而国家社会主义工人党的竞选成功不仅要追溯到从 1931 年开始引起注意的元首崇拜效应，它同样也建立在一个异乎寻常有效的竞选领导的基础上，它由格雷戈尔·施特

第二部分　希特勒的崛起与权力垄断

拉塞尔扩建并在1930年由戈培尔接管[34]。与此同时，事实上在扮演国家社会主义工人党总书记角色的施特拉塞尔通过集中制的、在一定程度上官僚作风的领导层似乎是成功地绕开希特勒将这个四分五裂的党变成了一个团结的机构。这让它（在力量投入方面）看起来比那些与其竞争的资产阶级以及社会主义政党强很多，尽管来自工业方面的补贴相对少得可怜[35]。此外还有有效的对右翼资产阶级利益组织的渗透战略。最终为国家社会主义工人党人员控制的帝国农业联盟以及1932年在普鲁士的新教教会选举是诸多例子中的两个[36]。

一方面，元首崇拜和领袖魅力、在运用相对现代手段（电影、飞机、培养演说家和远程教学）情况下对大众的系统动员以及要追溯到运动时期的对右翼民族组织的一体化解释了国家社会主义工人党会取得一直持续到1932年7月的空前选举成就的原因，而对到那时为止的固定选民的极度削弱是另一个原因。相反，发动的技巧以一种普遍趋势为基础，那就是较少强调政策内容和狭义的价值观秩序而代之以更多地突出立场、意向和氛围并以此来替代实际政策——借此与时代精神相符。从利益统治中脱颖而出的梦境是进行法西斯主义动员之前所杜撰的神话。

国家社会主义政策所特有的法西斯主义风格可以以1932年12月8日希特勒和施特拉塞尔的冲突为例来说明。这次冲突导致施特拉塞尔辞去了党内的职务以及一场针对他的惩罚运动，并最终以他在1934年6月被杀而告终。施特拉塞尔反对希特勒的不成功便成仁政策，在他看来，党正在瓦解，不能再冒险进行另一次竞选了，因此这一政策是不再适合的了；更确切地说，必须由建设性的政策来取代它，他已经为其作了客观上的准备，扩大了党的领导机构[37]。

特别是他对希特勒发誓说，国家社会主义工人党不像希特勒认为的那样"仅仅是一个正在变成宗教的世界观运动"，而是一个必须在国家内争取权力的"斗争运动"，其目的是使国家有能力"实现德国社会主义"。他认为，这个时代的重大问题不是与马克思主义的蛮力冲突，更多的是形成"一个重要的广大缔造者阵线"[38]。也就是说，施特拉塞尔从在那之前的灾难政策转向了建设性反对战略，同时他没有因此而否认他认为是国家社会主义基本目标的东西。

希特勒的反应很能说明他的政治理解的特点。首先他不能相信施特拉塞尔的忠诚，而是硬说他在计划反对党领导的阴谋。更为重要的是，他在一篇影响巨大的意见书（他给起的标题是《论关于建立运动更大战斗力指示的内在原因》）中在所谓的"过度官僚主义化"的关键词下推翻了施特拉塞尔的所有组织扩建，在成员数量波动极大的情况下，这对一个迅速发展的群众性政党简直是自杀性的，而且不管怎样对任何务实的党的工作者来说这看起来肯定是荒谬可笑的[39]。

希特勒拒绝自己和党基层之间存在任何的中间组织结构，但省党部头目是例外；他对党的任务的定义是为"国家社会主义理念"而"将民族集合起来"。这个典型的在内容上空洞无物、由他个人代表的想法表明，希特勒一方面草拟了一个国家社会主义政策的幻景（他有意让它不那么清

第二部分 希特勒的崛起与权力垄断

晰并因此能够掩盖可能的利益分歧),另外他把在这个意识形态自我明确层面下的东西(因此也必然包括政治组织和宣传)都纯粹视为技术性的管理行为,而这种行为原则上是可以替换的。

这导致,在这位党的元首含糊其辞的话语中,政策被与作为目标本身的纯粹的精神动员等同起来,而不是将其理解为特定价值观秩序的实现或者是在不同利益间的调停。国家社会主义政策所特有的法西斯主义要素在于,有计划地对有生命力的决定性因素保持开放、价值观立场的形式化、系统化甚至对内容的歪曲捏造都遵守着迎合、迁就希特勒个性的原则。对可能的利益冲突的简单否认和有计划地美化运动的团结一致性是他们的秘诀,但与此同时也是一个长远来看掩盖起来十分费劲的内部矛盾。

在政权阶段,国家社会主义工人党的发展特点是,此前获得的对政治的理解及其组织形式被逐步移植到国家和社会,其间摩擦不断。这个党自身变成了无组织的形态,尽管它给自己加上了最宽大的官僚机构缓冲垫,但是其领导结构绝对不是完整和自成一体的。直到1941年之后,在鲁道夫·赫斯逃往英格兰之后出任党办公厅负责人的马丁·博尔曼才重新建立起一个党中央机关的雏形[40],而党自身因为分裂成众多的省党部组织而根本没有作为统一的控制中心与国家机关面对,而且没有真正垄断国家机构,也就是说并没有像充分发展的共产主义政权那样。

希特勒的保守派联盟伙伴曾经认为,在接管总理职位、消除议会制度和击败"马克思主义政党"(左翼被简而化之表述成了这样）之后，国家社会主义工人党作为群众性政党就是多余的了，而且它会被改造成一个政治领导人精挑细选的骑士团[41]。这当然是幻想。但是其中正确的地方在于，国家社会主义工人党的政治组织逐渐变得多余，同样，内战军队冲锋队作为对内进行威胁的工具似乎也日益变得多余，尽管记到恩斯特·罗姆名下的政变政策是他的对手的捏造。

但是，和1934年6月30日联系在一起的党派清洗活动丝毫没有改变下面这一点：那就是，运动中在政治上没有融入的这部分人（而且无可否认他们是法西斯特征最强的那些人）坚持在他们看来很典型的政治目标的升级。在斗争时期条件下，这是国家社会主义战略的标志。因此，渐增的极端化趋势是在运动时期采取的政治立场和组织形式的释放。正如马丁·布罗萨特（Martin Broszat）给它起的名字那样，国家社会主义工人党必然地走上了"挑选消极世界观要素"的道路[42]，并且一直把焦点放在不满最为严重的政治领域，首先是对犹太人和其他人种—种族少数民族的迫害上。

在"自下而上的党革命"刹车和1934年6月30日国家社会主义工人党的清洗措施之后[43]，在"野蛮"行动中对犹太人采取措施的努力也重新抬头，尽管这是与党中央的指示相悖的。在党能摆脱延续下来的国家机关的驯化效应的地方——按照从奥地利到苏台德地区和瓦尔特高（Warthegau）直至帝国驻波兰占领区的阶梯等级，目标和手段的升级日益获得解放这一点表现出来，并在对犹太人、吉卜赛人和斯拉夫民族亲属迫害的极端化中达到顶峰。

第二部分 希特勒的崛起与权力垄断

但是另一方面,这个党组织没有巩固成政权内部的决定性力量,它反而失去了构成成功行使权力的先决条件的重要职能。例如,希姆莱代表党卫队拒绝了取得舆情报告的权利,而此前赫斯费尽力气才使其成为下属组织的义务[44]。同样,对公共管理部门(社区层面是例外)直接施加影响的尝试失败了。虽然政治评价的工具是对人员政策进行干涉的一个重要杠杆,但是党根本没有一个步入正轨的机关来胜过国家机关,后者成功使得干预不得不始终通过元首的代表进行,因此不得不经过漫长的官方途径[45]。

党的四分五裂及其领导机关的软弱产生了下面的影响:它仅具备有限的能力对政府决策施加影响,即使决策掌握在忠诚的党员同志手中。元首代表以及博尔曼有效领导的党办公厅所扮演的监察部的角色——它逐步遏制帝国总理的影响并在政权临近结束时几乎完全剥夺了拉默斯的作用[46]——是重新取得对枝蔓丛生的党机构的控制的出发点。因为自从1939年起成员数量不再有限制,党员数量最终增长到了800万,以至于不能再说国家社会主义工人党是精英结构了。结果,党内清洗一再上演,而博尔曼则考虑结束战争以便实现根本的政策上的转变。

国家社会主义工人党的政治组织极度不受欢迎的现象在战前就已经出现了,但是随着战争的进展它日益变得一览无余。党的干部们不愿结束的腐败和通常被视为不合理的他们不可或缺的地位引起了嫉妒和怒火。鲁道夫·赫斯的抱怨——党不能失去与人民的联系——从1941年开始进一步变成了现实[47]。1942年2月威悉河—埃姆斯河(Weser-

Ems）省党部头目卡尔·勒韦尔（Karl Roever）草拟的改革专题报告表明了这种状况，报告徒劳地要求设立接待日并效仿天主教会更多地贴近人民[48]。

然而，因为通过照料炸弹伤者获得了与维护帝国情绪联系在一起的新任务，党在政治上成功复活。它借此与国家社会主义国民福利慈善机构（NSV）一起发挥了一定的社会福利职能，尽管这种情况在实践中导致参与机构的工作重叠。这是一种旨在将国家社会主义工人党从寄生虫角色中拉出来并改善其声望的政治战略的一部分，尤其是长远来看大批被免职的干部再也不能证明自己的清白，以至于博尔曼下令大规模关闭了隶属组织[49]。

人民冲锋队落入国社党的手中，而不是像从军事上容易想到的那样转移到海因里希·希姆莱和后备军（Ersatzheer）的手中——这成了这次复活的终点[50]。最后的战斗完全符合希特勒对国家社会主义思想狂热渗透国家社会主义工人党的设想。与此并行的是下面这个事实：省党部头目因为对自己主权范围内民事权力的吞并（然而这取决于他们在公共部门对手的个人权威）而觉得自己实现了他们最初祈愿的目标，所有的相关行政决定都转到他们手上，然而普遍的职权混乱往往掩盖了国家社会主义干部声名狼藉的行动上的无能[51]。

国家社会主义工人党在政权阶段日益变成一个官僚机构，它首先服务于官职任命上的任人唯亲，其次服务于党员干部的敛财和特权化，而且尽管干部更替频繁，它仍没有能力产生有效的组织。在阿道夫—希特勒学院和国家政治教养

第二部分 希特勒的崛起与权力垄断

院（Napola）培养自己的党领导新生力量的萌芽倒不如说全线告败。这不仅仅是因为多次将这些人员抽走的武装党卫队的竞争，也主要是因为这个老式机构本质上不允许其他人员以当事人形式补充进来。此外，党员干部可怜的社会威望使得年轻人去寻找其他事业上的成功，而不是像不受尊重的"纳粹党政治头目"那样[52]。

因此，国家社会主义工人党距离成为一个极权主义政党的样板还很遥远。

第7章 希特勒和政治的毁灭

研究阿道夫·希特勒个性和政策的出版物数以万计，这使得从如潮水般的见解和诠释中得出明确的判断十分困难。但是，这恰恰是解释希特勒在任总理的很短时间内在世界史上所发挥的作用所必需的。在纳粹政权期间，大多数观察家和传记家都倾向于将这个起初完全被低估了的国家社会主义工人党领导人视为严肃的和有效的强权政治家。只有少数批评家，例如查理·卓别林（Charlie Chaplin）和塞巴斯蒂安·哈夫纳坚持他们的信念[1]：这个德国专制者应该首先被视为江湖骗子。

希特勒作为国家社会主义工人党领导人在1930年9月至1932年7月的竞选中所取得的惊人成绩和提早赢得的外

第二部分　希特勒的崛起与权力垄断

交承认使得即便是很多外交对手也打消了最初的怀疑。例如，英国首相内维尔·张伯伦（Neville Chamberlain）就醉心于希特勒本身友好温和但是由于身处运动当中受到"极端左翼分子"的有害影响而不得不依赖他们的支持的幻想中。

在较早的当代史研究中，希特勒肆无忌惮的强权政治家形象占据了主导——他能够把统一的意志强加给国家直至每一个国民。在从法西斯意大利照本宣科而来的"极权主义专制"理论影响下，这样的想法得到了承认——希特勒用虚假的承诺"拐骗"了国家，并用马基雅维利主义的操纵技巧使他们毫无异议地站在了自己身后。卡尔·迪特里希·布拉赫尔——可能是战后早期最重要的德国当代历史学家——将对这位专制者的评价简化成这样：纳粹统治制度"从开始到最终都和这个人一起站立和倒下"[2]。

事实上希特勒不管在党内还是在国家机关内都成功地排除了所有反对力量，并让自己作为无可否认的领导人得到承认。其起点是他于1921年7月在国家社会主义工人党内部完成的"首次"权力攫取。在发挥其变得不可或缺的宣传演说家作用过程中，希特勒以安东·德莱克斯勒推动的与民族工厂组织的合并谈判为契机，以他最终退党相要挟，使党委员会把不受限制的政治领导权交给他[3]。

随着这次在党内获胜，希特勒将一种法西斯政治理念在这个直到那时还以鄙俗的社团热为特征的后室党内贯彻了下去。这其中包括绝对的元首原则、禁止党内选举和集体意愿的形成以及党务工作完全以宣传和招募成员为导向。希特勒宣称，一个"统一组织和传输、能总结成简短的表达方式的世界观需要一个像冲锋队那样组织起来的政治党派"[4]。在他看来，党的任务是发动动员不断壮大的支持者队伍。党是否应该参加政治选举直到1926年还存在争议，后来这因为战术上的原因而成为现实，而并非对建设性参与国会工作的考虑。在政变过程中希特勒得到了与他一起密谋策划的追随者群体的支持，他们作为慕尼黑分部登上了党的最高领导位置，并在1925年党重建之后也保留了这一特权。

自从希特勒在1921年7月获得成功之后，运动由他个人来领导这一点就没有争议了。他充分利用在兰茨贝格的暂时监禁，在党的禁令被取消之后在1925年通过形式上的重建禁止民族主义群体集体加入。同样，希特勒也成功地将埃里希·鲁登道夫（他把他推入了1925年毫无希望的总统竞选当中）这样可能的竞争对手排挤出去。接下来的一年里出现的由格雷戈尔·施特拉塞尔和约瑟夫·戈培尔领导的西北工作组也是遭遇了同样的命运。它因为试图通过一个新的更加合乎时代的党纲并抵制慕尼黑圈子而失败。这样，党的领导就不再受任何监督机构的影响了。

希特勒足够狡诈，对那些最激烈反对的人，他偏偏委以其重任，这样就把他们拉到了自己身边。这个人事圈子尤其包括上巴伐利亚的药剂师格雷戈尔·施特拉塞尔——纳粹运动的设计主脑之一。他在1932年秋绝望地放弃了党内职务，因为他认为希特勒的不成功便成仁战略是灾难性的，在他看来，是该战略将党推入了失败的境地。希特勒解散了施特拉塞尔建立的帝国组织机构一部和二部，并没有建立任何的替

第二部分　希特勒的崛起与权力垄断

代机构，而他曾经力图借助它们不仅协调党务工作、监督省党部头目同时也为争取当中的权力攫取作好政治准备，这很有代表性。他的知己鲁道夫·赫斯作为"元首的代表"没有能力协调最终人数超过36人的省党部头目的渐渐疏离的野心，这些人顽固地坚守着希特勒给予他们的直属地位。因此，所谓的"国家社会主义工人党帝国指挥部"只是有名无实，而与此同时建立一个核心党领导是希特勒所禁止的[5]。

只有兜个圈子通过能对帝国立法施加影响，同时也领导着元首代表办公室的元首秘书马丁·博尔曼才能对党机关施加影响。当鲁道夫·赫斯因为轰动性地逃亡英格兰而被宣布精神有问题时，博尔曼作为党办公厅的负责人走上了党的最高领导位置[6]。然而博尔曼为精简国社党领导层打下人事基础的努力仍旧是七零八落的碎片，尽管他系统推动了政权的党化进程，并为了国家社会主义工人党而对常规和国内管理机构进行了排挤。

希特勒名义上让赫斯负责党的领导，这一战术举措有两个目的。一方面他试图以此来安抚保守派联盟伙伴；另一方面这样他自己也就摆脱了烦人的党领导，后者迅速在慕尼黑的"褐色大厦"转变成了庞大的官僚机构[7]。作为帝国总理，希特勒日益回避日常政府工作。在国家总统保罗·冯·兴登堡前往诺伊德克庄园、放权给希特勒之后，在总理府看到希特勒的时候就越来越少了，上萨尔茨贝格（Obersalzberg）逐渐成了躲避这些令人不快的政府事务的藏身之地。

这位帝国总理害怕内阁里的同僚气氛，并强迫各部门主管部长们在开会之前就相互商量好要做的决定。因此，内阁会议到这个时候已经失去了核心领导的职能，并在1938年2月之后被完全取消。因为希特勒也禁止他的部长继续啤酒之夜的惯例（可能是因为他害怕他们的竞争），政府成员只有在官方庆祝场合才会碰面。帝国内阁作为同事合作的领导机关完全没有发挥作用。立法工作的协调成了地位被抬高的总理府部长的职责，而他的部长同事们接触到帝国总理的可能则日益受到了马丁·博尔曼的封锁[8]。

在1934年之后开始的双重进程符合希特勒的个人倾向——元首权力得到无限承认、国家机关广泛四分五裂，同时没有什么协调的国家社会主义工人党和SS领导机关并没有弥补这一点。希特勒拒绝任何形式的官僚主义，希望用"人治"原则来取代公共管理机构的法治国家基础，这导致政治在很大程度上个人化。这尤其表现在相对于等级行政主管他更偏爱直接隶属原则上，这无异于鼓励人们绕开官方渠道。这样，不断加剧的四分五裂但也包括官员对"元首"的个人依赖就不可避免地得到了推动。

1934年8月20日的时候，在帝国总理和总统的职务合二为一之后，公职人员和国防军成员——此外还有国会议员就已经不得不发表针对元首个人的效忠誓言，而不再像原本那样对宪法起誓。由此和随着之前就希特勒接管帝国总统职务进行的全民公决，从国家法方面建立"元首国家"的至关重要的一步就完成了。结果除了"元首和帝国总理"的官方头衔之外，"元首"的叫法也在国家范围内变得普遍。就这样，这个专制者的大权独揽再也没有宪法的防护墙来抵

第二部分　希特勒的崛起与权力垄断

御了。

但是另一方面，希特勒挫败了其内政部长威廉·弗里克，让被委任到各州的帝国行政长官听命于他的指示的努力，弗里克的目的是保证管理的统一并以各州职权为代价缔造一个统一的国家。当弗里克抱怨他的武断行为时，希特勒决定，一般来说必须停止"向他阐述"他和弗里克之间存在的"关于他的决策"的意见分歧，但是这不适用于"具有特别重大政治意义的"问题[9]。同样，希特勒拒绝了弗里克的提议——鉴于《授权法案》即将到期，应建立一部《大德意志帝国宪法》，他的理由很有代表性，他希望通过这种方式避免革命行动。他更倾向于延长《授权法案》[10]。因此魏玛帝国宪法形式上的有效期要到1945年5月。

出于类似的理由——不让自己卷入机构约束当中的需要——希特勒也对设立一个立法机构并最终为他自己不能再履行职务的情况设立一个元首选举机构的再三尝试进行了阻挠，尽管他之前曾多次作出这方面的承诺[11]。这一发展和比方说新增部门及直属元首的特别机构的迅速建立一样，是和政府统一性的日益瓦解相对应的。

与约瑟夫·斯大林（Josef Stalin）不同，希特勒不关心当前的政府事务，他基本上只通过副手或者身边的人作口头指示，并且偏爱一种非正规的执政方式。与此同时，"元首命令"日益取代常规立法，即使国会作为代表机构仍旧存在，并在个别情况下为提交给它的法案喝彩，譬如说《纽伦堡法案》。国会选举偶尔会举行，以便赋予政府额外的合法地位。但是所有这些都导致执政体系加剧瓦解，而希特勒自己没有真正填补他故意制造的决策中心的空白,对此他在身体上也越来越没有这个能力了。

因此,下面这个问题变得更加尖锐了:作为独裁者统治帝国而且没有值得一提的反对派,这个人是如何做到这一点呢?毫无疑问,他对人的心灵有着强烈影响的个性魅力从中起了重大作用。这有助于解释下面这点,即便是下定决心要对希特勒决策(例如在东线战争问题上)提出抗议的部分老练的名人在亲自听他演讲时也不仅放弃了自己的想法,甚至会在会见后成为狂热的崇拜者,或者是像埃尔温·隆美尔(Erwin Rommel)那样,尽管主观上冷落对待,但是客观上自觉没有能力最终声明不再追随这个专制者。在与希特勒当面会谈时,只有少数对话伙伴——像是法国大使罗贝尔·库隆德(Robert Coulondre)或者是帝国经济部长沙赫特(Hjahlmar Schacht)——能逃过希特勒目不转睛的凝视。希特勒的魅力建立在这样的心理机制基础上:他在紧要关头能令其他人感觉到他紧绷到极限的意志力,这给他带来了能预见未来的天才幻想家的名声[12]。

但是这并非全部。另外一个因素是,希特勒善于迎合每一次的多数听众的情绪并使自己好像是满足他们期待的工具一样。恰恰因为没有任何形式的内在内容,他更多的是试图在这种高涨的气氛下把他喜欢称做"不容更改"的意志强加给对方,当他作为演说家出现时尤其如此。但是他这么做原本也是在狭义的框架内,因为他没有能力也没有这种个性特质来面对一场真正的对话。具有代表性的是,希特勒几乎所有的决定都是通过在较长篇幅的讲话中向公众披露的方式

第二部分　希特勒的崛起与权力垄断

作出的。这涉及对波兰作战、对苏联作战以及对美国宣战的决定。只有在慷慨激昂的亢奋状态（他的长生不老药）下，他才作出决定。尽管对目标构想的时间拉得很长，但是这些决定都是一时冲动、很多时候是在条件反射下引发的，它们从未伴随着对目标和手段的认真斟酌和考虑。

希特勒用这种领导方式几乎总是得到了肯定，这主要与一种氛围分不开，这种氛围很能说明他身边的人、发誓效忠于他的国社党干部举止行为的特点。它源自运动内部的社会达尔文主义的立场斗争——一场"一切人反对一切人的斗争"。目标和方法递增极端化的趋势源自组织结构，它主要是没有明确给予下属领导的职权的后果。希特勒确定了意识形态框架并给予必要的推动以便让下属保持这一路线，"挑选消极的世界观要素"（马丁·布罗萨特）事先确定了路线的方向（这是有其内在必然性的），而且它将在迫害和灭绝犹太人中经历最严重的激化[13]。

政府、经济界和社会主要精英对党部分目标的广泛认同形成了它的背景，与此同时还有自20世纪20年代危机以来不断加剧的德国中产阶级对道德的漠不关心，以及积聚的《凡尔赛和约》综合征，整个民族都不愿接受该和约。1919年之后，希特勒在慕尼黑迅速利用了这种氛围，从而使这个实际上的无名之辈（这个第一次世界大战的二等兵）变成一个使民族崛起为有着德国特色的千年帝国的幽灵。

希特勒拥有一个高度有效的国家机关，此外还有一个从20世纪20年代早期就敦促扩军和作出修改的军事集团，他们在把他推入总理府的过程中起了重要作用。但是在作决策方面，他对这些潜力的利用不足。他依赖于非正式的顾问人员，拒绝看文件，转而采用口头的形势报告方式，并尽可能少地关心专业管理，比方说他任命不具备资质的人来担当国家领导职务，而且人员一旦任命，希特勒也同样不准备替换——任命约阿希姆·冯·里宾特洛甫（Joachim von Ribbentrop）为帝国外交部长就是个再清楚不过的例子，尽管后者在伦敦的荒唐行为备受指责。

所有这些都是众所周知的，同样的还有希特勒只在某些情况下参与政治决策过程的习惯，不对影响进行评估就打开冲动的阀门，并且因为不断授予特别全权而日益加剧了国家机构的四分五裂。职务的便利和戈培尔的宣传部煽动的元首崇拜加剧了"抵制元首"的广泛趋势，以便在推动极端化之前先发制人，正如伊恩·克肖所指出的那样[14]。这一切肯定进一步加快了政权自我瓦解的进程，总理府的一个主要官员很早就称之为"秩序还不错的无序"[15]。战争和因为战争而降低了难度的对忠于国家立场的发动动员推迟并掩盖了政府的瓦解进程，但最终使这个进程变得不可逆转。

作为专制者的希特勒则忙于他早期的爱好——建筑、电影新媒体和他认为是艺术的东西，起初他把最初失败的责任推给他的将军们，但是，对苏战争的挑战促使他出于祖传的傲慢和对自己能力的高估开始事无巨细地指挥战争行动。自那之后他就把国家元首的责任和统帅的责任混为一谈了——而且这只是在由他策划煽动的众多战场中的一个。

在不断变化的总部的围墙包围下——最后是总理府下的元首地堡内，他日益逃避国家元首的活动和职责，从在盟军

第二部分　希特勒的崛起与权力垄断

炸弹轰炸下成为瓦砾的德国大城市逃走，最后他也开始害怕德国公众，直到在高速公路上的生日招待会。在那期间，戈培尔、戈林、希姆莱和施佩尔每个人都以自己的方式寻找机会让帝国这艘船重新变得可控并让希特勒继续远离决策中心。与之相对，马丁·博尔曼直到最后都在详细说明英雄式自我灭亡的构想，并让他的电传打印机服务于毫无前途的坚持抵抗斗争。最后，希特勒的自杀结束了一场政治和道德的惨败，人们所能想到的不能比这更糟了。

在纳粹领导的小圈子内，受"总体战"的影响，消除模糊不清的高层领导结构并精简领导机关的认识从 1942 年起就开始广为人们所接受。然而官员不得不体会到，希特勒拒绝彻底的改革，他害怕改革会威胁他的权威。因此他也拒绝早就该采取的措施，例如取缔因为四年计划部门的建立而变得多余的帝国经济部或者是取消可有可无的州高级法院。同样他也拒绝必要的节约或者简化管理，而且还在 1944 年安排重开关闭的慕尼黑赛马跑道[16]。同时他的个人威望但还有如直觉般出现的认识也发挥了作用——鉴于政治体制因为极端个人化而变得动荡，生人勿近的政策是明智的。

希特勒在早就该进行的高层领导结构改革问题上的谨慎态度最为明确地表明了这点。戈培尔在 1943 年初就推动形成一个具有特别全权的所谓的"三人委员会"，它应当将必要的合理化改革措施贯彻实施。但是这个包括总理府和国防军领导在内的新的委员会没有实现任何深刻的改变，因此戈培尔讽刺地称之为"三贤人"（heilige drei Koenige）[17]。同样，戈培尔推动的恢复帝国国防部长会议计划也没有获得成功。最后，在军备和战争生产部长阿尔贝特·施佩尔明确提出全面改革要求之后，这位帝国宣传部长试图让自己获得"负责总体战的帝国全权代表"的任命，对此希特勒在1944年7月25日——戈培尔在帝国体育宫发表著名讲话一年之后——在中段军事危机的影响下才同意。

戈培尔借此一跃成为内政负责人的期望没有实现。改革倡议在发动国民坚持到底的意愿的宣传活动中烟消云散。希特勒自己（例如在女性义务兵役制问题上）倒不如说保持着克制，而且，令他的宣传部长十分失望的是，他无法说服希特勒参加一些比较重大的公开活动场合，戈培尔通过强调腓特烈大帝（Friedrich der Grosse）在七年战争战役中的传奇来费劲地掩饰这一点[18]。

尽管这些瓦解的迹象已经明确无误，但在政府官员小心翼翼的批评下，希特勒的地位直到战争深入仍旧未被动摇，仍是神圣不可侵犯的。因此布拉赫尔一语中的地说："权力职能的对抗作用唯独在有无限权力的元首的决定性地位中被废止了"，这种决定性地位源自"势力集团无法一目了然的并列和对抗"[19]。希特勒的领导方式以这样一个原则为基础：在下属保证个人忠诚的情况下给予其宽大的活动空间。所以说纳粹体制内存在鲜明的派系主义是有道理的[20]。这给这位专制者带来了相当大的个人活动自由。他不用非得处理材料或者提议，只要他们不触及他的权威，而且他倾向于让冲突和竞争按照社会达尔文主义自行优胜劣汰。

在1942年夏的著名意见书当中，威悉河—埃姆斯河区省党部头目卡尔·勒韦尔拒绝了希特勒偏爱的并在斗争时期

第二部分　希特勒的崛起与权力垄断

曾一度十分成功的"任其生长"原则，这是因为与之相联系的摩擦造成了重大的损失[21]。但是这一行动导致"元首"不仅从日常决策行为——以及因此也从现有的政府事务中退出，而且也从对其错误决策和罪行的批评中免责了。"如果元首知道会怎样？"模式反映了一种十分广泛的思维方式。它把一系列错误决策归罪于党、党卫队、戈林、希姆莱和戈培尔，但是将置身错误顾问中央的希特勒排除在外。

希特勒在莱比锡人民法院诉讼背景下将在党内势力斗争中发展起来的元首神话有计划地扩大。希特勒敬礼的采用、对他个人宣誓效忠、在党日发展起来的仪式和干部对希特勒的追随关系都服务于这个目的[22]。通过将希特勒说成是上帝派来的"国家元首"，戈培尔一步步实现了将个人对民族的忠诚完全集中在他的身上的计划。所有可以想到的民族认同的基准点都对准了希特勒崇拜。在这方面，德国和法西斯主义意大利不同，在那里，除了领袖墨索里尼之外，维托里奥·艾玛努埃尔（Victor Emanuel）国王和佩特罗·巴多格里奥（Pietro Badoglio）元帅也仍旧是民族认同的人物。并不矛盾，第三帝国也成功地在公众的意识当中建立起了阿道夫·希特勒个人与德意志民族虚拟的一致性，因此任何对专制者的背弃似乎都成了对民族的背叛。所以，7月20日的密谋反叛在发出第一声号召时选择了这样的捏造说：希特勒成了"不了解前线的"国社党干部的暴动的牺牲品[23]。

在艺术上加工希特勒崇拜导致人们对管理不善、失败和政府犯罪升级的批评没有转移到希特勒的身上。接受西方盟国询问的那些德国战俘并不畏于严词指责纳粹制度[24]，但是对于指责希特勒个人却是例外。这解释了下面这个现象的原因——尽管自从开始攻打苏联后元首神话最初遭受了损害，但是在德国公众当中越来越多地遭遇保留和拒绝态度的这个神话却仍旧不同寻常地长期存在了很久。直到1939年的时候，希特勒仍被首先视为维护和平的保证人并受到崇拜，直到1940年人们还相信他有能力及时结束战争。到了1942年，当人们面临着将在战争中度过第二个冬天的时候，这种情况才发生改变。大概最迟到1945年4月时，民族与"元首"个人的认同才变成了对他出卖民族的指责。

1945年之后在公众但也包括在历史编纂中占据主导的希特勒主义首先把这一时期所发生的事件归咎于马基雅维利主义对专制者的影响，这是他们推翻对希特勒的崇拜并把这场灾难的责任推给专制者个人的一种反映。其中有一个明显的辩护的倾向。它反映在德国人被希特勒"诱惑"的陈词滥调当中，就好像强权政治的傲慢和罪恶的种族幻想没有在纳粹宣传当中得到足够的表现似的。由此，下面这种习惯也就有了解释——使对这种对希特勒的评价刨根问底的作者遭受"低估"或者是干脆"淡化"专制者责任的指责[25]。关于马里努斯·范·德尔·卢贝（Marinus van der Lubbe）在国会纵火案中是否独自作案的讨论是由这样的潜台词所决定的——避免"国民教育"不希望看到的对希特勒的辩护[26]。

消除这种对希特勒作为最高决策者的作用的高估、明确国家社会主义领导精英在这场"德国灾难"中的参与并认识希特勒个人的平庸[27]，实现这些可能花了相对较长的时间，尽管——正如上面所提到过的——譬如指出"意志崇

第二部分　希特勒的崛起与权力垄断

拜"是专制者的核心行为动机的彼得·斯特恩（Peter Stern）或者很早就揭露了希特勒神话作用方式的伊恩·克肖等洞察敏锐的作家提前认识到了这些[28]。

希特勒作为人"走下神坛"主要是马丁·布罗萨特的成就，这成为可能是因为之前掌握在盟军手上的德国档案在20世纪60年代开始对外开放。1966年，我在一本关于"第三帝国官场"的书中着手研究了这个"烫手山芋"，并在书中强调说，希特勒"在所有需要原则性和确定立场的问题上"都是"一个软弱的专制者"。这在业内引发了热烈讨论，其中多次出现这样的误解：我宣称希特勒没有无限的权威[29]。与之相对，我的评论提到了眼下已经普遍得到研究确认的现象——尽管在意识形态上十分顽固不化，但是希特勒在很多情况下害怕作决策，特别是在战争后期他没有能力最终做出内部革新的决定，并且没有能力在多种可能中作出抉择。他更倾向于支持一种不成功便成仁战略，而且他越来越不愿作出必需的政治妥协。

在提高目标的同时又无力评估可供支配的资源，这对希特勒来说十分典型，而且它与日益加剧的对现实的逃避和对现实视而不见密不可分。对此最接近他的伙伴在1933年之前就曾作出警告，并强调说，空想的元首不能落入不负责任的顾问手中[30]。事实上，没有能力吸引独立自主同时又有批评能力的顾问的是希特勒自己，而且他同样不愿在军事问题上容忍矛盾的存在。尽管他在意识形态上无限狂热，但他仍是个软弱的专制者，一个最终通过可悲的自杀完成了英雄式自我牺牲的随波逐流者。

希特勒与20世纪德国

事实证明,希特勒甚至没有能力长期保护已经取得的成就——即便是外交成就。倒不如说,作为政治家,没有什么成绩是他不能——出于极度的妄自尊大——再失去的了。他的没有分寸导致他很早而且是必然地开始毁灭他的政治作品——他把业已实现的一切立刻通过一场空前绝后的滥杀无辜而孤注一掷,目的是追逐一个甚至连轮廓都没有的虚幻的目标。他的历史作用主要在于启动了一个灾难性的政治动力,"他的历史角色仿佛带着其内在的必然性而走向了自我毁灭"。与此同时,他"仅仅只是一个因为一切机构、法律和道德障碍都被消除而释放出来的反人道主义冲击链的极端拥护者"[31]。

希特勒根据一个仅仅看似封闭的世界观思想体系行动,而且在这方面他是不断蓄积的极端化的发动机。但是将这些虚幻目标贯彻实施是身处部门争斗丛林的下属机关提出的。这关系到一个进程,马丁·布罗萨特以给人以深刻印象的表达对此进行了简要说明:这些惯用语不得不"最终要求自己'信守诺言'",被当作用于政治动员的空想的最终目标进行宣传的东西在性急的执行者手中就变成了可付诸实践的暴力行动[32]。因此,希特勒也成了德国社会拥护的人物(而他则以他们作为共鸣的基础),即使他一点点正面的成就都没有。

很能说明特点的是,希特勒避免了公开与杀害犹太人以及因此而不可名状的"水晶之夜"事件联系起来。他也从不直接谈及杀害犹太人,或者是让它看来会是未来要发生的事。因此,不管他是如何驱动针对犹太人的灭绝进程的,我

第二部分　希特勒的崛起与权力垄断

们仍有可信的理由相信这一推论——希特勒没有明确下达包括总体解决"犹太人问题"以及必然还有"大屠杀"在内的命令[33]。希特勒统治的非正式结构允许这样的行事方式发生，它甚至使之成为可能，因为适合该体系的抵抗的所有出发点都被剥夺了。希特勒自己遵守着这样的语言规范，"进一步向东"驱逐犹太人以及将他们"作为游击队员对待"。但这对下面这个事实没有丝毫的改变——希特勒个人对"杀害犹太人"的罪行以及对苏联进行灭绝战争负有责任，并直接和间接地启动了它们。与此同时他使得大规模犯罪的想法在他身边消失，这种态度席卷了整个德国精英群体。囿于"成员职责"的思想并且受对道义漠不关心的深刻影响，在必须要这么做的时候，这些精英没能阻止一个政治冒牌货的滥杀无辜。

第8章 双重人格：塞巴斯蒂安·哈夫纳早期对希特勒的诠释

塞巴斯蒂安·哈夫纳1938年移居英国，到那里之后他先是在流亡德语报《报纸》（*Die Zeitung*）工作[1]。他始终不懈地致力于这样的工作——使英国大众对国家社会主义德国有更加具体了解并消除对整个德国人民的谴责批判。这方面的一个突出见证是他的争鸣与启蒙著作《论德国之双重性格》，该书是他在"奇特的战争"（drole de guerre）时期撰写的，并在1940年由马丁·塞克尔和沃伯格（Secker & Warburg）出版社出版[2]。尽管他在32岁的时候还是政论界的新人，而且当时还不得不求助于英文翻译，但他下定决心，即便是作为英国移民也要为打倒纳粹政权作出自己的贡

第二部分　希特勒的崛起与权力垄断

献,并促使英方将德国移民当作传声筒。哈夫纳的《论德国之双重性格》一书中包括一篇慷慨激昂地反对希特勒和国家社会主义的檄文,并以难得一见的敏锐和富有远见的分析见长。它们使他的著作看起来像是同属一个时代的立场鲜明的纳粹政权反对者的一流证词,但同时也在很多方面领先于后来的历史分析。这首先涉及哈夫纳对阿道夫·希特勒以及主要国家社会主义者的评价,它们显然与同一时期的评价不同[3]。哈夫纳的研究坚决反对当时在英国也十分普遍的看法:阿道夫·希特勒本质上的立场是温和的,而且人们必须支持他来对抗运动内部的极端分子。这种普遍的看法也促成了内维尔·张伯伦采取绥靖路线并迁就、迎合希特勒的意愿。哈夫纳警告不要与希特勒缔结任何有国际法效力的条约,这不仅是考虑到《慕尼黑条约》的破裂,也是因为希特勒在心理上没有能力履行他所承诺的责任。世界只是在缓慢地露出曙光,"希特勒不会遵守他的诺言",很多人还不明白,"他不会感到他公开宣称的目标、纲领和想法的约束"[4]。在这里哈夫纳指的绝对不仅仅是战术和马基雅维利主义意义上的。他指出了"希特勒表述的难以置信的矛盾性",它们不过是掩盖其极端自闭症的"面具和面纱"[5]。哈夫纳认为,希特勒的自我中心是解释其行为的关键。希特勒政策中的"唯一固定不变的"因素是,"尽管一切无法估量,但总是为他个人量身定做",而且为一种"隐蔽的、诡秘的卑劣感"充当着精神上的补偿[6]。因此他把希特勒的行为首先描写为曾经的"受压迫者"的报复行动,他"在一个慕尼黑阁楼里教老鼠如何为了吃到面包屑而跳跃"[7]。

希特勒与20世纪德国

哈夫纳明显的传记方式强调了希特勒相对于他所考虑的一系列思想的独立性。试图将希特勒理解为"被连接在一个理念或者运动火车头"上的煤水车，错误地判断了希特勒摧毁一切意识形态类别的执拗和固执。哈夫纳认为，与之相比较，将"德国和欧洲历史理解成希特勒私人生活的一部分"要更贴切一些[8]。他说，"愤怒怨恨、个人崛起和一个装腔作势的强烈渴望的满足"——希特勒把原则上可以替换的政治内容置于这些目标之下。

哈夫纳的心理学诠释与 J. 彼得·斯特恩的解释相一致，根据后者的说法，希特勒成功的秘诀在于他将自己的私人范围变成了一个公众的领域。这给了这个不起眼的第一次世界大战的二等兵以真实性可信性，这一再给他带来了大批支持者的盲目肯定[9]。然而哈夫纳的分析没有停留在对私人范畴的强调上，而是试图同时将希特勒理解为同一时期德国自我认知的代表人物。在这一背景下，他表示，希特勒个人的不幸与德国 1919 年的困境如此巧合地同时发生并非偶然[10]。哈夫纳指出，德国以"愤慨、抗拒和仇恨"应对 1918 年失败的特性与希特勒对 1918 年 11 月失败的反应是一致的。"希特勒只需要把'希特勒'换成'德国'就能唤起成千上万和成百上千万德国人充满了仇恨的、可怕的怒火，正如他所感受到的那样。"因此希特勒对在大众中存在的仇恨感和愤慨发挥了催化剂的功能，而且他不仅把这些仇恨和愤慨集中到"11 月政变"，也集中到所谓的犹太人对德国人不幸所负有的责任上。

因为这些论点，哈夫纳在很多地方比后来马丁·布罗萨

第二部分 希特勒的崛起与权力垄断

特的分析早了许多,后者把希特勒的崛起和受欢迎主要归因于:希特勒发挥了德国社会中存在的政治和社会不满的倡导者以及这种群众情绪的发声筒的作用,而且他因为强大的移情能力和无可否认的蛊惑煽动天赋而很善于适应这种情绪[11]。当然,哈夫纳没有得出与布罗萨特相同的结论:必须最终将希特勒解释成德国历史发展的后果而不应将其视为所发生事件的最终根源。因为只有"在普遍亢奋的背景下他才能把自己的神经过敏体会成普遍的事实,并将集体的神经过敏变成自己疯癫错乱的共鸣板",布罗萨特这样论证说,并借此将希特勒元首原则的主观与客观功能区分开来[12]。

与此相对,离开德国这个"第一个为国家社会主义分子所占领的领土"对哈夫纳影响很大[13]。对他来说这种表达的关键是,将英国公众的注意力转到公开发声有困难、分裂成各个组织的德国反对派身上。当然,他的新秩序建议所具有的突出的反普鲁士和反中央集权基本特征和他对纳粹统治的分析处于无法消除的对立关系,他认为,纳粹统治主要由希特勒和国家社会主义工人党的改造所决定[14]。因此,哈夫纳论证说,西方大国的作战目标绝对不能局限于在军事上打败这个德意志帝国,而必须是帝国联邦的瓦解和受普鲁士影响的帝国传统的消除。他的与1866年前存在的德国邦联挂钩的新秩序建议显得陈旧过时而且自相矛盾。它们源自这样一种尴尬的处境:国家社会主义成功地将俾斯麦帝国这样的普鲁士传统用于自身地位的合法化并因此使它的价值大幅降低[15]。

哈夫纳以罕见的尖锐犀利驳斥了希特勒的讲话和行为存

在"某种政治家动机"的想法,而且他强调,希特勒"不是什么政治家,而是戴着政治家面具的骗子",是国家首脑和部长圈子里的"一个伪装得很糟糕的强盗"[16]。如果现在回过头去看,这种诠释可能显得没什么独创性,但是从1939年的角度来看,当时希特勒只显示出了成功而并没有受挫,那么这种诠释从任何方面来讲都是大胆的,而且这还是对一个刚刚流亡到伦敦、个人生存都很困难窘迫的德国移民来说。

哈夫纳对国家社会主义专制的见解当中至关重要的是下面这个论断:被正面突出强调的专制者的目标说到底只不过是完全服务于扩大权力和加强个人权威的赝品。因此,哈夫纳也不畏于将希特勒称为"赌徒",因为他不知道什么永久价值的虚无主义态度,他可以孤注一掷。作为"最出色的潜在自杀者",希特勒没有任何出类拔萃的地方,而且"除了和他的自我(的联系)之外",他没有任何社会联系[17]。

像是有千里眼似的,哈夫纳明确地预言,"为了维护或者扩大他的权力——他有今日所要归功于的权力、在他与迅速死亡之间仅存的权力",希特勒将冒任何可以设想到的险。因为能保护他不重新落入他已经摆脱的"地狱"的,除了行使权力之外一无所有了[18]。这恰如其分地描绘了希特勒的心态,它看不到其他的选择和不同的可能性,而是醉心于一个不顾所有阻力坚持下去的不成功便成仁战略,正如哈夫纳强调的,它包括,决定一旦做出,在遵循的方面会特别固执呆板,但在对待近期目标上具有很高的战术灵活性。哈夫纳强调,这个专制者只知道一种实现自己要求的方法,

第二部分　希特勒的崛起与权力垄断

"不断、直接和不加掩饰地使用武力",这也是他自己的成功处方[19],他说的没错。哈夫纳把这种心态解释为希特勒在1919年之前的局外人身份的反映。

对于西方外交界愿意接受希特勒进入政治家圈子、给予其外交承认并将其作为同等地位的伙伴对待,哈夫纳进行了十分严厉的谴责。他警告说不要拿希特勒的和平承诺当真,并强调说,国家社会主义分子"天生没有能力生活在和平中",而他这么说完全是有理由的。因此,他认为,结束战争要以希特勒和纳粹体制的垮台为前提,同样,战争首先是一场"对希特勒的战争"[20]。所以说,哈夫纳在这时就已经要求对希特勒进行国际审判,只有这样才能撕下他脸上的面具,揭露他"骗子"的真面目。

通过把这个专制者描述成不能纳入常规的政治范畴、同样也不信奉确定利益的政治骗子,哈夫纳指出,这里关系到的是一种新式政治,它不能用原本的标准来衡量。因此他否认纳粹政策有任何实质性的内容,并且认为希特勒天才的地方仅仅在于"肆无忌惮的自恋"和他"本能地"领会"权力特定形式"的天赋能力[21]。哈夫纳说,因为拜罗伊特(Bayreuth)圈子的影响——该圈子"完全提前理解了希特勒的思维方式和人生观",希特勒的"政治表现癖"和他"对制造戏剧性场面的偏好"获得了特殊的影响力[22]。

然而哈夫纳不准备承认纳粹世界观拥有具有承载力的实质内容。他认为,纳粹世界观是"除了名称之外"根本不存在的东西,它除了反闪米特人的动机之外就是个"十足的谎言"[23]。他把下面这个值得一提的观察与此联系起来——

希特勒与 20 世纪德国

国家社会主义政策的特有活力同时让人们可以称之为积极内容的所有一切都慢慢流光。"疯狂的狩猎",他这样说道,突然"再也没有了目标和终点"。

这一观察值得人们思考。事实上,除了灭绝犹太人的消极目标之外,国家社会主义纲领的内容缩减成为空洞的套话的集合,并在政权开始的几年之后距离一个内容易懂的正面纲领越来越远,不管是在内政还是外交方面。对此,希特勒禁止在战争结束之前考虑未来欧洲的塑造就是一个给人以深刻印象的例子[24]。

与此同时,哈夫纳指出了一个事实:纳粹运动及其政权不能容忍政治的静止状态和事情的发展停滞不前,因为这必然将导致"这座空中楼阁的倒塌"[25]。他认为,本质上这个政权欠缺真正的内在稳定,并将仅仅靠"为了优异而优异"、收买下属领导和无尽的活力凝聚在一起。该政权的所有特征都指向短命。在这方面,哈夫纳主要提到了下属的虚无主义,如果这个专制者被除掉,他们就会失去所有的凝聚力。因此他预言,只要除掉希特勒就将导致该体制的迅速崩溃,正如事实所表明的,这完全是一语中的。

然而哈夫纳通过指出一点对这一观察进行了局限——从一开始就被纳粹化的第二代的成长可能会导致一个新的局面。这一预言随着 20 世纪 40 年代事态的发展而得到了证实。看一下党卫队的组织构造就可以知道,保证纳粹统治制度相对有效的不是"老战士",但或许是通常比较年轻的权力斗争者集团[26]。

接着,哈夫纳以出人意料的犀利宣称国家社会主义世界

第二部分　希特勒的崛起与权力垄断

观在很大程度上没有实质内容并且令人惊讶地"思想水平极低"。他证实说，国家社会主义世界观本质上必须理解为动员的技巧，例如从1933年9月希特勒在"胜利的党代会"上的阐述可以得知[27]。"纳粹主义"，他在1939年解释说，"不是一种意识形态，而是对特定类型的人显得有吸引力的具有魔力的表达"。它的"世界观"只是"可疑的矛盾的集合"，但是它的效力却不能低估[28]。

哈夫纳率先对国家社会主义意识形态所作的局限揭露了它在功能上的运用，这在1939年的时候是对希特勒诠释的一个新要素。然而，哈夫纳在他战后出版的作品中部分收回了这一观点或者对其进行了调整修改。在埃贝哈德·耶克尔（Eberhard Jaeckel）的影响下，他在其《破解希特勒》一书中承认，希特勒编造出了"一个有一定说服力的、尽管边缘都支离破碎的"思想架构[29]。但是他仍坚持认为，希特勒的世界观具有显著的唯意志论特征，与耶克尔不同，他对其进行了系统的批评，它突出强调了纳粹世界观中的矛盾和内在关系的紧张[30]。

三十多年之后，类似的见解才开始在现代史研究中得到承认，它们绝大多数强调纳粹意识形态的操纵特性和无实质内容，并对从纳粹世界观中简单地推导出政权的政策提出了质疑[31]。哈夫纳指出，这里的关键不是人们传统理解的意识形态，而是一种与特殊政治理解密不可分的特有心态，这在今天得到了日益广泛的承认。

事实上，希特勒倾向于悄无声息地放弃原本党纲的内容，哪怕是核心内容，如果它们不符合当前战术利益的话。

面对约瑟夫·戈培尔强化的元首崇拜和粗暴的反闪米特主义，起初很显著的民族主义暗流日益退却，职业思想也是同样。剩下的只有虚幻的最终目标设想，除了力争世界统治地位的陈词滥调和实现统治民族人种组成均一的幻想之外它仅限于对"民众共同体"神话的介绍。希特勒和戈培尔再三要求的"国家社会主义思想"本质上是个空洞的套话。1932年12月，希特勒在防止他所担心的所谓格雷戈尔·施特拉塞尔对党的分裂时发明了这套套话，而戈培尔在1944年时还提醒专制者要坚持该思想的绝对性[32]。

在哈夫纳写下他对第三帝国内在需求分析的那个时候，他在很多方面的认识都是引人注目的。当时，和很多同时代的人一样，他仍热衷于政权不会再长期存在的希望当中，而且他关心的也是成功地彻底消除国家社会主义和使希特勒丧失信誉的必要性。他对政权的诠释绝大多数局限在希特勒的角色上，它低估了来自起初毫发无伤的国防军和继承下来的管理部门的稳定力量。

哈夫纳对德国民众态度的描述必然具有高度的假定性质（他把他们分为国家社会主义分子、忠于政权的和不忠于政权的国民以及反对派几部分），但是他反对泛泛地把所有德国人都视为无条件的希特勒的追随者，而且这是有道理的。他努力让英国公众明白，在极权主义条件下表达对政府决定的摒弃或者与其保持距离的可能性接近于零。由于迄今为止的社会和机构形式日益瓦解，明确与政府站在反对立场的那些人也很难找到出发点来采取不会以剖腹自杀告终的抵抗行动。

第二部分　希特勒的崛起与权力垄断

出于这位移民想做点事的强烈欲望，哈夫纳高估了由外对德国国内局势施加影响、同时让德国移民作为不忠于政权的国民的声音发表意见的可能性。反对派必须具备行动前景的论点虽然不能说是完全显而易见，但是正如可以预见的那样，它几乎没有得到英方的什么回应。因此，1939年时哈夫纳就转而主要尝试对当德国失败（他认为这是自然而然的）时盟军的德国规划施加影响。同时他准确地认识到，在纳粹制度条件下是没有什么可能回到魏玛共和国了，并且认为到目前为止的政治党派和组织的抵抗尝试没有什么太大的机会。取而代之，他要求形成一个"新阵线"，当然他不想它与左翼的人民阵线（Volksfront）的努力相混淆。这些考虑反映了他的正确认识，在当时的德国，回到魏玛议会制度似乎是陈腐过时的了。哈夫纳强调，"新组合和反命题"的时机成熟了，而且他对牺牲精神不屑一顾，特别是德国共产党和社民党试图以此来保存它们的非法组织[33]。与此同时，他低估了非法的德国共产党尽管在盖世太保严重干预的情况下仍旧还具有的影响力[34]。虽然如此，他仍及早地认识到，一个"真正有机会推翻纳粹的新的反对派阵线"开始在迄今为止的政治形式之外形成了。事实上，将承担1944年"七二〇"刺杀行动的第二阶段的抵抗是脱离了预示着返回到魏玛时期的党派政治阵线立场展开的。

由于在对其内在动力的评估上存在着极大的差异，哈夫纳在1939年所做的摧毁纳粹制度和不能向它伸出妥协之手的檄文因而从其他同时代的表态中脱颖而出。值得一提的是，他警告不要低估该政权的效率，不要把经常得到突出强调的国家社会主义干部的"优异"当做全部,他揭露说,那只是纯粹的行为主义。另外,他反对视这个纳粹国家为"纯粹的专制政体"的错误见解。他强调说,恐怖主义和宣传鼓动、专制和无政府主义、"责无旁贷的顺从"和"责无旁贷的热情"相结合构成了它真正的本质[35],而他说的没错。当代史研究有力地证实了这一看法。

与此同时,哈夫纳明确表示,国家社会主义宣传的相对有效性是以它在一定程度上与德国人民的社会心理状态相一致为基础的,他说,他在根深蒂固的反自由主义、对公共管理行为普遍没有兴趣中——但也在从属于国家领导个人的意愿中看到了这种心理状态。他的结论是,未来的民主化不仅要以完全摧毁纳粹制度为前提,还要以瓦解吸收了普鲁士强权国家思想的帝国传统和德国的联邦结构为前提。该结论的得出比1945年5月8日之后在西德一度得到承认的明确的联邦渴望早了很多。

经常可以听到的对同时代反对者的批评并不适用于哈夫纳,批评说,这些同时代的反对者"低估"了希特勒(不管它指的是什么)[36]。哈夫纳明确无误地指出了这个专制者"毁灭世界"的作用,并大力倡导从三重意义上根除他,"作为制度、人和传说"[37]。他及早为一种对该政权的理解扫平了道路,这种理解杜绝了高估希特勒智力和政治表现的可能性并破坏了该政权宣传性的自我美化。

因此,他避免了将希特勒在政权内的核心地位及其毁灭能力与即便是仅仅间接的建设性特性和作用联系起来。取而代之的是,他一再强调其极度毁灭性和(至少同样重要的)

第二部分　希特勒的崛起与权力垄断

非法——也就是犯罪特征。当了解到哈夫纳在没有了解到内部材料、仅借助对可获得的印刷材料的细致研究表达了他的见解时，所有的这一切就变得更加值得一提了。在其1978年出版的《破解希特勒》一书中，哈夫纳保留了很多最初的立场（尽管有时形式上有所弱化），特别是他对希特勒作为个体的蔑视。希特勒"根据个人生平的标准搞政治"的基本命题他同样保留了，正如他拒绝承认希特勒具有政治家的素质[38]。然而从这时开始，他对希特勒组织天赋的强调要多了很多，并把他称做一个"精力极其旺盛、极富想象力和极有效率的推动者"[39]。哈夫纳特别用希特勒所谓的经济政策的成功来证明后者，并承认其具有相对的军事战略天赋，对此在最近的希特勒研究中评价则有所不同[40]。另外，希特勒"害怕拍板"和没有能力"建立长久统治"并从制度上保障一旦实现的东西[41]，此时哈夫纳对这方面的强调比以往更多了。这一点特别是在外交政策上尤为明显，正如哈夫纳强调的那样，因为目标的无限升级，它必然会失败。哈夫纳说，"借助空前绝后的武力行为"，希特勒"恰恰导致了与他希望产生的结果相反的结局"[42]。尽管对这个专制者个性的评价不一，目前当代史研究与哈夫纳的很多说法接近，特别是对第三帝国意志形成过程更准确的了解驳斥了在国家最高端的是一个指挥井井有条的国家元首的假设。同样，希特勒害怕作决定和他丧失现实感的趋势越来越突出地显露出来[43]。最晚到伪造希特勒日记事件的时候就已经表明——格哈德·魏因贝格（Gerhard Weinberg）和休·特雷弗—罗珀（Hugh Trevor-Roper）等经验丰富的历史学家希

希特勒与 20 世纪德国

望从起初被认为是真实存在的库耀（Kujau）的伪造日记中找到的统治秘诀是不存在的，因此希特勒世界观的坚定的内在核心也是不存在的[44]。毋宁说，在大量宣传的所谓最终目标的空想外壳下隐藏着的并非具有承载力的政治实质。纳粹体制真的只是徒有其表。

哈夫纳 1939 年的研究对善于思考的个人形成的挑战不比他后来在《破解希特勒》以及相关出版物中[45]对纳粹政权的分析小。它迫使人们重新思考希特勒的角色和德国政治文化与生俱来的弊端之间的联系，同时又不落入可疑的希特勒中心论当中，后者的辩解倾向是显而易见的。哈夫纳对双重人格、希特勒政权犯罪基础的证实因为一种独一无二的世界观而闪耀着光辉，而且除细节问题之外，他锐利的分析即便在半个多世纪过去之后仍旧没有人能够超越。

第9章　希特勒、德国人和第二次世界大战

与1914年7月4日不同，当时德国人民抑制不住的欢呼雀跃伴随着战争的爆发，而对1939年9月1日进军波兰人们的感觉却是震惊和害怕。在德国几乎感觉不到对战争的热情。这很令人惊讶，因为帝国政府给予扩充军备和扩建国防军以最优先的地位，并同时推动全面的宣传活动以便"德国人民战备化"。作为帝国总理，阿道夫·希特勒的威望主要建立在他所实行的修正主义外交政策的轰动性成功上。当1939年9月1日德国人民被迫要面对该政策的后果时，他们却畏缩了，并以为可以在与波兰的冲突可能只是插曲的这个值得怀疑的希望中高枕无忧。

德国人民的这种矛盾立场与他们还没有消化第一次世界

大战德国的战败有关。尽管战争给这个民族带来了沉重的负担,但很大一部分德国人容易受右翼党派及其背后利益集团的鼓动影响,这些鼓动称,社会主义民主党"在背后捅刀子"导致了军事的崩溃,使帝国稳操的胜券被人拿走。保罗·冯·兴登堡和埃里希·鲁登道夫领导下的最高陆军指挥部强迫立刻停火,这样他们就摆脱了对军事失败的责任,并把同盟国苛刻的停火条件扔给共和派政治家特别是核心领导人马蒂亚斯·埃茨贝格尔(Matthias Erzberger)。出于对爱国主义的错误理解,温和派社民党人对明确强调军方的责任及其立刻换班犹豫不决。

德国公众不清楚帝国军事崩溃的原因。不承认战败加强了修正主义党派所展示的幻想——利用军事手段在不远的将来令1918年的失败翻盘是有可能的。大多数德国人认为《凡尔赛和约》在领土、经济和军事上的规定是苦涩的不公正行为,它被要求修订,政府方面推动的在"战争赔款问题"上的煽风点火在很长时间里深深影响着内政氛围。阿道夫·希特勒将这场反对所谓凡尔赛"耻辱和平"的斗争用作有效的宣传杠杆,并毫不迟疑地保证把德国重新带回到强国之列[1]。

与此同时,尽管经济条件严峻,国防军领导仍成功避开了《凡尔赛和约》解除武装的规定,并启动了计划长远的非法军备扩充。"秘密国防军"的意义虽然往往被高估了,但是毫无疑问,隐秘的战争政策的扩军措施无意中给了国家社会主义很大的帮助。例如,未来军队的招募和训练计划直到第二次世界大战开始也没有被超越。如果没有这些准备工

第二部分　希特勒的崛起与权力垄断

作，1939 年之前德国军备努力的规模就是不可能的[2]。

魏玛共和国时期，一再有共和党试图揭发这些非法扩军并控制这些准军事组织的民族主义组织和自由军团的活动——以恩斯特·荣格的《钢铁风暴》(*Stahlgewitter*) 为代表的影响甚广的"军事国家社会主义"文学与尤里乌斯·古姆贝尔（Julius Gumbel）或者埃里希·玛丽亚·雷马克（Erich Maria Remarque）等和平主义立场的作者相对，后者因为其小说《西线无战事》而遭到国家社会主义工人党的愤怒攻击。虽然如此，但这些防卫组织（Wehrverband）对魏玛共和国政治文化的影响恰恰与它们从 1923 年起开始增强的军事重要性在同等程度上增大了。国家社会主义工人党在宣传上利用部分民众所赞同的武力崇拜，特别是利用在国家社会主义工人党和红色阵线士兵联盟（Roter Frontkampferbund，德国共产党的保卫组织。——译者注）之间挑起的冲突[3]。

这种准备好动用武力的氛围有利于国家社会主义运动在 1929 年之后的升级。但是决定性的突破是通过希特勒与年迈的帝国总统保罗·冯·兴登堡身边保守的德高望重者结盟完成的。这其中国防军领导的影响和立场就至关重要了，他们兑现了希特勒强行回到普遍义务兵制的承诺。与此同时还存在着这样的努力——为补充早就该补充的十万人的陆军把眼下已经发展壮大成一个包括几十万人的防卫组织的冲锋队拉到身边。因此国防军并非无限度支持希特勒的帝国内阁[4]。

希特勒决心用一切手段消除《凡尔赛和约》对军备的限制并推动帝国重新扩军，但是他避免对外透露这一计划。

他更多的是让自己扮演一个"和平总理"的角色。1933年2月3日他在与国防军指挥官进行的一场会谈中表明了他在可预见的时间内采取军事行动的决心[5]，而他的公开表态（例如2月1日的"帝国政府对德国人民的号召"）则以"支持维护和巩固和平"的承诺为特征[6]。在3月23日《授权法案》通过之际所作的声称是"和平讲话"的表态当中，他谈到，再进行一场战争是"没有尽头的疯狂"，民族集中政府已经下定决心致力于和平[7]。但是对于在裁军问题上抛头露面希特勒很是犹豫。这只是顾及帝国暂时存在军事弱势而采取的单纯战术，这一点对于知内情的人和对手来说不是什么秘密。与此同时，1933年10月违背这位帝国总理最初的想法将德国退出国际联盟（Voelkerbund）裁军会议贯彻实施的正是国防军的领导[8]。

在戈培尔的支持下，希特勒原则上把他的宣传煽动方针一直保持到了1939年。退出国际联盟被点缀以和平声明，它们的战术意义是加大法国干预的难度。对帝国外交举措的宣传强调也是同样——从德国与英国签订海军协定到占领莱茵兰非军事化区乃至萨尔的回归。1935年的《国防军法》被说成是"德国的自卫行动"、德国防卫力量的重建被说成是"和平要素"[9]。这是一场有计划的欺骗，它的对象也包括德国大众，他们只是后来才了解秃鹫军团（Leion Condor）在西班牙内战中的作用。

从1937年开始，公开探讨国防问题上出现了转折。从这个时候起，宣传突出强调的是对布尔什维克主义的战争和对"德国和平军队"的自豪感。虽然如此，媒体却不再竭

第二部分　希特勒的崛起与权力垄断

尽所能地暗示必要时动用军事手段的意图了。德军进军奥地利共和国被宣称是"友好访问"[10]。在对捷克斯洛伐克的宣传战（1938年开始启动，服务于为计划的军事干预做好心理准备的目的）当中同样避免明确说出战争冲突的想法[11]。众所周知，希特勒用一场快速、保持孤立的战斗击溃捷克斯洛伐克的图谋失败了。他不得不违背自己的本意容忍内维尔·张伯伦的干预，并同意慕尼黑会议的协定，这些协定强迫捷克斯洛伐克割让了大片土地。

1938年9月27日时，希特勒还下令让一支机动部队行军穿越柏林政府区，以测试国民的战争意愿。但他不得不看到，总理府前大量沉默和怀有敌意的国民不再像通常那样热烈鼓掌[12]。威廉·L.夏伊勒（William L. Shirer）称这是他所见过的给他留下了最深刻印象的反战示威[13]。与此同时，对于《慕尼黑条约》签订以及由此防止了战争的消息，人们却是欢呼振奋。苏台德（Sudeten）问题的和平解决在各地得到积极回响并打消了给人们造成了沉重负担的对和平能否维持的忧虑[14]。而在这之前的几天里，国民的情绪可谓千钧一发，当时有对希特勒不信任爆发的危险[15]。

但是在慕尼黑会议之后，公众态度出现了根本性的逆转。舆情报告中说"元首新的不流血胜利大大加强了"对他的信赖和信念。实际上，《慕尼黑条约》给希特勒带来了"几乎是传奇般的声望"。他在战前最后几年里的外交成就多次导致人们草率地低估继续帝国的武力扩张政策必定会带来的危险。例如，在1939年春的时候，部分德国公众中竟然出现这样的看法：瓜分捷克斯洛伐克和没有爆发军事冲突就吞并默麦尔（Memelland）地区要归功于元首独一无二的"天才"。舆情报告称，"对元首及其外交政策的信任变得如此之强，以至于任何地方都不害怕卷入战争"[16]。如果当时希特勒隐退了，那他可能就会作为"和平总理"为民族所传颂了。

不管怎样，国民中出现了最初的抵抗。例如，有人认为，因为默麦尔而冒战争的风险不值得。尽管如此，（在戈培尔的宣传支持下）下面这种如意算盘一直保留了下来——使英国和法国在一场可能发生的与波兰的冲突中置身事外是可能的[17]。不管怎样，1939年夏天，多数国民还不相信会发生战争，最多是一场局限在地区范围内的战斗。直到最后，能阻止英法参战的希望都一直存在，特别是在德国与苏联签订了《互不侵犯条约》之后。绝大多数国民相信，"元首这一次也会成功地在不发动战争的情况下实现他的目标"，1939年8月初下巴伐利亚行政区政府负责人的一份秘密通告中这样说道[18]。

然而，在1938年11月10日对大约400名记者和出版者进行的一次秘密讲话中，也就是说还是在"水晶之夜"发生期间，希特勒突然调转了宣传方向，下令国民未来要在情绪上为战争做好准备，这样他就等于间接承认了之前奉行的方针是一场掩人耳目的演出[19]。"形势迫使我几十年来只谈论和平"，这个专制者说，因为只有"在继续强调德国的和平愿望和和平意图的情况下"，迄今为止所取得的外交成绩才有可能实现。他说，但是现在存在着这个危险，"很多人脑子中会继续这样的看法——当前的政府本身是与在任何

第二部分　希特勒的崛起与权力垄断

情况下都要维护和平的决心和意志相认同的"。他认为，调整德国人民的心理、慢慢向他们表明必须"采取武力手段实现"特定的东西，这是必要的。

战前几年的舆情报告给人以深刻印象地显示，对战争的担心和对和平的渴望在德国人民中占据了主导，旨在提高国防意愿的具体措施效果有限就表明了这一点。显然，多数民众认为，加强德国军备的广泛措施和这些年的民事动员准备完全是出于防御目的的。苏台德危机一度打破了德国公众的幻想。1938年10月，舆情报告称对战争的精神极度不安已经确确实实出现了。在《慕尼黑条约》签订之后，对一场新战争的担心再度出现，并在1939年春重新受到重视。因此，政府缔造可以与1914年8月相媲美的战争热情的宣传目标完全失败了[20]。

1939年9月1日之前媒体曾避免"战争"这个表达，即便在出征波兰伊始也还是如此。因此该行动被说成是一个迅速结束的插曲，"和平的党代会"的声明走的也是同一个路子。尽管其中存在着意识形态上的180度大逆转，但苏德《互不侵犯条约》的签订仍然得到了公众的广泛欢迎，他们将其视为可以将与波兰的冲突孤立起来的机会。英法宣战更加是出乎他们的意料，当时人们指责英法有意识地推行"包围"政策。即便在出征波兰之后，希特勒的"和平维护者"形象仍然继续产生着影响；波兰出乎意料的迅速战败被视为元首的引人注目的胜利，并使他的受欢迎程度达到了顶点。

随着承诺的战争迅速结束的希望落空，他的受欢迎程度发生了变化。虽然大部分德国民众在反英宣传影响下愿意把拒绝希特勒1940年7月19日和平建议的责任推给英国，但是直到那时都没有被打破的关于希特勒的"政治家技能"（这可以回顾如此多的不流血就取得的成就）的神话开始褪色。随后在1941年深秋，当结果表明迅速结束战争不可能实现而且人们面临在战争中度过第二个冬天时，公开的愠怒开始了[21]。在迅速取得胜利阶段产生的战争热情现在开始明显减弱，并让位给一种倒不如说是怀疑的态度。这一变化随着1941年6月21日对苏联的突袭开始，舆情报告称"休克效应有所减弱"要归因于这种变化。

事实上，大部分追随者不理解在东线作战的目标，部分是因为他们的思维还局限在德意志民族国家的范畴当中，部分是因为向东铺开似乎超出了德国的能力。最初对东线战场胜利的热情让位于绝不是没有道理的怀疑——因为攻击苏联使帝国卷入多条战线作战是否正确。东线的战地信件中不仅反映了军事形势的不断恶化，也反映了对被要求用尽全力的士兵来说意义已经丧失[22]。

因为盟国的大面积轰炸，守卫自己的家园受到威胁，而捍卫故土似乎要沦为一场闹剧，这些也使人们开始对自己行为的意义产生了疑问。国家社会主义的宣传努力和推动"抵抗思想教育"已经不能阻止厌战情绪的加剧了。从苏联委员制抄袭而来的"国家社会主义督导军官"（Nationalsozialistische Fuehrungsoffizier）的引入也没有带来丝毫的改变。武装部队中央局（Allgemeines Wehrmachtsamt）负责人、赖内克（Reineke）将军的设想很荒谬——通过在世界观上动

第二部分　希特勒的崛起与权力垄断

员军队实现这一点,"信念坚定的士兵以坚定的思想给家里写信,而且这样前线就会成为家乡的力量源泉",但是这反映了怀疑态度也在后方蔓延的现实[23]。

在过早宣布马上就要获得"彻底"胜利之后,国家社会主义的战争宣传在接下来的俄罗斯战争中可信性日益降低。国民开始宁可相信其他的信息来源而不相信官方的消息,其中包括从前线回来休假的人或者是盟国的广播报道。戈培尔再也不能有效地消除从1942年开始在东线战场蔓延的低落情绪了。因为一点一点的军事成功而暂时出现的情绪好转"只是一个又一个挫败期之间的喘息"[24]。相信帝国政府所描述的苏联敌人形象的国民越来越少。一种非官方的公众意见产生,它明显有别于官方的报道,并迫使戈培尔推翻迄今为止只报喜不报忧的宣传方式并开始提供更接近于事实的信息。

《帝国报告》(情报部门收集的舆情报告)在1942年2月8日说:"今天的问题不再是离取得胜利还要多久,而是在还有可能令这场战争于我有利地结束的条件下,我们还能坚持多久。"在与头两个冬天类似的条件下在俄罗斯再度过第三个作战的冬天是不可设想的,"特别是鉴于敌人的战斗力"[25]。然而,即便是情报部门的舆情报告也只记录了国民的一部分态度。其中,不断增多的沉默的大多数仍旧没有被考虑进去,尽管报告在希特勒命令下最终不得不停止,这意味着关于帝国范围内部真实状况的仅有的具有一定可信性的信息来源消失了。

与此同时,政府改变了公开的说法:"比情绪更加重要的是，国民的态度一再——特别是在最近几个星期里——证明，它一如既往是由对元首的信赖和对战争最终胜利的信念所支撑的"，党办公厅在 1942 年初这样说道[26]。事实上，情绪在纯粹的绝望和自我振奋之间交替变化，"我们一定要赢得战争，因为否则一切就都失去了"。这其中反映了政府最晚从斯大林格勒战败开始就处在走投无路的境地，即便这位专制者不愿承认这一点。他还一直指望消耗战略能够成功，它虽然不允许再采取决定战役的行动，但是应当会导致红军抵抗力被削弱。

因此纳粹宣传甚至称赞国防军不断增多的撤退行动是间接的胜利，同时人们不愿承认，德方在人口上的不均衡就已经不允许为东线部队提供必要的哪怕是数量接近的替补兵力了。1944 年"七二〇"运动的刺杀者和精神领袖——克劳斯·申克·冯·施陶芬贝格伯爵在斯大林格勒战役转折之前就完全清楚这一事实状况了。在大量实施国防军高层架构改革的尝试因为希特勒的冥顽不灵而失败之后，他对优柔寡断的陆军元帅和最高统帅们（他们因为赠与和封地而保持了好心情）的毁灭性批评最终促使他尽一切努力以暗杀的方式除掉这个专制者[27]。

希特勒在政府中的独裁权力地位主要建立在他的个人魅力基础上，尽管他因为被东线战争指挥占据了精力，越来越害怕公开露面并避免探访日益被轰炸袭击摧毁的大城市。他公开讲话的数量也不断减少——这令戈培尔大为痛心。因为希特勒作为演说家所具有的吸引力简直是改善沮丧情绪不能或缺的，即使这位帝国宣传部长有意识地突出

第二部分　希特勒的崛起与权力垄断

腓特烈大帝在七年战争中的形象以便为四分五裂的希特勒崇拜续命。

正如伊恩·克肖对他的评价那样，希特勒变成了"一个越来越不真实的人物"[28]。与约瑟夫·斯大林不同，日常的政府事务早已不掌握在他的手中，而且他比前者更加不理会军事和政治现实。尽管如此，对元首的崇拜仍然使所有这些牢骚抱怨都得到了克服。与拥有君主制度和军队的法西斯意大利不同，第三帝国不再有机构能发挥与权力完全集中在希特勒身上相抗衡的作用。1944年7月20日之后，起初还能保持一定独立性的国防军最终不再是独立的机构了。

因为希特勒篡夺了所有国家认同的可能，否定他个人就相当于背叛国家。这导致了这样的心理反射，将希特勒从对政权罪行和挫败的责任中剔除出来，并定期把这些责任推到官员特别是将军们的身上。民众不断加剧的不满主要针对党和党卫队，因此没有加剧对政权的全部否定，这本来可以为扎根于人民的抵抗运动提供基础。正如伊恩·克肖描述的那样[29]，鉴于不断恶化的军事和政治形势，国民开始从第三帝国抽身。尽管如此，对元首的认同一直持续到战争的最后几个星期，很多人一直还希望他能带来积极的宿命。

把虐待俄罗斯战俘和平民的责任完全推给希特勒是错误的。军方领导头脑中反布尔什维克的陈词滥调的灾难性影响不可忽视，它们要追溯到第一次世界大战后期的反共产主义和反闪米特主义的灌输洗脑上。它阻碍了将军们摆脱致命的

"种族灭绝战争"战略，它因为军事崩溃而对德意志帝国产生负面影响。对政府罪行——特别是在东线推行的"焦土"（verbrannte Erde）战略——遭报复的忧虑使坚持到底的口号悄悄深入强硬派心中。但是此外还要加上到处都变得活跃起来的临时军事法庭（Standgericht）和特别法庭的威慑，它们也开始越来越多地针对帝国成员。政府恐怖机关的压力也针对部队自身，政权试图以可以想到的最严厉的报复强迫人们坚持到底，直到剩下最后一人。因为临阵脱逃或者离开部队而执行的 1.8 万次死刑说明了士兵被强行塞入到早已变得毫无希望的战斗当中的原因[30]。

与在"伟大爱国战争"旗帜下让内政上的针锋相对后退的斯大林不同，纳粹政府对显露端倪的军事失败的回答是激化国内矛盾。纳粹领导人再一次醉心于错误的信念当中：不仅在种族—人种方面而且在政治方面缔造均一性会决定性地提高德国民众的抵抗意愿。党办公厅负责人马丁·博尔曼和作为组织负责人的罗伯特·莱伊希望在政治上激活政党可以使坚持到底的意愿增强很多倍，并希望自 1943 年夏开始变得清晰无误的帝国军事危机出现转折。他们重新动用"斗争时期"的一系列思想，并要求全面扩大国家社会主义工人党的非军事权力职能，并通过建立"德国人民冲锋队"也抓紧军队，这曾在 1934 年遭到拒绝。

力争的"党化"（国家机关完全听命于党的意志）与对政权实际和潜在敌人的迫害升级联系在一起。但是力求的动员没有出现。因为最后一刻的宣传攻势，对希特勒施加影响以便结束这场变得毫无意义的战争的机会被最终贻误了。不

第二部分　希特勒的崛起与权力垄断

如说，继续维护其权力地位的省党部头目全线告败了。他们没有勇气忤逆希特勒的自毁命令。希特勒神话将散沙一盘、陷入内在瓦解的政治制度勉强维系到了最后，直到这位专制者的自杀突然结束了这场妖魔夜宴。大多数"民族同志"（Volksgenossen）已经背弃了希特勒和纳粹政权，广泛的"民众共同体"早就再也谈不上了。

第10章 民众共同体的神话——
资产阶级国家的瓦解

自从美国社会学家西摩·马丁·李普塞特（Seymour Martin Lipset）提出必须将国家社会主义称为"中间派极端主义"这个论点以来，资产阶级中间阶层在多大程度上参与了国家社会主义工人党作为大众运动的崛起以及如何衡量它在政权阶段的作用这个问题就被推到了当代史研究的核心位置上[1]。与李普塞特的论点相对，选举研究证明，并不算少的一部分纳粹选民要算入工人阶级，因此简单地把国家社会主义工人党归为中产阶级是不对的。尽管如此，在政治上变得无所归依的资产阶级（Buergertum）和国家社会主义工人党之间存在一种不稳固的相互关系。资产阶级中间阶层在

第二部分　希特勒的崛起与权力垄断

1930年9月至1933年3月的选举过程中在国家社会主义工人党的选民中占了过大的比例，这是不可否认的。特别是在魏玛共和国后期的危机当中，新教资产阶级尤其倾向于把票投给希特勒，并放弃他们在那之前一直与资产阶级政党的关系。

这一发现乍看起来是矛盾的，因为阿道夫·希特勒鉴于他的出身和政治世界观是以资产阶级的敌人身份出现的，并一再以最激烈的言辞贬低它。事实上，对他来说，关键是消除被他谴责为"自由主义的"受资产阶级影响的政治和社会形式。

国家社会主义宣传用"民众共同体"的口号来反对资产阶级价值观。它承诺消除工人阶级和资产阶级中间阶层之间的对立并超越地位的障碍和收入的差异缔造国家意志的统一。1934年1月在接受汉斯·约斯特（Hans Jost）采访的过程当中，希特勒把力争实现的"民众共同体"描述为"一切有效工作的共同体，这意味着所有生活利害关系的统一，这就是说消除私有的资产阶级和在工会机制下组织起来的大众……"[2]。这个矛盾的构想被他用做了煽动手段，同时他与争取一个人人平等的社会的想法保持了距离，而是更多地醉心于社会达尔文主义的构想，为了发动社会的目的而挑起一场"所有人反对所有人的战争"，而且他偏爱精英结构——恰恰不是人人平等的结构。

希特勒习惯于把自己美化为劳动者，并虚伪地自称是工人阶级的子孙后代，但要求为了国家社会主义工人党代表所有的人民阶层。1937年5月1日在柏林卢斯特花园（Lustgarten）的讲话当中，他强调说，国家的领导已经由"来自所有生活层面的德国人"——其中也包括"过去的资产阶级"接管[3]。与此同时，这个专制者继续全盘否定所有被他称做资产阶级生活方式的东西。他的官员也开始贬低资产阶级，他们多数由没能在资产阶级社会飞黄腾达和出人头地的人组成。然而他们对资产阶级的轻视并不妨碍他们给自己添置大资产阶级的豪华别墅（多数带有暖房），它们往往源自犹太人的财产。与纳粹宣传所维护的民族同志完美形象的矛盾大得不能再大了，后者是以谦逊、节俭、牺牲精神和执行的意愿为特征的。

尽管希特勒有意识地针对资产阶级个人主义展开论战，但纳粹宣传消除阶级斗争的承诺特别在上层资产阶级中一致获得了好感。国家社会主义工人党在1931年春之后的关键选举中首先得到了市民中产阶级的支持似乎是自相矛盾的。事实上，在攫取权力之前的几个月里，资产阶级在国家社会主义工人党中所占的比例显著增大。与之相对的是，其农民支持者队伍（党在1930年9月取得的突破要归功于他们）在此后一年里明显四分五裂，以至于党最终在农村未得到充分代表，但易北河以东地区是个例外。国家社会主义工人党引人注目的选举成就主要建立在对资产阶级政党社会根基的渗透上，它从职业组织、具有多种非政治性质的地方联合会或者是体育俱乐部一直延伸到防卫组织。美国历史学家鲁迪·寇莎（Rudy Koshar）在其关于拉恩河畔马尔堡（Marburg an der Lahn）的研究中指出，恰恰是在中产阶级中蔓延的对魏玛政党国家的不满为国家社会主义工人党的崛起提供

第二部分　希特勒的崛起与权力垄断

了土壤[4]，而他这么说完全是有道理的。事实上，国家社会主义者成功渗透了资产阶级的俱乐部和组织团体，并把它们变成没有停歇的选举斗争的工具。

资产阶级中间阶层的反政党效应和他们在共和国陷入危机的几年里不断增多的政治愠怒被国家社会主义宣传有效地利用，它靠承诺消除迄今为止的党派统治这张王牌而胜出。"我立下了一个目标"，希特勒在1932年7月27日埃伯斯瓦尔德（Eberswalde）的轰动性选举讲话中宣称，"那就是把德国的13个政党从德国扫地出门"，他继续说，"……政党将消逝，在它们之后留下来的将再次是我们的人民。而且我们不希望成为一种职业、一个阶级、一种地位、一种宗教信仰或者是一个州的代表"[5]。希特勒这样对将超越此前内政矛盾的"民众共同体"信誓旦旦恰恰获得了资产阶级选民的巨大肯定，并引发了一种广泛的民族觉醒氛围，与之相比，存在着分歧的政治利益和社会阶级差异暂时变得不重要了。因此，国家社会主义工人党尤其满足了资产阶级的渴望。

正如诺贝特·弗赖（Norbert Frei）说的那样，"民众共同体"口号散发出一种"社会平等感"[6]，它掩盖了社会关系的紧张，并释放出消除中产阶级危急的经济状况的希望。然而政府的社会预言没有实现。消除资本与劳动的矛盾局限在企业家参加五一游行这样的公开姿态和实行分红上限这样微不足道的社会福利修正举措上，局限在"喜悦中产生力量"（Kraft durch Freude）和"劳动之美"（Schoenheit der Arbeit）等粉饰性的项目、上层阶级也参与到同喝一锅汤和寒冬赈济（Winterhilfe）活动当中。

因为要想最终回到"德国手工业帝国阶层"（它转变成一个烦人的四年计划的监督机构）就必须重新参加强制入会的同业公会、学徒期满考试合格证书和大合格证书制度，工业中产阶级感到自己遭到了敷衍搪塞。《保护零售业法》没有带来有效的限制百货商店市场份额的措施。因此在竞选中傲慢自大宣布的中产阶级政策慢慢停了下来。

尽管个别要求得到满足，但手工业立刻看到自己处于来自军工业方面增大的经济压力下。同样在商业和小商贩当中，重建旧有的社会结构的期待也没有实现。倒不如说，尽管经济因为扩军备战而开始繁荣，但是恰恰那些构成了资产阶级中间阶层社会支持的领域失去了早前的重要性。就这一点而言，与在魏玛时期占据主导的趋势密不可分的全面现代化正在进行，而民族社会主义先驱在国家社会主义工人党日益失去了影响力[7]。

资产阶级地位的相对下降同样反映在公职人员地位日益削弱和教育业及高校的发展倒退上。只有个别享有特权的职业群体才免于停滞不前，特别是医生，他们在纳粹政权下得以显著巩固了他们的地位，例如通过扩建国家公共卫生事业。与之相对，公职人员的工资停滞不前，而且对职业发展和人事提拔方针的干涉越来越严重。总而言之，整体景象是割裂的。中产阶级的个别部分从扩军和军事化当中获益，而其他的则被大康采恩的迅速扩张挤到了边缘地带。

然而，与最近一些作者强调纳粹"民众共同体"政策的成功不同，有关社会群体迅速普遍地觉醒。这一过程在1934年就已开始，当时，戈培尔试图利用其"失败主义者

第二部分 希特勒的崛起与权力垄断

运动"阻止资产阶级圈子开始出现的不满，1936年该运动在中产阶级群体达到了顶峰。因此，他们最初欢迎希特勒内阁组成时的欢欣雀跃日益衰退。此前资产阶级习惯分裂成大量地方组织和联合会甚至聚餐日，而且他们十分典型的不关心政治的心态有利于国家社会主义的渗透，但是长期来看它发挥了干扰因素的作用，资产阶级圈子避开了对党机构的监督，并大力抨击国家社会主义工人党推动的任人唯亲，特别是对"老战士"（Alte Kaempfer）的偏爱。

到这时为止，伴随着排挤共产主义者和社会民主主义者而来的"民族奋起"的活力消失，而承诺的全面社会改革仍没有出现，党的一体化政策在社区层面日益遭受阻力。通过引入元首原则，国家社会主义工人党对几乎所有民事组织进行了纳粹化，元首原则取代了到这时为止的普遍的组织选举。与此同时，德国劳动阵线（deutsche Arbeitsfront）的垄断地位使得因为其党成员身份而享有特权的干部们打破了习以为常的资产阶级交往方式和行为准则，并排挤了很多是自己加入政党的传统精英。

这样，对资产阶级基础设施的间接政治化就完成了，充其量是把中立的娱乐机构剔除在外。这导致，对反复追忆悠久传统的公民协会的兴趣减少了，而且它们失去了它们以前的代表作用。正如弗兰克·巴约尔（Frank Bajohr）给人留下了深刻印象的描述那样，在此前影响力很大的汉堡公民协会的例子当中就出现了这一现象[8]。以前很有影响力的德高望重者现在退回到私人生活当中，把地方政坛让给了新崛起的国家社会主义工人党活动分子。这样，一直存在的社会道德氛围就在很大程度上解体了。

除了将现有组织一体化之外还新建了政治色彩形形色色的强制性组织，它们作为国家社会主义工人党的附属机构出现。鲁迪·寇莎以马尔堡大学生联谊会转变成纳粹同志会（Kameradschafshaeuser）为例形象地表明了这一点。其中产生了相当多的冲突摩擦，它们很多具有政治特性。它们在官员之间挑起对纳粹等级制度来说十分典型的竞争对抗，并导致了政治上的极端不透明。

所有这些肯定使党高层的腐败增多了很多倍，并迅速导致国家社会主义工人党干部在人们口中被骂作是利用权势尽情享受、脱离人民的高官。正如理查德·埃文斯（Richard Evans）所表明的，这种情况导致普通公民退回个人空间和去政治化愈演愈烈[9]。戈培尔从中得出了这一结论，他让乌发公司的电影制作首先以非政治性的娱乐为导向并且只在例外情况下制作政治导向的电影。

随着一体化政策推行、国家社会主义工人党的任人唯亲和现有机构被掏空，在1933年之前存在的社会等级制度在社区层面上也逐渐瓦解，民族同志试图通过间接对政府部门施压来弥补他们公共作用的损失。这解释了告密事件不断增多的原因，其发起者试图借此来抵偿他们失去的社会地位。这最终导致戈林严格禁止了告发制度。这其中以及道德冷漠的深入人心反映了资产阶级作为从历史角度看能胜任的社会构成正在不断瓦解。

正如理查德·埃文斯所强调的，纳粹政权绝对没有带来更大的社会平等，尽管民众共同体宣传一再伪装它做到这一

第二部分　希特勒的崛起与权力垄断

点了并作为对未来的投射保留了相当大的吸引力。阶级差异仍旧和一直以来一样，发挥着作用。与此同时，国家社会主义工人党的活力日益减弱。埃文斯在描述诺尔特海姆（Northeim）市的情况时写道，"节日和庆典变成了空洞的仪式，人们确切地说是出于害怕而不是因为信念而参加"。他断言："国家社会主义工人党的地方组织不得不满足于人们的顺服和在口头上说好听的话。"[10]

在20世纪30年代中期就已普遍出现的民众的茫然情绪在极少数情况下会加剧为真正的反对。典型的内政上的不透明使人们无法察觉变得显而易见的错误发展的体制原因。这导致，批评集中在各个地方职能行使者身上，但是这没有演变成对制度的整体否定。与此同时，对经济和政治稳定的需求阻碍了所有的反对运动。

主要由扩军引起的经济崛起导致一个结果——恰恰来自中产阶级的并不算少的一部分年轻一辈出乎意料地迅速在社会上崛起或者在心理上显示出社会地位的提高，这尤其涉及在党机关内但也包括其他变得臃肿的政府官僚机构的职位，例如在党卫队帝国、德国劳动阵线和国防军内。间接地，这也涉及产业工人，他们出乎意料地要指导数百万的强制劳工（Zwangsarbeiter）和战俘。在军工业繁荣给年轻人带来了卓越的个人发展机会而他们为政权的外在成功和进步所迷惑的同时，在那些"经历了德皇威廉二世时代的人"（Wilhelminer）——正如他们大概被称做的那样，也就是说经历了第一次世界大战还健在的那一代人——当中十分普遍的倒不如说是拭目以待的怀疑态度。

然而，人们是否应当像特别是乌尔里希·魏勒做的那样，把帝国出现的社会结构称做是"人人平等的以表现为导向的社会"，考虑到产生作用的政治和种族挑选机制和归类标准，这是值得怀疑的[11]。同样，宣传还有立法和司法判决所强调的"民众共同体"是否与纳粹政权的社会与政治现实相一致，这也是个问号。

这尤其适用于下面这个设想，民族的内在团结通过将犹太人和"共同体外人"的"排除在外"而得到了巩固，特别是通过对犹太同胞的武力侵犯，例如对所谓"种族亵渎者"（Rassenschaender）的公开行动。对纳粹运动的极端核心来说无疑有这样的效应，但是它们很难抓住更广范围的民众的心。倒不如说，多数国民，正如我们今天知道的那样，对于针对犹太人的暴力行为是持否定态度的，而且相对保持了克制。"水晶之夜"的经过表明了这一点，在这一事件过程中，戈培尔期待的民愤的爆发恰恰没有出现[12]。因此，米夏埃尔·维尔特（Michael Wildt）的论点——对犹太人的迫害是"为了摧毁这个民族和缔造民众共同体的必不可少的政治工具"——偏离了事实[13]。

正如德特勒夫·波伊克特（Detlef Peukert）所表述的那样[14]，国家社会主义"民众共同体"宣传的目标是形成"一个意识形态均一、社会已经适应、以表现为主导和等级制度结构的社会"，而且它包括"彻底消灭"所谓的"不同种者"的含义，这是毫无争议的。特别是中产阶级在意识形态上对这样的一系列思想没有抵抗力，这也是没有争议的。有点不同的是，米夏埃尔·维尔特将"缔造民众共同体"

第二部分　希特勒的崛起与权力垄断

视为一个具有承载力的战略，它因为运用武力特别是反闪米特主义常见的武力而将"德意志民族"变成"一个攻击性的、种族主义的民众共同体"[15]。

维尔特所代表的论点——与持续不断地制造暴力活动联系在一起的是提升影响力和推动社会一体化的目标——似乎在很多方面存在问题。一方面，他暗示纳粹领导层有一个理性的和有效的权力分配方案，而这个方案从未存在过，这点是很明确的。在政权阶段，对政治敌人实施暴力是为了通过展示实力从而给资产阶级选民留下印象。然而，对犹太人的暴力侵犯是服务于权力分配以及社会一体化战略目标的假设则过于夸大了，并且赋予纳粹政策以计划上的连贯性，这不符合其特有的条件反射式的实践，而且忽视了导致武力释放的是相对盲目的意识形态上的推动力这一点。

国家社会主义恐怖行动的欲望是扎根在其"世界观"和对政治的理解当中的，并且随着对党肆意采用武力的制裁的消失以及由此挑起暴力行为的真正升级而加强。这种机制很难将其评价为策划的"民众共同体"综合征的组成部分。这首先需要源自实践的证据说明德国社会的政治均一性因此而得到了促进。

在我们的上下文里，维尔特的下面这个假设尤其重要——这些暴力行为带来了德意志国家的一种特殊的新形式。它意味着，政权成功地建立了全面共识并缔造了一个相对均一的"追随者队伍"，同时将"共同体外人"和犹太人"排除在外"。虽然不管是宣传还是希特勒或者政权的主要代表人物都定期这么宣称，但是现实却是另外一个样子。虽然中产阶级内部没有什么值得一提的反对努力，但是纳粹政权内部形成了一种"利基社会"（Nischengesellschaft）（弗兰克·巴约尔），它保留了完全不同的心态并与意识形态的完全一体化保持了一定的距离。特别是随着第二次世界大战的触发，失望和觉醒在资产阶级阵营中越来越普遍，同时这些完全为人所认知的政府弊端和恐怖行为主要被推到了国家社会主义工人党和党卫队身上，而且总是按照这种固定的说法："如果元首知道。"

此前，希特勒的外交成就增强了人们对"元首"的好感，但他没有将其和国内形势联系起来。它在征战法国之后达到了顶峰，但最迟到俄罗斯战争在1941年秋天不会结束变得清晰可见时骤然下跌。从这时起希特勒不再被视为和平的保证，而这在之前对他的受欢迎程度起了至关重要的促进作用。

从1941年开始，德国公众开始越发批判性地看待戈培尔的"民众共同体"口号。促使民众继续支持政权的是：在战争中特别是在布尔什维克威胁面前必须站在国家一边的信念。在国内，战争决定的对平民社会干涉日益加重了民众忠诚的负担，而且它们涉及的刚好是资产阶级阶层：教育行业、工业领域和文化活动。就此而言，正如它们在近年来流行的那样，"得到支持的专制制度"（弗兰克·巴约尔）或者"人民国家"（格茨·阿黎，Goetz Aly）这样的概念倒不如说是误导性的[16]，尽管纳粹政权最初能够为自己争取到相当一部分民众的好感这个事实没有什么可怀疑的。

第二部分　希特勒的崛起与权力垄断

即便米夏埃尔·维尔特对于将民众共同体讨论用在战争的最后几年上也很迟疑。因为事实上，打算将部分民众和国防军士兵坚持到底的意愿解释为"民众共同体"的体现并从中看出愿意为"人民和祖国"做出牺牲的献身精神是有问题的。单是从报纸上的阵亡战士讣告中就可以明显看出这种变化，只是宣传一点都不愿意承认它是事实而已。某些历史学家忽视了德国士兵除了服从上级命令之外别无选择这个简单的事实。民众总体而言也是差不多的，党卫队的暗杀团和战争最后几个星期的特别法庭给人留下了深刻的印象。

对于这场"民众共同体"实验来说（如果它以这种明确的形式曾经存在过的话），纳粹领导人只有少数几年的时间可支配。关于地方发展的实证研究在下面这一点上是一致的，那就是一体化最终没能成功，而且类似地对于农业领域我们也可以这么说。说到底，将纳粹体系维系在一起的不是自发的肯定，而是恐怖威胁，而且人们不应当忘记（某些比较年轻的作者就是这样），这个纳粹政权不是个开放的体系。倒不如说，成功地禁止公开交流使个人退回到私人领域，并使政治抗议在很大程度上不再可能。

在国家社会主义实行专制的 12 年里，它没能摧毁资产阶级架构，尽管它们被大幅削弱。除了纳粹组织的渗透，可以确认的是资产阶级上层和中产阶级深入骨髓的道德败坏，他们欣然地靠犹太人的财富致富，并且没有起来反对暴力迫害以及放逐，尽管——正如安乐死事件所表明的——这在 1938 年并非是完全不可能的。

民众不加批评地容忍犹太裔的大学老师和医生被开除的意愿事后看来十分可怕。作为教育阶层的一员，1945 年 4 月底，在美军进军之前的几个小时，我的同僚们是如何失控地将荒废的马尔堡国防军仓库洗劫一空的在今天仍令人厌恶地历历在目。当时，对我来说，传统的不可侵犯的资产阶级价值观完全被毁了。

第三部分

第三帝国的危机和崩溃

第11章　国家社会主义暴力体系中道德层面的缺失

什么是恶的问题在历史上常常被提出来，但是在概念上历史学家的研究工具却无法给出定义。在很多方面看来，纳粹政权是恶对一个文明开化世界的侵入，对于这一点人们是一致的。但是经由对倒退回野蛮暴力的进程的单个分析，这个惯用语对解释说明的历史学家仅仅形成了一个挑战。这时，用术语来讲就要追溯到盟国在纽伦堡对主要战犯的诉讼上了。为这个国际军事法庭的行动做了十分重要准备的美国检察机关把主要的控告要点捆绑成反和平和反人类的犯罪阴谋，并将犯罪集合的法律主体转到被起诉的个人和组织身上[1]。

希特勒与20世纪德国

在纽伦堡，可能结果迅速表明，起诉主管罗伯特·H. 杰克逊（Robert H. Jackson）控告被起诉人进行的是一场阴谋——这是一个虽然在诉讼技巧上可以理解，但事实上站不住脚的控告点，因为很难从一开始就按照一个固定的计划行动，而且有几个被起诉人肯定会因此在这一点上脱罪。除此之外，政权的种族毁灭意愿本来必须得到更多的强调，因为"大屠杀"远远超过了单纯的反人类罪，因此汉娜·阿伦特事后创立了"反人类罪"模式[2]。尽管纽伦堡对战犯的诉讼在使用司法手段消除纳粹政权暴力政策方面具有种种不足，但是，因为它们试图突出该政权的犯罪特性而且不仅仅根据单个违反国家法和国际法的情况作出调整，因此大大影响了后来的历史学家和公众的看法。

后来的考虑出发点同样是纳粹政府是一个彻头彻尾的犯罪的政府的这个论断。在到那时为止的国际法讨论当中，战争罪的概念足以用来描述对国际是非观念的违背，而现在它得到了补充，也成为纳粹犯罪的总称，它也包括出于政治和意识形态的动机的非法性质的犯罪行为在内。这个定义意味着，它不仅仅关系到零星的和偶尔的对人道主义的违反，而且也是一种有组织规模同时也超出了个人过分行为的蓄意犯罪。在这个意义上，纳粹政权、国家社会主义工人党和党卫队可以说是罪行累累。

犯罪行为的范围大得令人难以想象，其中极少数能直接与战争行为联系起来。第三帝国对武力运用的登峰造极和大规模屠杀导致500万犹太人被杀害，超过300万苏联战俘以及难以计数的波兰、俄罗斯、乌克兰和塞尔维亚平民死亡。

第三部分 第三帝国的危机和崩溃

此外还有很大一部分吉卜赛人遭清洗，耶和华见证人和其他宗教异见者被处死，还有南斯拉夫和西方各国的俘虏被杀。最后它还包括在集中营里被杀害的政治对手、有害社会者和刑事犯——以及安乐死的牺牲品。纳粹政权留下的斑斑血迹是无法视而不见的，尽管不乏掩盖它的努力。

至关重要的问题是，这样极端的武力升级如何能够发生。最容易想到的答案指向了意识形态上的原因。纳粹世界观中的种族主义组成部分构成了这些罪行不可缺失的背景，这是显而易见的。然而种族灭绝不管是在《我的奋斗》还是纳粹运动意识形态的基本文献当中都没有直接提及。源自19世纪的反闪米特人种族传统的杀戮词汇一直都不具体，而且在这方面希特勒也是鲜有例外地仅仅间接地通过影射来表达，或者是使用害虫词汇[3]。

事实上，除了推动移居国外，即便是国家社会主义工人党中狂热偏激的一派在第二次世界大战之前也看不到解决犹太人问题的可能，而且1940年5月的时候，海因里希·希姆莱还称灭绝整个部族的想法是"非国家社会主义的"[4]。党卫队散播的"下等人"口号和将在德国生活的犹太人有计划地等同于《冲锋队》（*Stuermer*，纳粹的反犹周报。——译者注）描绘东欧犹太人的陈词滥调是为了系统降低国家社会主义工人党内部本身但也包括民众当中阻拦对犹太人采取暴力行为的门槛。坚持不懈地再三宣传犹太人破坏了民族的内在统一而且对布尔什维克主义没有抵抗力被证明是十分有效的。大多数同时代的人没能想到，国家社会主义工人党和党卫队对待这个结论是认真的——它导致犹太人从多民族体中完全消失并被从德国统治的范围内根除。

纳粹种族思想的政治爆炸力起初被很多同时代的人低估了，受保守主义形式的反闪米特人主义影响——它源自1893年德意志保守党（Deutschkonservative Partei）的蒂沃里（Tivoli）纲领，高级官员们倾向于把"犹太人问题"像是球场一样让给国家社会主义工人党的极端主义分子，他们没弄清楚，在该领域的妥协让步或早或晚地必然导致法治国家被完全掏空。事实上，就算是在国家社会主义工人党内部，反闪米特人极端分子的比例也相对很小，而且对整个德国民众来说情况也是如此。极端的反闪米特种族主义主要存在于国家社会主义工人党的小领导集团内，他们绝大多数来自战后早期以民族主义—反闪米特主义为导向的组织[5]。

同时代的观察家醉心于这样的想法——作为"发展过程中的缺点"的反闪米特人主义将逐渐丧失其重要性，然而它成了国家社会主义工人党极端核心的主要活动范围，与给予针对犹太人的行动以合法形式的种种努力相反，他们得以始终依赖希特勒的亲自掩护。马丁·布罗萨特准确地用"挑选消极的世界观要素"的说法简要地说明了令犹太人问题激化的这个机制[6]。由于冲锋队和国家社会主义工人党的其他大多数目标因为利益冲突未得到解决而受阻，所以政治上没有充分融为一体的国社党干部剩余的社会改革能量就转移到"犹太人问题"范畴。人们可能有这种感觉，希特勒傲慢狂妄的反闪米特人主义具有压倒性的战术意义上的宣传功能，而且他在实际迫害犹太人的问题

第三部分 第三帝国的危机和崩溃

上绝对不是总是作为煽动唆使者出现的,这很有代表性。但是这丝毫没有改变下面这种情况,随着专制制度的稳定度提升而出现了兑现诺言的迫切需要,它促使对犹太人采取更加严厉的措施。

毋宁说,毫无创造性拼凑在一起的国家社会主义世界观除了民族主义—国家社会主义的内容之外还可以看到对它来说十分典型的"意志崇拜"(J. 彼得·斯特恩)以及它的行为主义[7]。其中的关键是将弗里德里希·尼采(Friedrich Nietzsche)的"权力意志"(Willen zur Macht)思想体系平庸化。对希特勒及其紧密追随者来说,纯靠意志能移动大山的想法十分典型。这可能导致在第二次世界大战结束的时候希特勒仍沉醉在不屈不挠的坚定意志将最终得到历史的承认的信念当中[8]。国家社会主义的极端唯意志论就源自这个突出的决定主义基本立场,它肆无忌惮地毫不理会历史悠久的成熟架构,例如相互冲突的利益阵营等。

因此希特勒及其追随者本质上与现实的关系是割裂的,他们力求按照革命精神击败现实。出于他们受千禧年说影响的"千年帝国"未来构想(它又回顾过去援引了历史悠久的日耳曼本质和文化乌托邦),他们认为现有的政治和社会状况是衰败的迹象而加以摒弃,并用一个统一起来的"民众共同体"幻象和回归到非凡时代来与这个幽灵对抗。逃离当下让人感觉所有运动以及后来建立起来的专制制度所进行的政治让步和联盟仅仅是权宜之计。因此国家社会主义工人党对政治的理解不以调解利益分歧和在对手之间找到平衡为目标，那被称做是犹太人的勾结交易。从一开始国社党就以争取全部权力和要求最终全面解决为目标。

因此纳粹运动倾向于淡化现有的结构并鼓励不断的推动发展和发动动员。党的组织迎合这一战略，只要下级领导忠于希特勒，他就对自己的倡议拥有广大的空间。职权范围缺乏界定，有利于所有在职者进行社会达尔文主义竞争的机构化不足，而且党以不断的竞选宣传为导向，这些保持了运动的活动机能。它不知道什么是休息状态，因为那就意味着它的凝聚力受到了致命威胁。它避免结盟并在不同的选民群体奉行相互矛盾的纲领，却没有遭受必须要将其具体兑现的危险。这是将国家社会主义工人党与它在右翼资产阶级—国家社会主义阵营内的支持者区分开来的质的区别[9]。为了动员而进行的动员是自1929年以来竞选能如此成功的秘诀，这些竞选的进行利用了所有可支配的力量。嘴上画着"我们的旗帜在我们面前飘动"口号的褐色行军队伍象征性地表示着在到达一个空想的最终目标这个基准点之前的动员。

在政权阶段，党在政治方面在很大程度上变得毫无用处，因为这时所有的关键任务要么由帝国宣传部要么由盖世太保（在制作舆情报告方面）承担了，而且此外它被削减得只剩下了顾问的职能，这时社会革命的核心能量转到了犹太人问题上，同时它变成了情报部门偏爱的活动范围。帝国内政部看似要驯化国社党并将其转变成一个公法组织（例如1933年12月在关于缔造党和国家统一的法案当中）的尝试因为鲁道夫·赫斯和马丁·博尔曼的矛盾失败了[10]。

第三部分 第三帝国的危机和崩溃

阿道夫·希特勒显露出来的对法学家和公职人员的极度轻视对党的自我认知产生了影响。它用"人治"原则来对抗国家官僚机构的有序管理行为,该原则导致政治决策进程在很大程度上个人化,并导致它逐步掏空了管理机构的合法性[11]。事实上,传统的常规国家机构被纳粹运动架空,尽管人们知道可以肆无忌惮地利用它的工具来保障权力和排除异己。逐步发展成一个党卫队国家在1934年时就在酝酿当中了。

从马里努斯·范·德尔·卢贝到1934年6月30日为了镇压而进行的杀戮是一条不曾中断的恶意违法路线,它从谋杀、勒索、暴力行为延伸至有计划地侵犯财产。虽然国家社会主义工人党在执政早期的几年里还披着代表法律和秩序、严厉打击共和国政治腐败的外衣,但是在他们用所谓的侵吞公款诉讼来拖累政治对手特别是天主教牧师的同时,国家社会主义干部们却到处都在以非法手段中饱私囊,他们占有了犹太公民、被迫害的社民党人和共产党人的财产[12]。1938年3月,这可能在奥地利再次大范围出现。

同样,帝国司法部长古特纳(Guertner)不得不不断忍受对司法的明确违背:1934年6月30日是将对最高冲锋队领导的谋杀作为国家紧急状态在事后表面上合法化了,1938年11月则是对国家社会主义工人党成员的刑事诉讼被党最高法庭放弃和撤销。从司法部长在保护性监禁问题上的失败到把全部对波兰人和犹太人的刑事检控交给党卫队——一条坚持不懈地掏空司法国家根基的直线就这样划出了[13]。

事实证明,司法被掏空及其被动地容忍党代表公然违反法律是个不可挽回的进程，而通过调整至少保证部分特定的法律秩序的动机长远来看值得怀疑。这种对法治国家的侵蚀从希特勒下令干预他个人感觉过轻的判决到成功防止"有贡献的"党员遭刑事诉讼、相对于已经确立的法律法官更愿给意识形态总则以优先权乃至战争期间州高级法院院长的评论在诉讼开始之前就确定了要宣布的判决结果[14]。1942年5月，希特勒在国会的喝彩声下废除了一直保留到当时的法官终身制。独立司法（除了例外情况）只不过是装模作样罢了[15]。

"水晶之夜"是个具有代表性的休止符，对于这个过程，政府最多是允许使用"犹太人行动"这个概念，因为它否认该事件。它针对的是两个方面。一方面，民众的反应证明，他们明确拒绝党公然违法、明确拒绝损害财产，认为这是违反法律秩序；另一方面，因为盖世太保的正式命令，两万多名犹太人被捕一事没有遭遇抗议而为人们所忍受。政权被推到了守势。因为人们担心公开对纳粹犯罪者进行刑事诉讼会造成巨大损失，而且党最高法庭撤销了大量诉讼或者是以赦免为之画上句号，因而帝国司法部长认为不得不做出荒唐的指示，对因为批评大屠杀而违反《反阴谋法》的人也不能提起诉讼[16]。

在战争条件下，体制的规范要素加速瓦解了，这是显而易见的。在波兰战争期间采取的武力行为——但特别是帝国政府和国防军最高统帅部的处理方式显示，不尊重国际法的决定已经断然作出了，这还不算安全警察和党卫队特别行动队的行动，它们在对波兰上层阶级特别是高级神

第三部分　第三帝国的危机和崩溃

职人员清洗中达到了顶峰。除此之外主要是譬如说特别行动队在沃伊尔施（Woyrsch）指挥下对平民百姓进行了难以宽恕的暴力行为。但隶属希特勒的最高统帅部（OKW）推翻了布拉斯科维茨（Blaskowitz）将军和其他军事指挥官引入的军事法庭诉讼，这还是在希特勒通过普遍大赦使在波兰战争中犯下的罪行逃脱惩罚之前。不公正的增强仍旧不会受到惩罚[17]。

种族立法为降低阻拦的门槛做好了准备。通过把"共同体外人"和犹太人排斥在外，纳粹政府走上了歧途，将不喜欢的人群视为潜在敌人并最终视为"下等人"，并将他们从公民权利规范中剔除。正如汉娜·阿伦特所说，犹太人完全"被剥夺了公民权利"。他们不能要求任何的法律保护。斯拉夫民族成员、吉卜赛人和反社会的人也完全一样。在为"民众共同体"提供更高品质的法律权益的同时，他们根本不让剩下一丁点儿对个人的法律保护。

这样的发展因为所谓的惩戒赦免（Disziplinarerlass）而以耸人听闻的方式再次出现，它是1941年5月颁布的"犯罪命令"的重要组成部分。命令中明确说，在苏联被占领地区对平民进行的犯罪行为没有追究法律责任的必要，在评判此类行为时要考虑到："鉴于11月革命之后对国家社会主义工人党实行的布尔什维克暴力行为，1918年的崩溃和造成无数人为运动流血牺牲的对国家社会主义的战争关键要归因于布尔什维克的影响。"[18]这种对使用武力的纵容在全体将领那里只因为影响自控而引发了苍白无力的指责，但没有带来必要的原则性抗议，它明显违背了《海牙公约》，剥夺了对东部民族成员的所有法律保护。类似的情况还包括专员命令和在后方行动的党卫队特别行动队的大发脾气，他们在8月转而不仅像海德里希（Heydrich）最初命令的那样对布尔什维克干部和"有国家身份的犹太人"，而且也开始以从事游击队活动为借口对犹太妇女和儿童进行清洗。到战争结束时，50万人成为特别行动队以及与其合作的党卫队旅和刑警营的牺牲品。

对在苏联被占地区的犯罪过程进行具体描写可能就扯得太远了，它们最后演变成令人难以置信的双方的血腥作战。与其密切相关的是大屠杀的执行，国防军在多个方面参与其中，它为其提供了后勤上的先决条件和必要的保卫部队并在个别情况下亲自参加了枪杀[19]。在占领之后，军方管理机构立刻着手对犹太人进行区分和标记，这是后来实行的迫害措施的前提。当然，这涉及的只是部分军队，而且东线作战的很多士兵完全没有参与。然而，作为希特勒1941年5月30日对部队指挥官讲话结果颁布的军队命令和希特勒"种族灭绝战"的要求完全相认同，后者的目标不仅是摧毁苏联政权还要消灭这个俄罗斯国家并把其国民当做奴隶。

现在困扰我们的问题是，为什么多数军官特别是全体将领们或多或少都毫无保留地支持希特勒的毁灭政策。其中，恰恰在高级军官中根深蒂固的反布尔什维克主义起了关键的作用，它从一开始就具有突出的反闪米特人成分。这种意识形态倾向源自1917～1921年，而且希特勒和纳粹宣传肯定只是把它激活了而已。可能它也导致了令人费解的对对手的

第三部分　第三帝国的危机和崩溃

错误判断，同样也导致了这样的想法，即便"成百上千万"人不得不因此而忍饥挨饿也要养活军队，就像一份为其作准备的备忘录中所写的那样[20]。德方作战的不人道不是对意料之外的苏联抵抗的反应，而是从一开始就在计划当中的。

这些对到 1941 年 6 月 22 日袭击苏联之前的政治和军事态势变化的粗略描述表明，纳粹政权已经除掉了所有可能阻止武力以组织规模升级的反对阵营。在与布尔什维克主义的冲突当中，国防军领导人曾完全醉心于政府毫无目标的扩张政策。面对由希姆莱连同其作为德国民族强化专员的职能所建立起的强势地位，政府机关眼睁睁地失去了影响力。司法也日益成了政府压迫政策的杂役，特别是因为它在迫害外国强制劳工以及后来迫害犹太国民过程中放弃了自己的职权。

所有正常的道德标准都已丧失，并伴随着越来越严重的对现实的逃避，这在对德国人手上的犹太人实行灭绝时最为明显。与此同时，这种灭绝政策只不过是冰山一角，如果战争的发展不同的话，它可能会意味着数亿斯拉夫民族成员随着希特勒于 1941 年启动的庞大的日耳曼化计划（所谓的东方总体规划）的进行而遇害，或者是被流放到乌拉尔山另一边的不毛之地[21]。安乐死强度的加大、杀死老弱以及"干掉"所谓的"共同体外人"也都属于此类。一旦随着时间的流逝国民思想中对灭绝外来民族的所有道德障碍都已清除，以巨大的人道主义代价启动欧洲"民族移动"就只是个时间和资源的问题了[22]。

众所周知，希特勒口头上对"东方"产生一种新的

"领导人类型"表示了欢迎,它不再在官僚机构和司法的范畴内思考,也没有任何国家社会主义"高人一等者"思想自身充分施展的道德上的顾忌。在德国驻波兰占领区和俄罗斯的帝国委员会,德国民事管理机关、战地宪兵(Feldpolizei)、安全警察和党组织的代表们很大程度上依靠自己,他们有极大的行动自由并形成了一种由对受压迫民众的憎恨所支撑的同志情谊。使用武力和杀戮在这里是家常便饭。希特勒"无情枪杀任何有所怀疑的人"的命令在这里被付诸实践[23]。全体人员"最终解决"的心态甚至通过玩世不恭和偏激狂热、对人生命的无限不尊重和对无法想象的残酷行为的习以为常而超过了这些。此外还有酗酒、空前的腐败和掠夺。

肆无忌惮地对受压迫人民运用武力、毫无顾忌地射杀人质(即便是因为可疑的缘由)、整个村子整个村子被毁灭和血腥的谋杀行动——对这些的接受留下了它的痕迹。干部和军事指挥官的玩世不恭、肆无忌惮和狂妄自大几乎无人能比。这与各个级别肆无忌惮的敛财致富结合在一起。在东线十分突出的"高人一等者"的恶习逐步转移到了西欧,最后则转移到了帝国范围内。奥拉杜尔(Oradour)事件——对少数几个游击战士的毫无意义的惩罚行动——就是这种心态转移到法国占领区的结果,类似的情况在意大利北部重复出现,从而在1945年4月底对帝国区域产生影响[24]。政权最后几周内大量的谋杀行动、死亡行军、容忍对被俘美国飞行员施以私刑都属于此类。不管往哪里看,惨无人道地对待被压迫人群都被容忍下来,至少人们没有公开地与其进行斗

第三部分　第三帝国的危机和崩溃

争。不容许犹太人或者苏联战俘进入防空洞，这没有遇到丝毫阻力。工厂里几乎没有什么人愿意帮助他们，因为那样肯定会引发与护厂队（Werkschutz）和盖世太保的冲突。

我们可以把这里所发生的情形视为社会道德的进一步沦丧。常常提及的"民众共同体"仅仅存在纸面上。部分是因为政权特务的渗透和警察的监督，部分是因为在战争中特别是由于盟军轰炸袭击而变得极端的国民积极性，传统的社会道德环境在很大程度上被毁。个人倒退回自己的小天地，成熟架构中的安全不再。泛滥的告发成了地方社会不知不觉分崩离析的一种代偿物，它们一再给了盖世太保用它自己的力量得不到的材料。这种并非出于政治动机的告发的蔓延表明公众道德处于很低的水平。这其中反映了随着战争的发展社会道德基础的普遍毁灭[25]。

这种状况体现在每个人试图以自己的方式逃脱压力和威胁并不再有能力建立社会联系的思想状态上，不管是在前线还是后方。阿尔费雷德·德尔普（Alfred Delp）神甫谈到，德国人民堕落成一种"不明是非的生命力"，其结果是，个人只还以"原始的保证生命和满足需求"为目标。他从中看到了一种"日耳曼布尔什维克主义"的危险，认为它的结果肯定是西方文明价值观完全被毁。除了多数德国人无力逃脱的世界观被灌输洗脑之外还有国家社会主义政策所产生的意志消沉的作用，它使得在很多人看来相信一个自由国家政治团结的可能似乎是可疑的[26]。赫尔姆特·詹姆斯·冯·毛奇（Helmuth James von Moltke）要求将"在我们同胞心中重建人的形象"作为抵抗的最高目标并由此重建起民事社会和个人参与政治责任的基础，这是合乎逻辑的[27]。

在已有条件下，国民对党和体制的信任总的来说迅速减少。国家社会主义工人党干部的大佬主义和可怕的腐败不能再继续瞒过人民，对于大量国社党干部免服兵役、过着花天酒地的生活、不知平民百姓疾苦，他们不满地作出反应。不久之前，第三帝国程度惊人的腐败得到了深入详尽的描述，恰恰是领导集团的成员——不仅仅是赫尔曼·戈林和尤里乌斯·施特莱歇尔（Julius Streicher）——无耻地敛财致富[28]。偷税漏税在国家社会主义领导圈子十分稀松平常，毕竟阿道夫·希特勒也认为，他没必要为从《我的奋斗》的大批量发行中获得的收入交税，而该书是由官方发行销售的。对于通过保证慷慨的年俸（这当然是免税的）获得他的将领和其他官员的认可喜爱，希特勒没有丝毫迟疑。由高级干部的级别决定的惩罚办法反映在所有规则上。公共道德这样的东西在所有圈子里都是陌生事物。

一个狂热的反犹太主义者、最腐败的纳粹领导人之一汉斯·弗兰克（Hans Frank）1942年在海德堡的一次公开讲话中赞成面对保安部和盖世太保的统治日益得到承认至少（当然只是为"民众共同体"成员）重建起法治国家的雏形，这简直荒谬极了[29]。这什么结果都没有产生，司法完全变成国家权力的差役，尽管准备好了的关于排挤共同体外人的法律（草案在1945年1月1日提交）并未生效[30]。随着希特勒1942年5月的认可，公法最后还有效的部分也失效了，占据统治的是纯粹的肆意妄为（至少是在刑法范围内），不仅是人民法院（Volksgerichtshof），特别法庭制度也

第三部分　第三帝国的危机和崩溃

变成了国家的专有工具。

犯罪的升级没有引发对公正和不公的区分，尽管犯罪者为他们的行为想好了二流的辩护。给人印象最深刻的是1943年10月6日希姆莱在波兹南（Posen）的讲话，他在讲话中就谋杀犹太人一事对在场的政府官员们和盘托出，但与此同时称赞他的人坚持完成了这个艰难的任务，没有失去他们的内在立场也没有给自己敛财，这是个无与伦比的委婉说法[31]。

在民众当中广泛存在着一种模糊的因为德方灭绝犹太人而产生的罪责意识。说明精英的立场的难度更大了。对道德漠不关心习以为常不是1933年才开始的，而且准备干脆排斥令人不快的过程是进步了的纳粹政权的常规行为之一。这种态度还得到了因为阴险诡计遭起诉的威胁的支持。还有，他们一次又一次——直接或者间接——敛去犹太人的财富，通过指出这种获得形式上的合法性它们被淡化了。在1945年之后变得普遍的对被迫执行命令的苦衷的引证也是半斤八两。真正的紧急状况倒不如说是，本来有可能影响事情发展的那些人埋没了他们的良知。

不仅是一体化和司法瘫痪、种族政策标准侵入司法判决的所有领域、在总则过度延伸和推断司法影响下任意决策的长驱直入，法治秩序总体被破坏也是纳粹政权的特征，其代理人出于意识形态的蒙蔽和对权力的欲望而排斥一切不公正意识并且不愿看到他们行为的不道德。因此厚颜无耻和对人的蔑视主导了政治行为，而公正即便在缩小的仅适用于雅利安人民众共同体的范围内也失去了意义。对纳粹官员来说，小中产阶级道德观的内心世界是不可或缺的——比方说这在鲁道夫·赫斯（Rudolf Hoess）但也在海因里希·希姆莱身上可以看到，这个世界在大量流血、暴力、对人的压迫当中被小心地保护着，而且它具有简直是完全相反的特征，但是这与公众和个人道德的普遍瓦解并不冲突，这对后来的国家社会主义社会来说很具有代表性。

第 12 章　第三帝国的瓦解

德意志帝国在 1945 年 5 月 8 日和 9 日的无条件投降不仅意味着德国在军事上的彻底失败，也意味着它的政治制度完全从内部崩溃。自从 1943 年 1 月国防军在斯大林格勒战败，一个有凝聚力的执政体系就在加速瓦解。旨在从国家机关那里夺取更多权力的国家社会主义工人党办事机构不断加强的努力也加速了这一进程。1944 年 6 月，当盟军登陆法国加剧了军事危机时，在其推动下的内在崩溃就全速进行了，而当红军在东线中段的突破揭露了德国将会输掉战争的事实时，崩溃进一步加剧了。

在这一背景下就有了这个问题，为什么尽管如此政权仍有能力把战争进行到最后一刻，直到德国五分之四的领土被

希特勒与 20 世纪德国

盟军占领，国防军才对挺进的盎格鲁—萨克森盟军投降。直到最后一刻，德国领导人都没有采取任何真正与西方或者斯大林谈判的举措。海因里希·希姆莱通过"犹太世界控制权"（Weltjudentum）代表与西方盟军建立联系的敷衍尝试就像他通过福尔克·贝纳多特（Folke Bernadotte）伯爵取得外交联系一样全线失败了，却使希特勒将他踢出了党并解除了他的公共职务[1]。直到希特勒自杀之后，戈培尔才试图与朱可夫（Shukov）元帅开始停火谈判，但这时已经毫无希望了[2]。

事实表明，只要希特勒还活着，政府就没有能力结束这场显然已经输掉的战争。在之前的几年里，希特勒也拒绝任何与被占领国家签订可行性协议的苗头，那本可能形成后来和平谈判的出发点。尽管承受着盟军在整个欧洲的宣传压力，但希特勒避免了与西欧邻国在领土和政治问题上和解。希特勒对帝国总理府（Reichskanlei）部长汉斯-海因里希·拉默斯（Hans-Heinrich Lammers）表示，任何关于国家社会主义战后欧洲新秩序方案的讨论"对战争努力都是毫无意义的"，而且他禁止着手研究对未来欧洲的构想[3]。在他决定对苏联进行"种族灭绝战争"之后，和平的概念对希特勒来说失去了任何意义，与之相反，他的考虑范围局限在东线战争持续不断的设想中[4]。

但与此同时，希特勒在领导战争方面早就该作出的决策面前却打了退堂鼓。当戈培尔逼他要么与莫斯科"犹太人的骗人把戏"（他更倾向于这一选择）要么与华盛顿资本主义"交易所犹太教徒"达成协议来结束两线作战时，这个

第三部分 第三帝国的危机和崩溃

专制者转而找借口说,只要国防军还没有取得根本性的军事胜利,这样的谈判就没门儿。从战略上来看存在着很大问题的1944年夏对匈牙利的占领就源自这样的考虑,它导致了德国在中段的防御被严重削弱,通过1944年12月阿登(Ardennen)反击扭转局势的毫无起色的尝试也是同样[5]。

日益逼近的军事惨败只会掩盖以同样方式发生的政权的内在解体。后者只是通过元首国家的外表维系在一起。希特勒在总理府下面的地堡里貌似把自己封锁了起来,不再与外界保持定期的联系。尽管如此,他拒绝了马丁·博尔曼到德国南部去的建议,恩斯特·卡尔滕布伦纳(Ernst Kaltenbrunner)试图在那里建立一个更多是存在幻想而不是现实当中的"阿尔卑斯山要塞"(Alpenreduite)。

1945年5月8日德国投降的这一天,帝国大部分地区已经为盟军占领。除了莱茵河英国陆军(britische Rheinarmee)最初留给卡尔·邓尼茨(Karl Doenitz)元帅的石勒苏益格—荷尔斯泰因地区之外,只有南德、斯堪的纳维亚和库尔兰(Kurland)的几个狭长地带还在德国人手里。帝国四分五裂,在弗伦斯堡(Flensburg)新建的帝国政府没有任何行为能力。承担起死而复生的帝国总统职务的邓尼茨认识到,他唯一的任务就是以有序的方式完成投降并把尽可能多的德国组织(人员)交给西方列强监禁。

随着希特勒在总理府下面的元首地堡内自杀,纳粹政权事实上已经不再存在。然而,不管是成功逃出战火燃烧的柏林却在被英国组织捕获后自杀的海因里希·希姆莱,还是在试图离开首都时被杀的马丁·博尔曼,他们都幻想着能在邓

171

尼茨的内阁中发挥作用。更清楚地认识到了政权灾难的约瑟夫·戈培尔结束了家人和自己的生命。纳粹统治的代表人物离职，军方领导也是同样，他们仅仅还能为军事投降签字而已。

更可悲的是，这个"千年帝国"很难不画上句号。但这场溃败并非偶然发生的，而且军事崩溃只是它的框架而已。因为政权很多个月以来就处于内部瓦解的状态，只是通过元首国家的外表维持着。专制者还在期待的外交转折——在柏林等着西方国家和斯大林决裂的决定结果是对自己的挫败。但是即便在几个星期前，希特勒也不再有任何真正的权力了，尽管他身边的人因为惊恐地看到了在最后一刻被处死的希姆莱的副官和埃娃·布劳恩（Eva Braun）的妹夫赫尔曼·费格莱茵（Hermann Fegelein）的命运而不敢反抗。希特勒向已不再存在的军队和正在瓦解的军团发号施令，而且他所组成的后备部队纯粹是他的幻觉。

在政权的最后几个月，帝国最高机关仅仅由柏林的分支机构代表，而它的管理机关则疏散到了南德，并试图在更加艰难的条件下维持与部门领导人的无线电和电话联系。博尔曼推动要坚持不懈活动的党办公厅缩在一列专车中继续活动，直到电话联系崩溃。

二战的最后几个月，元首总部的幻象世界处于慢性解体进程的尾声，该进程伴随着失去现实感的不断加剧。对这一发展而言，国家社会主义帝国高层体系的衰落尤其具有代表性。最初协调各部门决定的是总理府部长拉默斯，他通过与各个部门协商协调政府决定（希特勒从1937年起就冻结了

第三部分 第三帝国的危机和崩溃

内阁会议)。

与此同时,身为党办公厅主任和元首秘书的博尔曼跃升为"灰衣主教"(graue Eminenz),日益阻碍了拉默斯向希特勒通报刻不容缓的政府事务。最后,拉默斯只能在这个竞争对手在场的情况下与总理谈话,而且即便如此,两人的见面也越来越少了。博尔曼以元首秘书身份起草的非正式的元首指示越来越多地取代了连署命令。

除了博尔曼之外,只有一些下属能影响元首的命令——如果他们像海因里希·希姆莱或者阿尔贝特·施佩尔那样可以直接接触到这个专制者的话。然而,博尔曼的计谋得逞,他先是在1944年12月把最高指挥权转交给上莱茵集团军,然后是在1945年1月24日再转交给新建的维斯瓦(Weichsel)集团军,从而把希姆莱赶出了元首总部。相反,一度被视为希特勒继承人的阿尔贝特·施佩尔和在远离元首总部多年之后重又每天和希特勒谈话的约瑟夫·戈培尔得以进一步扩大他们的影响力。但是帝国高层作出受监督的决策的时候变得越来越少。

与英国不同,第三帝国没有一个"战时内阁"来作关键的决策。在战争爆发时,威廉·弗里克试图通过成立一个赫尔曼·戈林任主席的帝国国防部长会议来保证一定的协调。但是他过于放任自流了,以致帝国各部门和数量越来越多的元首直属机构的独立性反而增大。由于这些专业或者地方特别机构的产生——特别是在隶属和被占领地区,执政行为的统一性完全瓦解。

这种不透明的高层结构反过来影响着所谓的"中层

机关"——州长官府（Oberpraesidien）和省行政长官府（Landeshauptmannschaft）。最初的设想是通过按照市政模式统一管理抑制中层的部门分割，然而特别机构不断建立，甚至下至最低的管理层面，并导致意想不到的四分五裂和管理行为的低效率。因为帝国国防专署办事处的建立和省党部头目接管民事管理，国家机关的统一性完全消失在相互竞争的责任范围大海中了。传统机构组织崩溃的主要推动者之一、人民启蒙和宣传部长这时自己也抱怨说，真正意义上的内政已经不再存在，但这并没有杜绝瞎忙活的管理机构未经协调地颁布法令行为增多的现象，这很有代表性。

在国家社会主义当权者圈子内部的看法是一致的：不能指望希特勒来精简早就该精简的领导机关，特别是他只关心少数他认为很紧迫的政治领域。这位专制者在1941年时就已经断然拒绝了财政部和内政部旨在阻止各部门以及特别机构渐行渐远的建议，并推迟了早就该采取的简化管理的举措。在那之后，人们受"总体战"的影响要求进行行政改革，而事实证明他是顽固的改革反对者，他害怕这样的改革会损害他的威望。

因此，例如取缔变得多余的经济部、取消可有可无的州高级法院管辖区等措施都以失败告终，这还不算希特勒1944年还曾撤销的慕尼黑赛马跑道的关闭令。直到1944年夏天的时候，在灾难性的形势压力下，希特勒才被迫形式上同意戈培尔在"总体作战"口号下要求的精简。

同时，1943年初保卢斯（Paulus）元帅领导的第六军战败所引发的严重军事危机要求采取只有强有力高层领导才

第三部分　第三帝国的危机和崩溃

能完成的根本措施。但是谁能发出这一倡议呢？反正是不能指望身为内政部长已经让希特勒大为恼火并且自从1941年以来就请求离职的威廉·弗里克来纠正。他既没有能力也没有领袖气质反对党和其他部门相互竞争的利益，维护内政和公共管理机构的管辖权，此外他是国家社会主义工人党对国家行为不满的主要攻击对象。但是，在墨索里尼下台之后（这在帝国被理解为凶兆）在戈培尔推动下于1943年9月接替弗里克的海因里希·希姆莱同样也被证明没有能力重建中央的权威[6]。

戈培尔在1943年初发起倡议，并推动了所谓"三人委员会"的建立，拥有特别全权的该机构应当使管理合理化并梳理经济。他本指望自己能被包括在内，但是希特勒把该任务托付给了总理府和党办公厅负责人，也就是拉默斯、博尔曼和身为国防军最高统帅部的负责人凯特尔（Keitel）。这三个人成了他习惯每天打交道的人员，而这位帝国宣传部长被挤到了一个纯粹顾问的角色上。因为凯特尔在这个委员会中和预料的一样扮演着被动的角色，而博尔曼局限于提出党的利益，所以行事谨慎的拉默斯就成了这个机构的领导人，这没有带来任何深刻的改变。直截了当地说，他缺乏有力的权威，不能像戈培尔希望的那样再次推动车轮转动。因此戈林和戈培尔鄙视地称为"三贤人"。

于是宣传部长在1943年3月进行了几乎没有什么希望的尝试，在戈林（他绘声绘色地向他抱怨"内政外交缺乏领导"）的帮助下恢复帝国国防部长会议。他在日记中轻蔑地记录说，他希望借此来避免拉默斯"作为某种帝国总理"

逞英雄。但是该计划再次因为戈林臭名昭著的不作为和缺乏决断力而失败了。

在希特勒日益失去作用、不能再指望他产生协调性影响变得清楚之后，后来改革体制高层结构的努力则源自不可避免的必然了——鉴于东线的人力和物力损失严重必须准备新的储备并消除军工业经济的劳动力短缺。在这种形势下，帝国武装和军需品部长阿尔贝特·施佩尔进一步扩大了他的权力地位，这尤其是因为他在希特勒那里享有很高的个人威望。他威胁要将一直以来阻挠管理合理化和简化的国家社会主义工人党排挤到一边。这反过来促使莱伊和戈培尔开始行动。

尽管戈培尔在他的日记记录中抱怨说，施佩尔"不够国家社会主义"，因此它可能造成这位军备部长宁可从事冷静理性的数字游戏，而不是像戈培尔那样以"对最终胜利不可撼动的信念"为赌注，但他成功地提升了生产效率仍然给戈培尔留下了极为深刻的印象。施佩尔以非传统的方法并在超越其职权的情况下完全按照党的风格实现了引人注目的军备产出的提高，他简直在这当中看到了心灵的相通。不管怎样，当施佩尔给希特勒的一份内容广泛的意见书中要求委任一名主管的专员时，戈培尔抓住了机会。戈培尔提出自己可以担任这一职位，并在 1944 年 7 月 25 日被希特勒任命为"帝国总体作战全权代表"并由此而被任命为国内政策的负责人[7]。

为最终胜利发动德意志民族的最后能量这一职责被委任给戈培尔，这在多个方面具有代表性。斯大林格勒战役的失

第三部分　第三帝国的危机和崩溃

败促使这个宣传部长于1943年2月18日在后来变得著名的体育宫讲话中作出了"总体战"的声明，并呼吁充分发动所有的力量[8]。但是很快他就明白了，他所推动的坚持到底的宣传必定毫无成果，只要它们与本土战线的实用主义举措相伴。出于这一考虑，他把自己变成了挖掘最后可支配人力储备的代言人，这包括因为希特勒抵制而一再推迟的妇女义务兵制在内。然而他对实际的效果没什么兴趣。首先是借助有力的行动证明民众共同体"拧成一股绳"的胜利意愿。宣传必须貌似"要求自己信守诺言"，才能有一定的可信性。

这位帝国总体作战全权委员的具体方案局限在让动员进程运转上，这完全是国家社会主义的思路。与此同时，党应当被纳入要形成的审核附属委员会地位的国家委员会当中，这只让另外一个官僚机构取代了军区机关没有什么实际的作用。很快这位部长就不得不断定，和他的前辈们一模一样，他也无力对抗日益独立的地方官员，特别是因为全权委员对党和国防军的命令权被剥夺了[9]。

该行动没有产生值得一提的强化德国战斗力的作用，但可能具有持续的心理作用。为了防止正在逼近的德国的失败，戈培尔采取了让国民就狂热的坚持到底意愿起誓的这个治标不治本的办法。这就是1943年2月他在体育宫讲话中宣告"总体战"的意义。与此同时，作为党办公厅负责人的马丁·博尔曼和作为国家社会主义工人党组织负责人的罗伯特·莱伊试图使党成为在政治思想动员国民方面具有决定意义的和有效的工具。

希特勒与20世纪德国

自从1942年起,博尔曼就担当起将因为成员数量增多而膨胀并在很大程度上腐化堕落的笨拙的国家社会主义工人党旗舰重新变成一个强有力组织的责任。实行封闭会议之夜、定期举行强制性成员集合和宣传行军(从1943年夏开始为一场按计划开始的集会大潮所取代)应当在公众中重建国家社会主义工人党的声望,并使其有能力赢回政治上的主动权[10]。借助武力约束的方法,博尔曼在对外强调的"自发性"不愿出现的时候给予了帮助。

与此同时,通过绕开主管的地方机构照料在轰炸中受伤者的饮食起居,博尔曼利用炸弹袭击给国民造成的困境来加强党的参与和存在感。国家社会福利组织接到严格指令,仅可以以国家社会主义工人党的名义活动[11]。通过譬如把党纳入疏散儿童下乡和照顾难民这类措施当中,它成功地改善了自身严重损毁的声望,尽管相当一部分国民对逃避军事义务并从黑市得到供给的"褐衫"官僚的不信任仍旧存在。但是,至关重要的是,党的干部队伍在"世界观"和组织上开始恢复[12]。

与此同时,国家社会主义工人党摆脱了篡夺国家机关职权的最后障碍。将省党部头目任命为帝国国防委员再加上戈培尔给了他们地区和地方管理要听命于他们指令的权限,这些都为此提供了契机。被任命到旧帝国境外的、被指派为所谓的"领导人储备"的主权代表回国在省分部和区域层面形成了一股新的任人唯亲的浪潮,尽管他们无法指望回到他们以前在东部的位置。所有这一切导致内政和公共管理机构进一步遭到排挤,面对党对职权的篡夺它们仅在个别情况下

第三部分 第三帝国的危机和崩溃

获得胜利。同时，国家社会主义工人党很多时候被保安部和盖世太保招来当做援助机构，例如在阵地建设或者将距离前线很近地区的国民送回原地等情况下，此时博尔曼则以东普鲁士省党部头目科赫（Koch）的独断专行措施为榜样。

这个党化（这就是说，党对公共机构的侵入）的进程超出了国家社会主义工人党在权力攫取阶段所怀抱的最大胆的梦想[13]，博尔曼对党机构的内部精简和改组为该进程提供了支持。党对国家机关职权范围干预最明显的表现是引入国家社会主义指挥官。它有意识地借鉴苏联委员制度，其目的是考虑到并不遥远的民主化将国防军完全置于党的领导之下，这也体现在这些指挥官受党的纪律约束上面。除此之外，博尔曼在1945年3月命令专门为此接受训练的党员同志进行一次特别行动，以促使"在受敌人威胁的东线"的国民坚持抵抗到底，但因为地方军事指挥官持拒绝态度而以惨败告终。

国家社会主义工人党自愿担当起不惜一切代价坚持到底政策的可靠代表，通过这一努力，国社党回到了在魏玛时期所采用的宣传动员方法上。"斗争时期"的经验被用作在英勇地竭尽所有意志力的情况下能够克服毫无希望的境遇的证明。1943年9月29日党办公厅的一项命令说："国家社会主义运动到现在为止已经掌握了所有的局面！它从未被偶尔的挫折和重大的困难所迷惑！"在同一时期出版的演说家材料中可以看到："今天我们德意志人民和民族要进行的战斗本质上是在与同样的敌人进行的同样的战斗，我们在运动的斗争时期那些年里曾经在国内与他们进行过同样的斗争。"[14]

希特勒与20世纪德国

当时没有一次宣传指示不提到"斗争时期",没有一次不将国内威胁与国外威胁等同起来的。人们意图借此来证明这个杜撰的事实:如果党把一切都掌握在手中就能取得走向胜利的逆转。希特勒当时的声明(部分由戈培尔的手稿所披露)有着同样的思维轮廓,并呼唤直到最后一个人"站立和倒下"的绝对意志。在这些表达方式的背后是希特勒日益加以突出强调的"对意志的崇拜"以及伪尼采式的想法——意志的绝对性是战无不胜的。如果德意志人民捍卫自己的土地、家园、乡村和城市直至最后一人,那么只是由雇佣兵部队组成盟军联盟就不得不意识到,对抗整个民族是前途无望的,它们就会停止战斗。

在这个口号的基础上,1943年10月18日,在莱比锡的民族之战纪念日组成了"德国人民冲锋队",计划中它的主要职能是实现对德国国民的"彻底"煽动,在戈培尔和博尔曼看来,这是"最终胜利"的保证,而且比直接将人民冲锋队用于军事目的要重要得多,因为这个训练和武装配备不足的民兵组织——特有的低技术含量的"人民突击步枪"(Volksgewehr)可能就是为它们可制造的——军事价值很低,而且被拉到东线作战的那些人民冲锋队部队经常是在几个小时之内就完全被彻底摧毁了[15]。

然而,对戈培尔来说,关键远不止是对最后军事储备的发动动员。"我们知道",1943年10月20日宣传部的一次号召说,"即便一种思想的捍卫者倒下,这种思想也会永存。再也没有太多能量投入的敌人最终将在一个狂热战斗的民族的这种凝聚力面前投降"[16]。这是一种有意识的自我欺

第三部分 第三帝国的危机和崩溃

骗，国家社会主义领导圈似乎一直沉迷于其中，直到他们自己开始相信它。然而如果它没有带来"最终的胜利"，他们也会说这一构想保证了"国家社会主义思想"在未来德国的"胜利"。

在第一次人民冲锋队集合之际，戈培尔宣称，这一"团结在国家社会主义思想下的整个民族的一致的大规模行动"将导致一支"神圣的人民军队"的形成并实现"民众共同体"[17]。因此戈培尔和博尔曼不顾国防军的顾虑，实现了"德国人民冲锋队"的领导权应当掌握在党手中的目的。作为预备军（Ersatzheer）司令的海因里希·希姆莱的职权局限在组织、军备和训练上。最初的考虑是，地方的党干部们自行指挥要建立的部队，但是人们很快又放弃了这个想法，因为区域和地方部队领导人通常没有任何军事经验。但是戈培尔和博尔曼坚持将党的运动与军队融为一体的基本思路不放，在他们之前希姆莱在建立国民掷弹兵师（Volksgrenadierdivision）时就奉行这一思路，并且它曾在1934年6月令冲锋队的最高领导人恩斯特·罗姆掉了脑袋。现在人们又回到了斗争时期的革命立场上。

希姆莱选择1813年莱比锡民族大会战纪念日来宣布"德国人民冲锋队"成立并非偶然。他更多的是试图将要恢复的人民冲锋队与普鲁士后备军（Landwehr）传统联系起来，并给人以这种印象，导致拿破仑失败的首先是普鲁士后备军的功劳。国家社会主义工人党在战争的最后几年里越来越多地借用德国民族历史，这很有代表性。乌发电影公司的影片《科尔贝格》1945年1月30日以引人注目的方式在拉罗谢尔（La Rochelle）大西洋要塞（当时用潜水艇和飞机将胶片运到了那里）和柏林陶茨（Tauentzien）宫首映[18]。该片描述了科尔贝格市英勇抵御法国皇帝拿破仑占尽优势的军队的故事，战斗以法国人最终在1813年战败而告终——就像法伊特·哈兰（Veit Harlan）杜撰的历史那样。不管怎样，戈培尔希望这部斥巨资拍摄的电影能真正强化坚持抵抗到底的意愿，而且他认为，对他来说这部电影可以相当于几个师的力量。为了不完全丢尽他的脸面，他让人不再在国防军报告中提及1945年3月18日科尔贝格要塞被攻占一事。

这样的动员宣传运动在1944年和1945年初起了多大效果很难评估，但是在国民当中怀疑和漠不关心仍占据绝对优势。事实上，人们需要不断加强对国民的恐怖威胁才能对外保住脸面。对党内反作用问题的答案看起来有些不同。它们是矛盾的。特别是戈培尔对博尔曼在官僚机构上花费的心机进行挖苦讽刺，直到战争的最后几个星期他一直不断给下属的党的办事机构发布大量新的命令和宣传指令。在个别情况下，离开岗位的主权代表还会被施以严厉措施，甚至是处以死刑，虽然只是例外情况。尽管如此，他成功地将省党部头目和省党部领导班子纳入坚持抵抗政策当中，而低一级的国社党结构逐渐不再发挥作用——往往受狂热的青年领导影响的希特勒青年团（Hitlerjugend）除外。

至于省党部头目，事实证明，他们在很大程度上并不积极活跃，并且无力利用他们不断增大的权威来防止进一步的战争破坏，尽管在阿尔贝特·施佩尔擅自阻挠破坏希特勒于1945年3月重申的"尼禄（Nero）命令"时，他们当中有

第三部分 第三帝国的危机和崩溃

部分人保持了缄默并容忍了他的行为,该命令要求摧毁工业和交通设施。自己先气馁了的省党部头目会作为具有行动能力的群体出现并像法西斯大委员会免去墨索里尼职务那样使希特勒丧失能力是无法设想的。

与之相反,省党部头目们2月25日在已经严重损坏的帝国总理府最后一次拜访希特勒时,再一次在博尔曼要求下就"带着最终胜利站立和倒下"的套话发了誓[19]。他们看到的是一个身形佝偻、不敢与人视线接触的专制者,他慢慢才能找回以往常见的滔滔不绝的雄辩,并(被困在他的虚假世界中)再次信誓旦旦地称将使用"神奇武器",拜访者清楚,它们并不存在。他们仅限于与他进行必要的握手,思想交流被博尔曼暗示制止,因为他们不能不必要地增加元首的负担。最后一次集体采取行动的机会就这样被浪费掉了。

直到变得太晚了的时候,戈林才决心让希特勒的怒火烧到自己身上,而且与他同时,海因里希·希姆莱也开始了结束战争的举措或者是开始与西方国家和解。相反,希特勒却将事先取得部分胜利作为戈培尔向他提出的与斯大林接触一事的先决条件,在希特勒自杀之后,戈培尔试图接触但徒劳无功。在1944年7月20日之后,作为直到那时还在一定程度上保持独立的机构,国防军在客观上和心理上都不再有能力将步履蹒跚的大帝国的领导权揽到自己身上。再也没有人愿意或者有能力承担起整个的责任并结束一场变得毫无希望的战争了。

与此相反,国民被一种远远超出一切现有恐怖的恐怖所控制,面临瓦解的军队也是同样,严格到极致、下令执行了数万次死刑判决的军法将他们绑在了一起[20]。流动战地军事法庭（Feldgericht）以及帝国国防委员用做常规司法的临时军事法庭的建立策动了这种恐怖，而且它们针对士兵、平民、外国人、战俘和"民族同志"。此外再加上盖世太保和安全警察对大量囚犯和抓获的强制劳工的肆无忌惮的枪杀，这造成了几万人死亡。

最后一刻的嗜血屠杀主要源自一种补偿自身失败的行为主义。毫无意义的"死亡行军"也要归入此类大屠杀当中，它涉及犹太及非犹太裔的集中营囚犯，但也包括战犯和强制劳工，并在各地突然转变为肆意妄为的屠杀。

偏激狂热的党精英和他们的帮凶们的行动是出于下面这种高度神经质的想法，若要提升抵抗的意愿，除了德意志人民在人种上的均一性之外也必须不遗余力地强行取得政治上的均一性。对事实存在或潜在政治敌人的追击、试图通过对几千名德高望重者进行所谓的"雷暴行动"将魏玛共和国的政治精英根除、对"七二○"运动最后的幸存者以及其他政治囚犯的清洗都源自这样的设想——在事情变得太晚之前再一次完成"全部工作"。

通过对潜在的"人民祸害"或者是叛国者的清洗，煽动者试图在最后时刻给自己勇气并麻痹自己的绝望。重建国家社会主义运动的"纯洁性"、不像1933年之后那样在与旧精英（他们因为背信弃义和失败主义而最终导致了帝国的内在和外在危机）缔结联盟时作出妥协的疯狂想法，导致外线顶住盟军进攻的时候越来越少，用在"除掉"所谓的政权内部敌人上的能量越来越多。

第三部分 第三帝国的危机和崩溃

在政权最后阶段获得机会得以充分发展的大量心理扭曲需要独立的描述。在灭亡之前,国家社会主义工人党似乎又回到了它的历史起源,不过现在只是描述它英勇的一面并将其作为榜样和成功的保证来突出强调的。在崩溃的过程中,国家社会主义力图让自己在历史上幸存下来。将希特勒自杀说成是根据政权后期自导自演而做出的英雄行为就是其中之一,它体现在对自由战争时期的历史榜样的借用上。

党在一定程度上回到了早期的集合状态。这方面的典型例子是1945年3月罗伯特·莱伊推动的"希特勒自由军团"的组成,希特勒对其明确表示了肯定。与此相类似,戈培尔在同一时期推动的"狼人"行动也可以这样来解释[21]。起初计划是在苏联战线后从事军事破坏活动,但是这个主要由非常年轻的希特勒青年团志愿者组成的组织主要是为了维系国家社会主义思想的生命。它要对"叛国者"和"人民敌人"进行清洗,这随后转变成了对亚琛(Aachen)市长弗兰茨·奥本霍夫(Franz Oppenhoff)的谋杀。它与军事游击战没有任何关系,更多的是一个尝试,尝试帮助第三帝国会在受压迫期过后重获新生的这一神话不会破灭。

在了解了随后发生的悲惨崩溃的情况下,直到最后一刻都遵循着希特勒的恐怖命令并将任何抵抗的骚动扼杀在血泊中的那些狂热分子的自以为是是很难理解的。最后时刻的破坏活动和斯大林格勒战役之后党的复苏和煽动努力却表明了国家社会主义工人党本质上以幻想为特征的政治理解。它的唯意志论特征赤裸裸地表现在政权的瓦解上面,在政权建立的那几年里,情况也是一样,但因为传统精英的抑制性作用程度有所不同。

  这有助于解释，为什么在 1944 年"七二〇"颠覆企图失败之后第三帝国的领导层没有了行动能力并且几乎是漠然地等着灾难降临，直到希特勒自杀（它解除了盲目顺从的禁令并突然撕碎了自己制造的幸存神话的谎言）之后才采取结束战争的措施。这个旷日持久的衰败进程在苏联军队突破中段防线和诺曼底登陆让帝国的军事失败变得不可逆转之后变成了必然，除此之外公共机构不断被掏空和瘫痪。由于带着可疑的合法性从事活动并醉心于新封建主义思想、肆意妄为的主权机构取代了它们，到那时还相对独立的机关部门的行动能力也被完全摧毁了。纳粹统治制度最后仅仅靠着军事逼迫和为了动员而进行的动员来维系了。该制度的内在瓦解和军事失败就像是拴在一条绳上的蚂蚱一样了。

第13章 走向"最终解决"的转折点：国家社会主义对犹太人迫害的升级

大屠杀的历史在近几十年来成了分析国家社会主义历史的核心范例。在多年来德国和国际研究界很大程度上出于这一考虑将这一课题排除在外之后，现在它走到了兴趣的中心[1]。大量对德意志帝国占领地区（特别是苏联）"最终解决政策"的研究大大扩大了我们的认知，并揭示了德国中东欧占领政策和对欧洲犹太人实行系统毁灭之间的密切联系，这通常被人们用奥斯维辛（Auschwitz）代码来表示。这同样适用于对参与"最终解决"人员的认识。它一方面涉及安全警察和保安部、党卫队编队和治安警察（Ordnungspolizei）的职能，另一方面也涉及纳粹统治机关其他工具的参与,因此必然也要将国防军、占领区民事管理机构、在地方从事活动的国家社会主义工人党办事机构、托特组织(Organisation Todt,臭名昭著的工程建设组织。——译者注)、东部托管机构(Treuhandstelle,负责登记、管理和利用波兰国有资产的机构。——译者注)和其他机构的职能包括在内。

与此同时,"最终解决"的实施不仅源自希特勒和柏林中央机构的命令,也源自他们与地方统治者之间的互相影响,对于这一点很大程度上存在着一致。走向"最终解决"的道路绝对不是明确勾画好了的,卡尔·施洛伊内斯(Karl Schleunes)"走向奥斯维辛的曲折道路"的表述方式现在仍旧适用[2]。除了参与毁灭进程的干部的立场和动机问题之外,主要还有这样一个问题:系统杀害欧洲犹太人的决定性转折以及广泛意义上的大屠杀是何时发生的?因为这里关系的不是一个意味着对犹太人迫害不断升级的简单的线形发展进程,而且,具有代表性的是,马丁·博尔曼和海因里希·希姆莱在1942年10月曾担心,德国人在这个问题上的主动性会减弱,"犹太人问题"恰恰不会引起年轻人的重视[3]。这样的看法促使他们加快实施迫害的举措。

阿道夫·希特勒启动"最终解决"的正式、全面的命令是否存在以及该命令是何时下达的?这个问题和以往一样仍在有关文献中讨论着[4]。然而更为重要的是这个问题:未来"灭绝犹太人种"的设想是从什么时候开始浓缩成具体的行动指示的?因为在开始出征俄罗斯之前,实行有计划推行的系统清洗的可能还在所有现实考虑的范围之外,即使全

第三部分　第三帝国的危机和崩溃

部消灭的想法在日益变得极端的反闪米特人的宣传语言特别是希特勒的言语中都曾出现过。至关重要的问题在于将世界观的最终目标转变成政治现实,而这不是需要来自专制者方面直接或者间接的命令下达那么简单。一直都在谈论的力争的"最终解决"必须首先作为现实的未来计划出现在人们眼前。

强制移民和保护区计划

显然,政府遵循的解决方案直到第二次世界大战开始以及之后都仅限于强迫犹太人移民海外或者是移民到东欧一个还需要再确定的保护区内。马达加斯加计划尽管是如此的乌托邦和不可能实现,但它在赖因哈特·海德里希(Reinhard Heydrich)和他的忠实助手们看来恰恰是结合了两种方案的理想组合,因此得到了他们的大力执行。即便后来这个表面上的解决办法也曾在执行者的脑中掠过,并使得隔离看起来像是个过渡措施。在1940年5月关于"对待东部外来民族"的意见书当中,希姆莱还明确排除了消灭整个种族的可能(这与后来的"东方总体规划"完全不同),并认为,对于"犹太人问题"只有推动移居他国的道路可走[5]。即使盖世太保负责人米勒(Mueller)在1941年10月下令禁止犹太人继续离开西班牙和法国,这也并不意味着向着"最终解决"的过渡,而是与海德里希同一时期的保护区计划联系在一起的[6]。

即便是通常避免就当前对犹太人迫害问题发表具体意见的希特勒也处于在强制移民国外和毁灭政策两者之间摇摆不

定的状态。这（恰恰）在一再为人所引用的1939年1月30日帝国纪念日讲话中也可以明确看到[7]。如果犹太人触发新的世界大战，结果将是"犹太人种的毁灭"——这样的威胁是20世纪20年代的反闪米特人宣传的一部分，将犹太人用作人质是其中定期出现的陈词滥调，这在后来在专制者关于犹太人问题的表态中也可以隐约看到。这次讲话本身通常可以从它所处的背景中得到解答。希特勒的威胁直到讲话的后三分之一部分才出现，并且其中提到了依云（Evian）会议。该会议旨在促使出席会议的政府接纳移民过来的犹太人。谋杀威胁是与欧洲有足够的自由定居区来接纳犹太民众的暗示联系在一起的，也就是说是明确与强制移民联系在一起的。不管是在这次讲话中还是在后来他收回了这些表述的讲话当中，希特勒都没有阐明他对"灭绝犹太人种"的具体设想。激起西方世界的反闪米特人主义，以便长远来看产生共同的反犹太人行动——他脑海中一再重复出现的这个想法表明了这一猜测：浮现在他眼前的是全球规模的对犹太人的毁灭。然而，希特勒在帝国纪念日的诋毁具有代表性的却是必要时也将利用战争手段来争取"最终解决"的这个设想。引人注目的是，希特勒从未在任何地方进一步阐述过这个几乎像是后人伪造的，而且一再为他自己所引用的表述。

随着波兰共和国被吞并、帝国驻波兰占领区建立和西普鲁士和瓦尔特高被蚕食，由于超过170万波兰犹太人被纳入进来，这使迄今为止的移民政策成果大大被淡化了，这就产生了一个全新的形势。与此同时，在战争的条件下，大规模运用暴力手段以及清洗波兰学者、牧师和知识分子但也包括

第三部分 第三帝国的危机和崩溃

犹太人的障碍没有了。帝国驻波兰占领区因此成了在苏联被占领地区实行压迫的试验田，但是在苏联实行的压迫起初不是主要针对犹太人[8]。对于解决"犹太人问题"来说，从中并没有产生任何新的前景。尽管缺乏明确的目标，但是这也导致，将帝国驻波兰占领区用做"垃圾倾倒场"并将犹太人（最初是从瓦尔特高和西普鲁士）流放到那里的努力得以贯彻实施。这遭到了德国驻波兰占领区总督汉斯·弗兰克的明确抵制，他得以促使戈林禁止将犹太人进一步流放到那里，而同时弗兰克不得不忍受波兰人从被吞并地区迁移。由于这个死胡同，1940年初出现了这样的考虑，争取将德国的犹太人迁移到苏联，但是这因为苏联政府没有兴趣而失败[9]。

这个倡议与阿道夫·艾希曼推动的尼斯科计划（再加上一系列其他保护区解决方案）是何关系并不清楚。鉴于移民方案走入了死胡同，这些方案不由得正式产生。从在卢布林（Lublin）地区建一个保护区的计划结果发展成了各种各样的保护区计划。海德里希提出的远期和近期相互交替的计划因为参与机构的利益冲突后来则是因为要为苏联战争进行动员准备而成为泡影[10]。鉴于这一进退两难的境地，海德里希对外交部提出的马达加斯加计划表示出极大的兴趣并下令属下认真研究就可以理解了。他这么做了，尽管这个东非岛屿几乎不适合来安置至少500万的犹太移民，这还不算下面这点——在英国驳回了希特勒在法国战争后提出的"宽宏大量的和平建议"之后，该计划无论如何都是废弃过时的了。官方看来，马达加斯加计划直到1942年才结束。显然，马达加斯加计划促使帝国中央安全局（Reichssicherheitshauptamt）开始更加紧锣密鼓地着手未来"犹太人问题"的解决方案。当事实证明逐渐成为海外领土解决方案代码的马达加斯加计划至少暂时是失败的时候，帝国中央安全局就开始考虑其他的选择了[11]。

这可能也与希特勒决心通过攻击苏联快刀斩乱麻地解决这个难题密不可分，尽管表面上取得了各种成功，但是随着轴心国军事上开始孤立，这个难题开始对政府的活动空间产生局限。不管怎样，与艾希曼密切共事的特奥多尔·丹内克尔（Theodor Dannecker）在1941年初时还曾写道："按照元首的意愿，战争过后，犹太人问题在德国掌握和控制的欧洲范围内将有一个最终的解决。"这并不是指系统地清洗，这一点从丹内克尔随后的表述中就能看出，他说，这需要"最细致的准备"，需要"对一个在还未确定的领土上进行、细枝末节都确定下来的定居行动进行规划"[12]。

这一目标是海德里希1941年3月26日向戈林提交的计划草案的基础，并导致海德里希在7月31日授予其"为在德国在欧洲的势力范围内总体解决犹太人问题做准备"的权力[13]。戈林的全权长时间与希特勒"最终解决犹太人问题"的命令混为一谈[14]。但是它符合海德里希奉行的巩固其在该领域职权的方针，特别是因为，他担心与东部占领区帝国部长阿尔弗雷德·罗森堡竞争。不管怎样，争取实现的"犹太人问题"的解决是着眼于在结束战争之后进行的，这一点是毋庸置疑的。当时纳粹领导人盘算的是苏联迅速战败和英国妥协，那就意味着在10月时就能结束核心战斗[15]。

第三部分　第三帝国的危机和崩溃

对苏联的毁灭战

力争的领土的"最终解决"应当通过"向东流放"来完成。这样它就与希姆莱启动的东欧民族"土地重划"（Flurbereinigung）紧密联系在一起，这在"东方总体规划"中达到了首个高潮。但是，1941年初秋时还存在的未来解决"犹太人问题"的前景因为对苏联的种族灭绝战争而发生了根本性的改变，这场战争（在希特勒1941年3月30日论述所表明的态度影响下）伴随着反闪米特人宣传的加强。尽管如此，除了事先计划的对共产国际和党的干部的清洗之外，隶属集团军但归新任命的党卫队和警察高官指挥的安全警察和保安部特别行动队起初也仅限于毁灭"党和国家内的犹太人"以及"其他极端分子"，但是反犹太人的集体迫害行动可能未受到阻碍[16]。

这些特别行动队和他们所形成的指挥部起初似乎遵守了这些指示，海德里希在普雷奇（Pretzsch）所做的口头说明对其进行了补充。但是从1941年8月开始，个别情况下从7月份开始，他们就开始清洗包括妇女和儿童在内的犹太人，然而起初还不是地区范围的。显然，这不是源自总部下达的口头或者是书面指令，而且最初命令的范围也无从证明。它更多的是基于下面这个出发点：变得越来越没有顾忌的武力运用的日益熟练和沦为处决行动牺牲品的范围的扩大自动发生了，其中"犹太布尔什维克主义"和犹太人是骚乱策源地和游击队员支持者的陈词滥调也起了作用。与此同时，对立陶宛、拉脱维亚和乌克兰民族主义者的反犹太大屠杀也是个额外的推动因素[17]。

与特别行动队行动形成竞争的党卫队旅和7月就已经对本土犹太人采取行动的刑警营或许为这一转变提供了推动力。例如，希姆莱在1941年8月1日下令党卫队第二骑兵团枪杀所有的男性犹太人并将妇女儿童赶到普里彼特（Pripjet）沼泽[18]。事实证明后者失败了，但是却让人看到了在背后发挥作用的设想——剥夺犹太人的生存基础并干脆杀掉他们。希姆莱在8月初公开通过高级党卫队和警察指挥官弗里德里希·杰克林（Friedrich Jeckeln）命令特别行动队C支队杀死所有不能工作的犹太人，包括妇女和儿童。这其中出现了很快变得普遍的对有无工作能力的犹太人进行区分的表达——也就是说有无生产力。同样的想法也出现在波兹南移民总部负责人罗尔夫—海因茨·赫普讷（Rolf–Heinz Hoeppner）于7月16日呈交给艾希曼的建议当中，即通过"随便某种迅速有效的手段解决"在利茨曼市（Litzmannstadt，现波兰的罗兹。——译者注）犹太人区的"没有工作能力的"居民[19]。

几天之后，赫普讷对艾希曼提出了一个在德国在欧洲势力范围内"最终解决犹太人问题"的问题，并表达了这样的揣测，"当前苏俄的大量区域"可以安排为接纳范围，但是对此还没有任何"根本性的决定"。他要求，"从一开始就完全明确，最终应当拿这部分移民出来、大德国定居区都不欢迎的部分人怎么办"，以及它的目标是"持续地保障他们的某种生活"还是将他们完全根除[20]。这表明，对于犹太人问题的"最终解决"，纳粹领导层直到那时仍旧概念

第三部分　第三帝国的危机和崩溃

模糊。

然而，在中央没有为此形成一个正式意愿的情况下，负责的指挥官们对下面这一点却存在着共识——在未来整体解决之前应尽可能地毁灭苏联被占领地区的犹太居民。在这一精神下，特别行动队 A 支队的领导人瓦尔特·施塔莱克（Walter Stahlecker）在 1941 年 8 月初谈到了"在东部地区存在的清除犹太人问题的可能性"[21]。他指责帝国委员欣里希·洛泽（Hinrich Lohse）忽视了这一点，并认为"立刻清洗整个东部地区的犹太人"是为以后计划的"将其运送到欧洲以外犹太人保护区"减轻负担，他这里指的是在当时还很现实的马达加斯加计划。因此他赞成将犹太人集中在特定的区域。与此同时，即便是如此坚决的对本土犹太居民的清洗最终仍不过是沧海一粟——这一认识立刻得到了参与者的承认。例如特别行动队 B 支队的领导人阿图尔·奈比（Arthur Nebe）在 1941 年 7 月 23 日就注意到，在战争期间"解决犹太人问题"因为"犹太人的数量过于庞大而只能通过迁移才能实现"[22]。这同样表明，对于将犹太居民"向东"迁移应该如何进行，总部还没有任何现实的构想[23]。

到 10 月份为止与附属机构一起杀害了 50 多万犹太人的特别行动队的行动没有被视为替代选择，而只是被视作力争的保护区解决方案的前期阶段。正如 1941 年深秋时所表明的，在高官阵营内部也存在着反对意见，例如白俄罗斯总督威廉·库彼（Wilhelm Kube）对将德国犹太人运到里加（Liga）的反应就证明了这一点。库彼坚决地反对将从德国流放过来的犹太人和本地犹太人等同看待，并因此导致戈林一度中止了运输。同样，洛泽也进行了抗议[24]。在这一背景下希姆莱的命令证明了柏林总部对于在"犹太人问题"上应该如何处理存在着一定的不确定性。

"继续向东"

希特勒的出发点似乎也是这个设想——先将从德国流放的犹太人安置到东部的犹太人区，然后再"进一步向东"转移。不管怎样，希姆莱在1941年9月18日告诉瓦尔特兰（Wartheland）总督阿图尔·格莱瑟（Arthur Greiser），元首希望让旧帝国与波西米亚和摩拉维亚保护国里没有犹太人。因此他打算，"尽可能在今年就作为第一步先将旧帝国和保护领地的犹太人运送到两年前新加入帝国的东部地区，并在明年春天进一步向东推移"[25]。这一行动导致本来就已经人满为患的利茨曼市犹太人区变成了流放德国犹太人的转运中心。然而，于11月开始的运输后来转向了明斯克和里加。

自从1941年9月开始，处理"犹太人问题"进入了一个新的阶段。其中，省党部头目们敦促要让他们的版图上"没有犹太人"起了导火索的作用。虽然戈培尔要求将柏林的犹太人迁移没有成功，但是它达到了让希特勒肯定9月8日作出的犹太人有标识义务的规定的目的。此外，部分迁移仍在继续。希姆莱决心推动这一事务。他试图通过设立泰瑞辛（Theresienstadt）集中营消除对流放计划的阻力。

与此同时，希姆莱对"犹太人问题"在帝国驻波兰占领区的解决施加了影响。设立犹太人区的进程在那里半途而废了，因此到1942年初的时候中小城市以及乡间还有很大

第三部分　第三帝国的危机和崩溃

一部分犹太人居住。东加里西亚（Galizien）起初是在军事管理下，这时划归给了帝国驻波兰占领区。在乌克兰民族主义者组织影响下，当地出现了大量针对犹太居民的袭击和屠杀事件，例如在斯坦尼斯劳（Stanislau，现为乌克兰的伊万诺—弗兰科夫斯克。——译者注）和塔尔诺波尔（Tarnopol）。相反，东加里西亚发生的事件辐射到波兰其他地区，从1941年10月起，在将犹太人迁入犹太人区进行隔离的过程中出现了大量枪击行动[26]。

加大迫害力度的至关重要的动力来自奥迪路·格洛博奇尼克（Odilo Globocnik），他当时是卢布林区的党卫队和警察负责人，希姆莱在1941年7月将规划和建设警察基地的工作托付给他，这些基地构成了由他推动的东部定居点计划的出发点。格洛博奇尼克为坐落在卢布林的党卫队军工厂和其他项目弄来的劳动力绝大多数是犹太人。与此同时，新任命的加里西亚区党卫队和警察负责人弗里德里希·卡茨曼（Friedrich Katzmann）推动了通往克拉科夫（Krakau）的面子工程四号干道的扩建，它后来被赞誉为"党卫军大道"[27]。因为没有其他人员可以支配而且国防军企业拒绝为这些野心勃勃的计划提供自己的劳动力，因此这些项目使用了犹太人，为了让他们有瓦遮头而建立了一系列强制劳工营，它们一直延伸到遥远的乌克兰地区。犹太难民在难以言说的恐怖条件下从事工作。四号干道以及卢布林营地的恐怖体系从一开始就旨在通过劳动毁灭犹太人。卡茨曼有意识地让尽可能多的被拘禁者因为受到不断的虐待和膳食不足死亡，以至于根据统计他们的寿命预期只有三到六个月。在强制劳工营地死亡者的数量达到数万人[28]。

监禁此前从事过其他工作的犹太人劳动力导致他们的家人无人供养。没工作过或者被视为没有劳动能力的犹太人被压迫得不到最低的生活保障。在极其可怜的条件下被一起关到犹太人区的犹太人家庭被德国当局视为安全风险和"瘟疫携带者"。按照德国占领者残暴的伪逻辑，让集中营里有工作能力的犹太人死去，但不找没有工作能力的人麻烦似乎是荒谬的。因此对他们进行清洗的考虑就迫在眉睫了[29]。格洛博奇尼克发起了这一倡议，并利用他与党卫队领袖的良好关系来为德国移民创造空间，他的理由是在正在进行的对波兰本土居民的迁移之外将犹太人从卢布林地区赶走，随着情势变迁，这只能意味着杀死他们[30]。接着，希姆莱先是试图将负责安乐死的元首个人办公厅主任、T4 行动（纳粹安乐死计划。——译者注）专家菲利普·鲍赫勒（Philipp Bouhler）派到里加，然后是卢布林，以便为清洗那里没有劳动能力的犹太人创造条件。起初它关系的是一个"试验性的行动"，因为当时对于采用什么方式杀人和可能的毁灭能力都没有具体概念。尽管如此，海德里希刻不容缓地将艾希曼派到了卢布林，以便对进展进行现场报告是很有启发性的[31]。

此前曾将 10 万犹太人迁出瓦尔特高的省党部头目格莱瑟同样考虑在 T4 的帮助下采取清洗措施。与此不同，在卢布林计划的"迁移"更多的是向系统地"最终解决犹太人问题"的过渡，而不是什么援助措施。在这里，在中期争取迁移到一个犹太人保护区内的考虑消失了。随着希姆莱批

第三部分　第三帝国的危机和崩溃

准，格洛博奇尼克从这时开始"认真不懈"地着手具体事宜。在1941年10月13日与他碰面的时候，这位帝国党卫军领袖批准了贝乌热茨（Belzec）集中营的建立并保证了T4的人力援助[32]。鉴于这一全权，格洛博奇尼克获得了弗兰克和帝国驻波兰占领区总督府主要代表的赞成[33]。接着，1942年春，另外一个集中营在索比堡（Sobibor）建立，后来则是特雷布林卡（Treblinka）。

帝国驻波兰占领区1941年秋末作出的决定迈出了为了系统毁灭犹太人而专门进行部分清洗的质的一步，起初是着眼于帝国驻波兰占领区。随着贝乌热茨集中营的建立，犹太人居民委员会（Judenraete）得到指示"将所有不具备生产力的犹太人和犹太家庭登记在册"[34]。这样将劳动力和非劳动力加以区分的原则就制度化了，它后来不久在奥斯维辛—比克瑙（Birkenau）被当做惯例使用。这与同一时期所争取的对劳动营和"供给营"（Versorgungslager）的区分相一致，没有劳动能力的难民因此被判了被饿死的缓刑。在瓦尔特高也有类似的考虑。

帝国驻波兰占领区和瓦尔特高发起的行动在某些方面领先了旧帝国意愿的形成。柏林的指挥中心还在放逐和清洗之间难以决定的时候，对地方的行动者来说事情却已经不是如此了。8月16日的宣传部会议说到"将无劳动能力的犹太人运到俄罗斯"或者是"干脆杀死"[35]，这表明，人们还没有解决的方案。就在1941年12月时，戈培尔还在日记中说，犹太人必须"首先从帝国范围内走开"，同时他搁置了流放应朝着哪个方向发展的问题："所有犹太人都应当向东流放。他们在那里变成什么样我们不可能有很大的兴趣。"这个嘲讽性的评论表明,对于具体的行事方式人们没有任何的构想[36]。

备受讨论的万塞会议也反映了海德里希的矛盾态度。会上恰恰没有讨论主动杀害的方法,而是讨论了让犹太人长期慢慢灭绝的可能:"现在,随着最终解决的进行,犹太人应当在相应的领导下以适当的方式在东部成为义务工。在男女分开的情况下、以大工作队为单位将具备劳动能力的犹太人带到这些地区修建马路,毫无疑问,很大一部分会通过自然减少而消失。"海德里希的这段讲话还不是针对几个月后启动的系统清洗的。然而,海德里希发觉,除掉"可能最终剩下的剩余人员"将是必要的[37]。

海德里希的阐述反映了加里西亚的情况,而且绝对不是对开始起步的灭绝政策的纯粹掩饰。海德里希将当时的措施与"未来最终解决"的远期目标区分开来。他认为,相当一部分犹太人会在劳动过程中死亡,并且说,应当"把撤出的犹太人先是一火车一火车地送到所谓的过境走廊犹太人区","以便从那里进一步向东运输"。所以说,全面的保护区方案的构想重新获得新生,因此在立刻灭绝和迁移到乌拉尔山另一边这两个选择之间的矛盾不决也再次出现,但是它很难被视为人道主义的替代选择。

海德里希的阐述——特别是通过艾希曼的转达复述——令我们认识到,在1942年1月时还没有具有实施能力的"最终解决"的整体计划。事实上,万塞会议两个星期之后,海德里希在布拉格对同仁讲话时才形成了这个远景:应

第三部分　第三帝国的危机和崩溃

将不能德国化的捷克少数民族流放到为盖世太保计划的北冰洋保护区并担当被流放到那里的1100万犹太人的看守。显然，他想的是，可以将古拉格（Gulag）集中营用于这些目的[38]。力争的"最终解决"是着眼于较长时期计划的，这与阿道夫·艾希曼几周后考虑到集中营的扩大而启动的欧洲范围的流放计划不同。同样，希姆莱在万塞会议几天之后下令，将10万名犹太被拘禁者而不是因为在营中受到可怕对待而有很大比例已经死亡的苏联战俘迁移到奥斯维辛（他打算把奥斯维辛扩建成一个被拘禁者军备中心）[39]。

系统毁灭

东线战争显示出转折的苗头，这使得将欧洲犹太人流放到乌拉尔山另一边的北冰洋地区的设想变得不合时宜，具体的近期目标和空想的远景目标相重叠，并融汇成奥斯维辛—比克瑙和其他集中营的核心的毁灭功能。其中，在战争条件下尽可能地推动对犹太人的杀戮的考虑也起了重要作用。对海德里希的下属——特别是对艾希曼来说，不管怎样，在万塞会议之后，不仅将旧帝国和保护区，也将西欧和南欧也纳入流放计划当中的道路通畅无阻了。一旦启动，毁灭装置就几乎是自动运转的了。而且，在德国占领区或者依附于它的国家里，卖国贼也并不少见。

就这样，政权走上了通往最终启动"最终解决"的道路。很多迹象表明，其切入点是1942年的三、四月份，也就是说在格洛博奇尼克在卢布林区的实验似乎经受住了考验之后。虽然从1941年10月起就显示出明显的激化，而且很

希特勒与20世纪德国

多迹象表明，人们对马上就要获得的对苏联胜利的欢欣雀跃在这方面起了影响作用。但是此时还需要这个专制者的一项甚至是持续不断的命令。在将犹太人流放到旧帝国之外的问题上以及希姆莱所争取的扩大犹太人的概念上，希特勒倒不如说保持了克制谨慎。这样的命令是在1941年12月12日在总理府举行的省党部头目会议上作出的——这一假设的可能性不大，而且万塞会议纪要所表明的倒不如说是相反的内容。

希特勒一直是"最终解决"的思想发动机，但是在具体决策的时候却宁可不发一言[40]。灭绝犹太人的目标一直处在纳粹政权政策的核心位置并主导着希特勒的思想，这一点是毋庸置疑的，而且，将犹太居民赶出德国的统治范围的意图日益增强。但是人们必须提炼出一个远远不止是个别杀害行动的解决方法，虽然大量的杀害行动是不成问题的。通过建立集中营（再加上卡茨曼的斩草除根政策），格洛博奇尼克指明了一条有效和可行的道路，正如艾希曼首次实地考察后所得出的结论那样。具有代表性的是，种族灭绝通过清洗在参与者眼中看来是多余的那部分犹太居民进行——他们没有与劳动进程融为一体，而是遭受着传染病和饥饿的折磨。为了对该行为进行似是而非的道德辩护，他们同样需要这样的捏造。大规模屠杀说到底是人道主义解决方案的假想也得以有悖常理地与之联系在一起。甚至在希特勒的"政治遗嘱"中也迷失这样荒唐的说法：灭绝犹太人，说到底要比盟国炸弹袭击德国平民更为人道[41]。

走向系统"最终解决"的突破在一个犹太居民比例特

第三部分 第三帝国的危机和崩溃

别高、居民反闪米特人立场突出和占领机构极其腐化的地区发生,这似乎是合乎逻辑的。对犹太居民的暴力活动正是在那里日益升级。清洗和大屠杀是家常便饭[42]。即使在卢布林区出现的集中营的杀戮能力起初还有限,但它们的存在仍旧打开了走向解决一个一直被推迟到那时的问题的道路,尽管大屠杀正在进行,但这个问题仍因为犹太人数量的庞大而存在。弗兰克在万塞会议的时候还坚持着未来继续"向东"流放犹太人的目标[43],但是现在看起来,罗森堡"自己动手清洗"的要求似乎是现实可行的了。希姆莱不得不让在T4人员帮助下的贝乌热茨集中营的建立看起来像是走出因为部分运出帝国区域而导致的、几乎是无法解决的堵塞问题的出路[44]。

在清洗前将有工作能力和不适合工作的犹太人区分开来,后来固定化为例行公事,贝乌热茨和卢布林地区的其他集中营可能是最先实行的。因为他们的毫无人性,纳粹帮凶形成了这一流程,这使之前还曾反对全面灭绝计划的执行者最后的道义或者伪道义顾忌都被一扫而空了。迈出实施大屠杀的质的这一步与希姆莱的向东迁移计划(格洛博奇尼克应为其做准备)密切联系在一起,这并非偶然。一旦断然作出这个决定,不加区分地灭绝犹太人的决定就昭然若揭了。

这并不是说,在之前的几个月和元首总部没有考虑过如何能解决掉德国人手上的所有犹太人。但是,这该如何进行,其方式和方法仍还模糊不清。"最终解决"必须从各种各样的灭绝行动中提炼出来。这要求——与卡尔·马克思对巴黎公社运动的分析类似——"终于找到的政治形式"。因此明确的语言上的规定是不存在的,即使希特勒自己也永远只是说流放出境。只要全部灭绝犹太人是一个单纯的行为远景,它也不可能是希特勒命令的具体内容。

至于道德层面,这个区分实际上是无关紧要的。但是,各种各样内在外在因素敦促全面灭绝(因为所有部分解决方案似乎都不合时宜了)的这个过程对于第三帝国意志的形成是具有代表性的。相互冲突的利益和迫不得已的境况、并不全面的考虑计算和意识形态的偏激狂热作用在一起,使得"最终解决"成为现实。

第四部分

第三帝国的抵抗运动

第14章 德国抵抗希特勒运动——总结

纳粹政权抵抗运动的政治面貌是以无数种抵抗行为变体为特征的。这关系到将不同的种类和方针政策的差异纳入考虑,但是将反抗和意图消除体制的抵抗活动进行精确地划分并不总是可能的。我们这里将所有超越部门领域反对的争取消除纳粹专制的努力都理解为抵抗。但是在论述它们的时候,处于中心位置的更多的是可以想到的替代纳粹统治的政治—社会选择是什么的问题,而不是颠覆在各自不同态势下都有什么机会的问题[1]。

欧洲各种形式的反抗和德国抵抗运动的根本区别在于,后者是迫不得已才与大部分国民的民族立场对立的。与此同时,恢复被普遍认为是失败的魏玛帝国宪法的回头路因为多方面的原因被阻住了。因为希特勒至少在其执政的头几年里成功获得了相对广泛的国民支持，所以这种抵抗无法指望自发的同情，并为自己招致了出卖民族利益的仇恨和憎恶。因此它是一场没有人民的抵抗[2]。

同时，从共和国后期四分五裂的党派形势产生了反对团体方针政策上的极端化，这种状况直到后来才被遏制[3]。一方面它关系在共和国后期依据社团（Verband）形成的抵抗组织，它们主要包括政治左翼，其中在社会民主主义者和在德国共产党之外坚持下来的革命组织之间从一开始就显示出裂痕。在《授权法案》通过的时候社民党还醉心于这样的幻想当中——虽然组织不会在国家继续存在，但是——与俾斯麦的《反社会主义非常法》（Sozialistengesetz）类似——议会党团会继续存在下去，而这时德国共产党领导人已经及早决定建立一个非法机构，不再等着党被正式禁止了。

然而这一举措进行得心不在焉。在1933年1月30日之后，德国共产党还号召进行公众示威游行，并像到此前所做的那样收取党费。这减小了政治警察（后来是盖世太保）的工作难度，每每在这些非法的德国共产党组织试图与前社民党或者是资产阶级阵营联系的时候，政治警察（盖世太保）就会将其破获。共产国际预期纳粹政权不会长期存在，并希望中下阶层会在接下来的革命形势中转而加入无产阶级阵营——这是一个灾难性的错误判断。因此非法的德国共产党直到1939年都坚持着建立一个覆盖整个地区的地下机构的目标，这个地下机构应当成为在短期内转变成一个群众性

第四部分 第三帝国的抵抗运动

政党的骨干。这也被证明是空想,并导致共产党在纳粹统治早期不得不付出巨大的血的代价。虽然最后转移至布鲁塞尔和巴黎的总部成功维系住了自己的成员,但是扩大群众基础并将失望的社民党人争取到自己身边的打算全线失败了[4]。同样,它也没有能力有效避免德国劳动阵线蛊惑人心的宣传——瓦尔特·乌布利希(Walter Ulbricht)为其打造了"精神上的社会主义"的概念[5]。

在流亡布拉格的党领导层领导下重新组建的流亡社民党(SOPADE)试图通过在南德和萨克森成立边境秘书处来与帝国境内党的前干部建立联系。然而,因为盖世太保间谍成功打入布拉格总部,这结果被证明是灾难性的。相反,大量社会主义抵抗组织形成,它们部分来自立场比社民党更左的德国社会民主共产党(SDAP)和国际社会主义斗争联盟(ISK, Internationaler Sozialistischer Kampfbund),部分——像"新开端"(Neubeginnen)这样的——组织则自行产生。这其中包括"革命社会主义者"、"德国人民阵线"和类似的非法联合,它们各自占据地区要害,行动相互独立[6]。

自由工会(Freie Gewerkschaften)在1933年5月2日之前进行了值得怀疑的与纳粹政权妥协的尝试,并在很大程度上缺席了抵抗运动。如果工会成员投入抵抗运动,那这通常是与德国共产党联系在一起的。1933年4月成立的联合工会领导圈保持了非正式的形式,并在1938年与资产阶级反对派建立了联系。社民党抵抗组织在同一时期内逐渐被击溃,或者是作为歌手或者体育组织保留下来,不再在政治场合出现。只有德国共产党坚持不懈地一再对革命骨干进行改组,但它们通常都被盖世太保粉碎。与革命派阵营不同,社民党改革派看不到采取反对行动的出发点。在源自工人运动的抵抗因为盖世太保1938年加强了镇压而屈服的同时,天主教青年组织(katholische Jugend)的反对团体成功地将它们的活动继续到了1941年。

与之相对,保守的资产阶级反对派组织起来的时间明显晚得多,如果撇开赫尔姆特·詹姆斯·冯·毛奇的朋友圈子或者诸如埃瓦尔德·冯·克莱斯特—施门津(Ewald von Kleist-Schmenzin)这样第一时间起来反对的零星的先行者不算的话。直到1938年夏,随着希特勒决心对捷克斯洛伐克开战,他们多数人都欢迎的1933年"民族奋起"的成果和德国在政治和军事上的重新强大似乎被草率地当成了赌注的时候,这些人当中才出现抵抗。

1938年秋,在引退的总参谋长(Generalstabchef)路德维希·贝克倡议下,外交部周围形成了一个资产阶级保守派抵抗组织。它在两个方面与继魏玛共和国组织形成的反对派存在着差异。自1938年秋组织起来的资产阶级反对派以私人交际圈为基础,并从社会的边缘和利基地带出发从事活动。其中,原本一脉相承的普鲁士贵族的联系但还有高级官员起了重要作用。因此,民族保守主义抵抗(它因为立场以占优势的民族主义和旨在保守主义复辟的立场而有了这个名称)在很长时间内避开了盖世太保的注意,后者没有把他们在上层社会的批评言论当回事。

与第一阶段的反对的第二个根本差异在于,回到魏玛到这时已不再在考虑之列,特别是因为反对派的右翼将国家社

第四部分　第三帝国的抵抗运动

会主义的崛起归咎于议会制民主的所谓缺陷和社会"失去个性"。此外，放弃魏玛宪法是在几乎涉及所有欧洲大陆国家的议会制度瓦解的背景下发生的，在法国，该制度在莱昂·布卢姆（Leon Blum）的人民阵线政府实验之后陷入严重危机，并在失败之后为贝当（Petain）元帅领导的极权政府所取代[7]。这些事件体现在了民族保守主义抵抗运动的组成上。除了以汉斯·罗宾逊（Hans Robinson）为首、成员大部分来自"克莱骚圈"的组织之外，抵抗运动中没有自由中间派的身影，罗宾逊因为是犹太人而在1938年不得不移民丹麦[8]。魏玛共和国的职业政治家只在例外情况下可以见到。其代表人物——如康拉德·阿登纳或者是特奥多尔·豪斯（Theodor Heuss）——拒绝合作，因为他们看不到颠覆计划现实的政治前景。拥有议会经验的只有尤里乌斯·勒伯尔（Julius Leber）——卢卑克（Luebeck）的工人领袖和多年的帝国议会议员以及属于全德工会联合会领导圈子、此前担任黑森州州长的威廉·洛伊施讷（Wilhelm Leuschner）。

很有代表性的是，在"七二〇"运动当中占优势的是一些在政治上德高望重的人，他们通常是高官、外交官或者军官，而学者、工业家和商人不见踪影，两大教派的高级神职人员也站得远远的。反叛者大多自认为国家公仆，最初他们认为自己以国家的名义行动是理所当然的。卡尔·弗里德里希·格德勒争取基督教和社民党工会成员的支持只是附带性的，他们把科隆的凯特勒之家（Ketteler‑Haus）作为会面的地点。与这些联合起来的工会领导代表——其中包括威廉·洛伊施讷和雅各布·凯泽（Jakob Kaiser）——会合在一起的还有马克思·哈贝尔曼（Max Habermann），他曾领导过德国商店职员联合会，并且是工会的民族主义派代表。从这里他们和前中央党领导建立起了联系，特别是约瑟夫·维尔默（Josef Wirmer）和约瑟夫·埃尔辛（Josef Ersing）。

在格德勒春天与英国政治家建立了联系之后，他们向他提出了这个问题，"除了将军们之外他的背后还有谁的支持？"此后，格德勒开始接触工会团体。尽管工会领导人在国内的支持者有限，但格德勒仍通过与他们建立联系完成了一个重要的举措，他使抵抗运动走出了前政权职能行使者的小圈子。然而，工会领导们类似官员的心态在很多方面与受保守主义影响的格德勒的支持者的态度相一致，比方说乌尔里希·冯·哈塞尔或者约翰内斯·波皮茨（Johannes Popitz）。威廉·洛伊施讷取得产业工业支持的要求遭到特别是尤里乌斯·勒伯尔和卡洛·米伦多夫（Carlo Mierendorff）的怀疑审视。另外，盖世太保体会到，洛伊施讷在柏林工人圈的受欢迎程度是不可阻挡的，那里的人说他是下一位帝国总理[9]。

工会成员在"七二〇"运动中首先自视为工人阶级利益的代理人。洛伊施讷期望在军方进行政变之后将出现与库尔特·冯·施莱歇（Kurt von Schleicher）计划类似的对宪法的半独裁改革，为此他打算押上工会的利益，同时不让它们自身成为武力颠覆的杠杆。与1933年春的谈判类似，将工会纳入国家的情景在他眼前浮现，而且他的"德意志工会"（Deutsche Gewerkschaft）计划就产生自这一前景。它被设计为一个统一的工会组织，建立在强制所有就业者加入的

第四部分 第三帝国的抵抗运动

基础上。这被融入格德勒的规划当中,并使其具有突出的社团主义特征,工会对整个福利和工资政策有至关重要的影响,并在经济政策上拥有否决权。

在外交部、国防军和公共管理机构活动的反对派的共同之处是防止战争。但是,当希特勒因为《慕尼黑条约》似乎一度与战争计划保持了距离的时候,在捷克斯洛伐克危机的关系下,这些相对迟疑的颠覆尝试在萌芽的状态停滞不前了。促使英国对希特勒采取坚定立场并接下来孤立他的外交努力全线溃败,而且在波兰战败之后这种可能再一次发生了。希特勒对法国的胜利最终使反对派送他去养老并向西方列强提议由赫尔曼·戈林担任帝国总理的计划成了无米之炊,并使他们陷入严重的危机。通过部分改革和换掉海因里希·希姆莱以及约瑟夫·戈培尔等对专制者影响特别有害的个别国家社会主义官员来进行补救的希望被证明是个错误,因此在除掉希特勒的情况下对政府进行彻底改组的前景也是同样。

在1940年秋之后重新形成、摆脱了野心勃勃的"同情者"(fellow traveller)的反对派从这时开始不再原则上排除刺杀专制者的可能性,尽管像格德勒等著名反叛者(在原则上否定抵抗权的理想主义国家传统影响下)直到最后仍对刺杀暴君的方式有怀疑。与此同时形成了一分为二的局面,民间反对派使力争的对政权的颠覆取决于军事政变。他们把很大的力气花在为未来内阁制定部长名单上,但没有为政治发动国民反对政权做任何的准备。因此反叛寄希望于军方政变形式的"从上(而下)的革命",接着启动一个民事过渡政府,但是它什么时候能通过选举获得合法地位就不得而知了。

与此相反的是"克莱骚圈",与民主保守主义团体相比,这个圈子里聚集的主要是年青一代的反对派,他们起初没有参与颠覆事件的计划。在他们的精神领袖赫尔姆特·詹姆斯·冯·毛奇的领导下,这个根据"克莱骚"庄园命名的抵抗组织为有朝一日纳粹统治制度瓦解进行着设想规划[10]。从毛奇的角度来看,纳粹政权处在一条异乎寻常的歧途的末路,它曾从变革开始,并在丢掉了西方的普世精神和放弃了人类的个人尊严的时候走到了末路。毛奇认为,这两者导致了隐姓埋名的现代理性国家(Anstaltstaat)的产生、工业资本主义对人力的掠夺式使用、国民广大群体的社会窘境和没有灵魂的物质主义消费社会。从这方面来看,纳粹政权似乎是整个欧洲错误发展的顶峰,这一发展将与政权同时走到历史的终点。

与卡尔·格德勒及其同道中人不同,对"克莱骚圈"来说这里关系的是一场根本性的、在他们看来是革命性的社会改革——以及在西方强调个人的资本主义和东方强调集体的社会主义之间走上"第三条道路"。该圈子的核心成员包括自称为社会主义者的一些名人,毛奇、彼得·冯·瓦滕堡(Peter Graf von Wartenburg)伯爵、亚当·冯·特罗特·楚·佐尔茨(Adam von Trott zu Solz)和弗里茨—迪特洛弗·冯·德·舒伦堡(Fritz–Dietlof von der Schulenburg)等。他们与卡洛·米伦多夫、特奥多尔·豪巴赫(Theodor Haubach)和阿道夫·赖希魏因(Adolf Reichwein)等改革派社民党知识分子关系密切,同时与耶稣派神甫阿尔费雷

第四部分　第三帝国的抵抗运动

德·德尔普和奥古斯廷·勒施（Augustin Roesch）过从甚密，他们拥护天主教团结一致并对该圈子的目标产生了很大影响。他们把他们所要求的政治和社会改革用"个人社会主义"的概念来概括。

毛奇期望有朝一日不仅能实现政权更迭，也能带来一个异乎寻常的新开端，不仅将德国也将整个基督教西方包括在内。面对纳粹法庭人民法院院长罗兰德·弗赖斯勒（Roland Freisler），他坚称，他和其他被告"只是考虑"而没有与具体的颠覆准备联系在一起。这是有意识地回到"克莱骚"最初所采取的立场——打算一直等待，直到政权自己筋疲力尽。在这个意义上，他在1943年1月时还强烈建议不要像格德勒准备的那样"过早（采取）颠覆行动"，因为全面反转的时间还没有成熟。当时对于格德勒可以听到这样怨恨的话，说他是反对派的"克伦斯基（Kerenskij）"——在"革命"迫在眉睫的时候他却在计划政变[11]。同时，在毛奇1944年1月被捕之后大多数"克莱骚圈"成员毫无保留地投身克劳斯·申克·冯·施陶芬贝格借"瓦尔基里"（Walkuere）行动有针对性推动的政变。纳粹统治继续存在下去将导致社会道德基础毁灭，并会导致"日耳曼布尔什维克化"，这将完全毁掉道德恢复的可能，这个考虑对此产生了决定性的意义[12]。

"克莱骚圈"在专家鉴定基础上提出的"新秩序原则"与格德勒提出的改革建议没有本质上的差别[13]。此外，很多迹象表明，从1942年开始，这两者的新秩序计划之间日趋一致。在不断把更多同道中人聚集在自己身边的格德勒的倡议下，在 1940 年和 1941 年之交时就已经出现关于未来国家形式和建立过渡政府的系统考虑，它们将从内政上为掌握在军方手中的政变提供保障。在《目标》意见书中，与路德维希·贝克、乌尔里希·冯·哈塞尔、约翰内斯·波皮茨和延斯·耶森（Jens Jessen）联系密切的格德勒提出了一种整体计划，它在自治思想的基础上赞成非集中制、计划了阶梯式的代表机构和两院制度并将职业原则考虑在内。特别是，其中放弃了延伸至市政层面的直接选举，从而有利于间接代表制度，并给了计划中的临时国家元首对组阁的决定性的影响力。

除了夸张保证不会受政党政策的影响之外，这一宪法建议具有突出的独裁特征，而且实际上会导致议会被广泛剥夺权力。其中反映了对议会运作被不负责任的煽动者所利用并成为迷惑煽动大众的平台的过度担心。草案也包括一些有问题的修改（其中包括家庭中的父亲的重复投票权），而且实际上会导致行政主管的强势地位，这些草案的过度转向暴露了它对政治后果缺乏认识。

克莱骚集团的计划因为坚持不懈地贯彻国家辅助原则而与众不同，并完全放弃了政治党派。格德勒在这方面考虑得更为现实一些，但是他希望能按照保守主义思想遏制政党纯粹的思想提供者功能。毛奇将初选放到自发形成的"小团体"手中的构想有些吸引人的地方。因为它将国家变成了大量在履行公共责任方面相互竞争的"小团体"的合作社，只把不可缺少的经济和国防政策领域的职责交给国家。该构想的实现会变成——并非本意的——小领导集团的特权化和

第四部分 第三帝国的抵抗运动

寡头政治,而且恰恰不会带来开放的精英的形成,这是显而易见的。尽管如此,毛奇试图用二者择一的政治形式来对抗现代国家暴力以及他争取解散传统民族国家、建立一个地区欧洲的果敢是令人赞赏的[14]。

通过强调自治和辅助,反对派的两个派系对完全的国家的苛求作出了回答,但是同时预先规定了经济和财政政策的中央调控,这只有通过欧洲大陆国家团结到一个跨国组织下、借助独立和直接选举的机构才能实现。不管是"克莱骚圈"还是格德勒圈的新秩序计划都争取建立一个其特权远远超过当前欧盟的欧洲国家联盟。从这方面来说,"七二〇"运动明确并面向未来地对民族国家原则说了"不",而且,为了使伙伴国的权利完全平等而放弃最初德国在欧洲国家联盟中具有优势地位的梦想,在这一点上该运动表现得十分坚决。对克莱骚集团来说,这是从德国和欧洲新秩序只有在整个欧洲基础上才可能的认识上得出的,而对于未来俄罗斯的地位则没有明确的设想。

人们曾希望将德国抵抗运动的经济设想视为社会主义市场经济的先驱,但是这只在十分有限的情况下适用。不管格德勒的思想还是克莱骚集团的设想都是从对劳资协定自主权和罢工权的严重限制出发的,它们争取的是在很大程度上"无冲突"的社会秩序,并希望通过原材料工业国有化尽可能地中和常规的社会矛盾。在工会问题上存在着清楚明白的战略差异。但是"克莱骚圈"接受过渡时期采用"德意志工会"的方案,就这方面而言它对格德勒和洛伊施讷宣传的工会模式作出了妥协。然而长期来看它们愿意回到将企业家和就业者连接到一起并给予后者相当大的企业共同决定权的企业社区（Betriebsgemeinschaft）原则上。

反对派对未来这一天的规划是在广泛禁止与西方思想交流的极权主义统治的雾霾下产生的。这解释了为什么像毛奇、特罗特和约克这样与英国私人关系密切的人仅仅是十分从属性地把盎格鲁—萨克森宪法奉为典范并使他们早期的跨大西洋友好关系变淡的原因。反叛者的思想发展由头至尾是受德国理想主义传统或天主教团结一致约束的，而且找不到通往受实证更大影响的西欧宪法思想的桥梁。

最初格德勒、冯·哈塞尔和波皮茨以为能大致接受纳粹政权造成的局面——政治党派瓦解、左派和秩序国家要素被打压。他们希望在貌似已经产生的白板上对宪法进行很大程度上不考虑历史困难的彻底改造。最晚到1943年，结束战争并不遥远的期待在欧洲各地出现的时候，这发生了改变，纲领貌似比民族保守主义反对派还要右派的自由德国民族委员会（Nationalkomitee Freies Deutschland）的出现是逐步再政治化的一个指标，其结果是在"七二〇"抵抗运动内，旧的和表面上已经消除的方向矛盾重新点燃了。这方面，毛奇1943年在土耳其之行中因为他突出的超级敏锐的政治意识而敦促他的对话伙伴适当地让左翼参与计划中的颠覆政府当中很能说明特点。

在同一时期内，在直到1943年10月去世之前一直担任"克莱骚圈"内社民党发言人的卡洛·米伦多夫敦促下，"跨党派民主人民运动"草案产生了，它应当作为"所有幸存和具有生命力的社会和民主力量的集合"在颠覆完成后立

第四部分 第三帝国的抵抗运动

刻诞生[15]。"七二〇"运动反叛者对米伦多夫的"社会主义行动"进行了认真和深入的研究,这样他们就迈出了从一个德高望重者的辩论联盟的基础走向将公众纳入具体政治行动中的至关重要的一步。这是长年政治学习进程的结果,它导致这些下定决心行动的精英们克服了最初的极权国家思想。

然而,不同反对派对米伦多夫方案的理解是不同的。格德勒想的是建立一个国家领导的群众组织,它至少能暂时遏制民族主义政治党派在新政权产生。相反,毛奇着眼的是自发的"小团体"(Gemeinschaft)的共同作用,这样就会形成一个决心悔过和回头的和平党派。而对立场务实的社会主义者来说,关键则是对颠覆政府的直接政治支持——因此也包括一个民主平台的建立。参与者(特别是在刺杀行动前特别忙碌的最后几个星期)无法再就跨党派人民运动的纲领达成一致,在格德勒圈基督教导向的要求问题上,倒不如说出现了与尤里乌斯·勒伯尔领导的社民党一派的决裂,这些使人注意到反叛运动所承受的日益增大的行动压力,但也证明了对来自共产主义竞争者的潜在威胁的顾忌。

在这幅图像当中,军方反对派的立场被排除在外,他们在克劳斯·申克·冯·施陶芬贝格的果断领导下保留了走自己道路的权利,而且他们不想把军事戒严的手段无条件让给平民反对派。他们没有任何为结束希特勒统治争取普通士兵支持的考虑。政变更多的是采取军事紧急状态的传统方法,而且预定将任命到防区的平民政治专员仍旧听命于指挥官。这次军事颠覆失败主要是因为施陶芬贝格和其他反叛者认为,军事命令途径无论如何都会正常发挥作用。同样,打算通过捏造一次"不知前线疾苦的党领导"的暴动企图使部队的誓言失效的尝试也失败了。

克劳斯·申克·冯·施陶芬贝格下定决心改变预定的颠覆内阁构成，使其向左转。他考虑任命尤里乌斯·勒伯尔为帝国总理，当后者拒绝之后又考虑任命威廉·洛伊施讷。他是否利用了最初计划的格德勒手上的声明还是个疑问，而后者否认军方有权干预政治。不管怎样，在7月20日之前的几天因为逮捕的威胁而行动自由严重受限的格德勒也看到，自己在政治上遭到孤立。与他关系密切的顾问汉斯·贝尔德·吉泽菲乌斯（Hans Bernd Gisevius）毫不顾忌地向美国驻伯尔尼代办艾伦·杜勒斯（Allan Dulles）告发说，施陶芬贝格是"工农政府"的支持者。然而，施陶芬贝格的东方选择是谈不上的。不管怎样，尤里乌斯·勒伯尔和赖希魏因建立联系有助于试探非法的德国共产党领导对颠覆事件的立场。这在政策上是正确的和必要的。

施陶芬贝格吸引到自己身边的反叛者小圈子决定进行刺杀，尽管没有任何盟国承诺说会容忍颠覆政府或者是作出让步，比方说通过开辟西线战场。"七二〇"颠覆计划的始作俑者亨宁·冯·特雷斯科说，为了重建德国的威望，刺杀行动不管怎样都必须进行[16]，这段被很多地方引用的话表明了一种临界状态，在这种状态下，反叛者为了结束希特勒绝无仅有的恐怖统治而不惜为自己招来出卖国家的仇恨。刺杀行动失败导致在一场变得早已没有意义的战争和一场纵情毁灭中死去的人比此前的战争年代还多，这是空前的。鉴于西方盟国在外交和军事上的僵化，在刺杀行动成功后组成颠覆政

第四部分　第三帝国的抵抗运动

府并避免一场内战的机会很小。但是尝试不能不进行。

上述对"七二〇"行动支持者群体的分析试图对主要的趋势进行总结并指出直接参与或者积极支持过颠覆尝试的主要人物。这一进程的诸多侧面只能一扫而过,尽管像"白玫瑰"、雪绒花海盗、"红色乐团"、佐尔夫(Solf)圈和反间谍机关中的抵抗组织等都值得深入阐述。同样,这里试图进行一种总结,所以没有详细着手研究特别重要的问题:一系列反叛者特别是军事范围内的反叛者卷入灭绝犹太人的问题[17]。对这点进行阐述会额外暴露一点:民族保守主义抵抗运动(很明显克莱骚是例外)是由原本服务纳粹政权或者明确对其抱有好感的组织支撑的。对德国反对派进行研究恰恰表明了非黑即白的描述可能是多么的没有益处,特别是当人们努力将反对派视为在国家社会主义控制下的德国其他可能的发展的万花筒的时候。

第15章　克劳斯·申克·冯·施陶芬贝格伯爵和德国抵抗希特勒的反对派

克劳斯·申克·冯·施陶芬贝格伯爵被视为德国抵抗希特勒运动的代表人物是有道理的。他站在1944年"七二〇"颠覆尝试的准备工作的最前列，并且也亲自进行了对希特勒的刺杀行动。如果他对希特勒的刺杀行动成功的话，那么为将一场早已输掉的战争毫无意义地继续下去而牺牲的几百万人就会幸免于难，中东欧广大地区也会免遭摧毁——不管是因为德国的"焦土"政策还是因为盟国的大范围轰炸或者是直接作战。

狼穴（Wolfsschanze）会议兵营（Lagebaracke）的爆炸只使希特勒受了点轻伤，而施陶芬贝格和弗里德里希·奥尔

第四部分 第三帝国的抵抗运动

布里希特、阿尔布雷希特·里特尔·默茨·冯·基尔海姆（Albrecht Ritter Mertz von Quirnheim）和维尔纳·冯·黑夫滕（Werner von Haeften）则在班德勒街的国防部大院（Bendlerblocks）内被匆忙拼凑起来的处决委员会按军法击毙。即便在那之后这位专制者也没有停止磨灭对反叛者的纪念的行动。海因里希·希姆莱命令一个党卫队突击队在夜里将埋在柏林圣马太教堂公墓埋葬的尸体挖出后焚烧并将骨灰撒到地里。今天在该墓地仍有一块纪念碑纪念这一事件。国家社会主义破坏对反叛者的记忆并除掉其家人的意图结果却相反。今天施陶芬贝格这位勇敢的刺杀者和1944年"七二〇"颠覆运动的领袖被誉为"另外一个德国"的代表人物和民族荣誉的维护者[1]。

施陶芬贝格是施瓦本地区一个德高望重的贵族家族的子孙，他是充满激情的士兵同时也是施特凡·格奥尔格（Stefan George）的仰慕者，后者在其作品中预言了德国的灾难。施陶芬贝格是德国国防军最有天赋的总参谋部军官之一。他对1933年1月30日表示欢迎，但是很快在内心上与纳粹政权保持了距离，并且很早就开始批评希特勒及其领导方式。从1941年6月22日袭击苏联开始，他就清楚了，德国正在向着军事失败前进。在1939年时他就讽刺说"傻瓜在作战"，但是他还希望，一旦赢得战争清除"褐色害虫"就将是可能的了[2]。在输掉莫斯科一役之后他还希望，竭尽全部力量就能纠正希特勒的错误决定。

其中包括下面这个要求：结束迄今为止对东部人民的压迫，让希特勒不仅摧毁苏联统治制度也摧毁俄罗斯国家并进行种族灭绝战争的计划告吹。在不能再对俄罗斯人民进行战争的信念上，施陶芬贝格是与亨宁·冯·特雷斯科少将一致的，后者先是担任中央集团军群（Heeresgruppe Mitte）的第一参谋长（Ia）主管指挥组织训练，后来担任过军事行动部门的负责人。在违背专制者明确意愿的情况下，这两位军官建立了一支俄罗斯志愿兵部队，目的是为反对遭人憎恨的布尔什维克制度的解放战斗争取苏联人民的支持。同时他们要求更好地对待俄罗斯平民和战俘，数十万战俘在"战俘营"（Stalag）内被饿死。特别是施陶芬贝格，他反对为了流放强制劳工而进行的追捕行动。然而施陶芬贝格和特雷斯科的设想没能得到实现。直到军事形势极度恶化，与俄罗斯战俘将军安德烈·弗拉索夫（Alxeji Wlassow）就建立志愿兵部队问题的谈判才开始，但是东线的崩溃抢先了一步[3]。

这样的认识构成了这些努力的背景：在莫斯科战败之后依然如故的损失越来越无法弥补，因此军事上的失败单是因为人口因素就不可避免。因此这30万俄罗斯志愿兵部队对东线德军来说也是不可或缺的，与1941年6月征战开始时相比，东线部队的人员只剩下了最初的一半[4]。

施陶芬贝格认为袭击苏联是一个在困境中采取的举措，并将其视为希特勒不可饶恕的错误。他一再强调，即便有更好的领导，这场征战也不可能坚持下来。在斯大林格勒战役之前，他就大力赞成出台一项和平决议——在帝国还存在军事和政治行动能力的时候[5]。因为他在总参谋部主要负责提供"后备人员"，因为国防军损失不断增大，达到了每个月10万人以上，每天将成千上万人送死，同时又看不到结束

第四部分 第三帝国的抵抗运动

作战行动的前景,这种自己也有责任的沉重负担令他心情压抑[6]。

因为被任命到总参谋部,施陶芬贝格得以进入军事决策中心,并且他认识到,希特勒奉行的战略日益对现有力量构成了苛求。担任中央集团军第一参谋长的亨宁·冯·特雷斯科通过影响军队指挥官实现高层架构改革(它将剥夺希特勒对行动决策的直接影响)的努力得到了施陶芬贝格的完全认同,他在1943年1月18日介入了对埃里希·冯·曼施泰因(Erich von Manstein)元帅符合同样精神、值得纪念但是完全未达到目的的说服活动中。拒绝了他并想把他派往前线的曼施泰因鄙夷地说,"他想让我相信,战争已经输了"。而施陶芬贝格——他经常为人们所引用的表达"将军阶层的铺地毯的人"(Teppichleger im Generalsrang)已经众所周知——评论说:"这不是一个陆军元帅的回答。"[7]施陶芬贝格不再沉醉于可以实现高层架构改革的幻想当中。他认为,通过全体将领的共同外交措施促使希特勒让步的普遍想法是空想,而且他的看法是有道理的,因此他后来认为卡尔·弗里德里希·格德勒的相应建议是不合理的,并且没有采纳。考虑到陆军元帅们的不作为,施陶芬贝格认为只有一条出路,那就是除掉专制者,因为这是唯一现实的避免彻底军事崩溃的机会。在1942年夏末的时候,他就曾对一位同事说,希特勒是"真正的责任人。只有消灭他,原则性的改变才成为可能。我愿意来完成它"[8]。在这样的信念下,施陶芬贝格与亨宁·冯·特雷斯科取得了一致,后者从1942年初夏开始建立起一个持反对立场的军官关系网,该网络的目标是通过刺杀的方式除掉希特勒[9]。在中央集团军区周围产生的第二股反对力量起初只与军方反间谍体系中以汉斯·奥斯特（Hans Oster）为首的抵抗组织有联系。但是特雷斯科在1941年秋天的时候就通过法比安·冯·施拉布伦多夫（Fabian von Schlabrendorff）与当时的总参谋长路德维希·贝克建立了联系（当时后者还打算试探最终与英国达成和解的可能）[10]，并从1943年起与贝克——并通过他与格德勒为首的平民反对派保持着密切联系。

是否要通过调到前线摆脱作为军事行动部门负责人一直压迫着他的决策压力，施陶芬贝格犹豫了片刻，但是他留在了军事决策中心。当他出人意料地被任命为突尼斯第10装甲部队第一参谋长时，他参加了北非的艰苦战斗，但是委任在几个星期之后就因为他在1943年4月7日受重伤而结束。这丝毫没有改变他继续积极投身除掉希特勒的决心。尽管复原得还不够，但是1943年10月1日他就在班德勒街就任了国防部陆军署负责人，并迅速走到当时由特雷斯科和奥尔布里希特推动的叛乱准备工作的核心。

短暂的恢复期加强了施陶芬贝格结束战争一事不能再拖延下去的信念。1943年5月在与他的叔父于克斯屈尔（Uexkuell）伯爵谈话时他表示，"将军们至今什么都没做到，现在必须上校们出面了"，并且他以书信的形式告诉奥尔布里希特有3个月"可供支配"[11]。8月时，奥尔布里希特和特雷斯科就向其透露了他们拟定的颠覆计划，该计划意在利用为在帝国范围内生活的800万强制劳工进行抵抗的情况而制定的行动计划——"瓦尔基里"行动。这个绝妙的

第四部分　第三帝国的抵抗运动

颠覆计划的幌子使部分军事机构参与到后勤准备工作当中。11月当特雷斯科被调到前线的时候，颠覆的准备工作则主要由施陶芬贝格进行了，尽管伤势还有影响，但他显示出非同寻常的精力和活力并成为反叛的核心。

施陶芬贝格没有把计划的反叛理解为"抵抗"（他避免使用这个表达方式），而是将其理解为"民族奋起"。明确在他眼前的是普鲁士军事改革家奥古斯特·奈德哈德·冯·格奈泽瑙（August Neithardt von Gneisenau）这个榜样，这主要是因为施特凡·格奥尔格思想的介绍[12]。他与一起参与颠覆的哥哥贝托尔德（Berthold）一起考虑进行全面的革新，它"应当触及与1918年和1933年完全不同的生活层面"。他认为，在盟军登陆法国之前的时候结束战争是必要的——也就是说，帝国还没有失去军事行动能力的时候，这场战争恰恰不是为了建立一个有益新秩序而进行的，因此形成了一场"毫无意义的犯罪"[13]。

施陶芬贝格首先自认为是军人，而且军事上的考虑构成了其行为的出发点。但是，促使施陶芬贝格毫无保留支持反叛并且最后实行刺杀的军事动机却与人道主义考虑有着极其密切的联系。他辛辣地讽刺他的军官同事无思想无道德，他们在信赖元首的同时享受着假期和升迁，但是忘却了"本身的职责"。他强烈抗议对东部工人的奴隶化、已经开始的对犹太居民的毁灭和国防军对苏联战俘的不人道对待。纳粹政权在东方铤而走险的毁灭政策不仅在军事上产生不良后果，而且伤害了民族的荣誉，这促使他毫不犹豫地行动。

基于他的基本军事态度，施陶芬贝格强调军官的政治和社会责任,他认为军官是国家公仆而不是职业性的,而且他认为军官是"国家的根本代表和民族的真正化身"[14]。这种"黩武主义"源自对普鲁士改革的理想主义看待,它恰恰与他每天所体验到的相反:他每天面对的是普鲁士军事传统因为血腥残暴和道德冷漠而衰落。在追忆格奈泽瑙的同时,他断然拒绝广为流传的军官作为纯粹的军事工程师的形象,并对军官采取社会行动和承担政治责任的义务进行了大力强调[15]。

与和他关系不错的冯·廷根(von Thuengen)男爵相反,他为军队提出了参与政治领导的要求;反过来,他谴责将军们的无能,辛辣地称他们是"将军阶层的铺地毯的人"[16]。他咄咄逼人地说明军方要求走到颠覆的最高领导位置并且不仅仅是做跟班的理由,并强调说:"我们既是军队的领导、也是人民的领导,而且我们将把领导权拿到手中。"[17]施陶芬贝格、他的两个哥哥和其他反叛者这种与意志力相伴的自信心是颠覆尝试虽然面对内外阻力仍旧成为现实的至关重要的因素。

施陶芬贝格让军队扎根国民的设想令人想到普鲁士的奋起,在尤里乌斯·勒伯尔(他很快就与其成为思想上的密友)看来,它也具有历史典范的特征并且是德国历史上的一个关键阶段。他们与追溯普鲁士改革遗产的卡尔·弗里德里希·格德勒及其并肩作战者的差异就在这里。施陶芬贝格对武装力量的浪漫主义看法反映在下面这一考虑上:军官们不能像1918年11月那样不发挥作用,而且主动权不能被人从手上拿走。施陶芬贝格论证说,国防军说到底是"我们

第四部分　第三帝国的抵抗运动

国家最为保守的机构",但是它"同时扎根于人民"[18]。出于这一看法,他认为国防军的职责不仅是要防止面临的失败发生,还要保护国家免于崩溃[19]。从中产生了下面这个必要性:借助过渡性质的军事紧急状态保证回归到法治和秩序状态,以便抵消预期的阻挠力争实现过渡政府的力量。

另外,施陶芬贝格颠覆计划的一个明显弱点在于,其成功首先取决于军事命令颁布链及其服从的状况要保持完好无损。在军事紧急状态没有遇到较大阻力得以实现的巴黎和维也纳的情况的确是这样,但是在帝国范围内却不是这样,在那里,尽管刺杀行动失败,军区指挥官们对于总部颁布的命令仍旧不予执行或者只是拖拉执行[20]。

与赫尔穆特·冯·毛奇的设想相反,"政治专员"们隶属于军事指挥官并且1860年普鲁士紧急状态规定似乎重新得到了贯彻实施,这很有代表性[21]。因此这里关系的是一场自上而下的军事革命。在某种程度上甚至连为颠覆发动国民和普通士兵的准备都没有,起初颠覆应当在捏造希特勒被"不了解前线的党领导"杀死之后产生。平民反叛者催生跨党派人民运动的讨论没有得到在最后阶段紧密合作的施陶芬贝格和贝克的任何回应。在当时的条件下,除了依靠军事极权国家之外可能的确没有别的选择,特别是反叛者们起初还希望坚持东线战争。

1943年初首批刺杀计划失败之后,施陶芬贝格越发进入到反叛运动的核心,特别是在赫尔姆特·詹姆斯·冯·毛奇1944年1月被捕之后。这也与日益变得紧张的军事形势和纳粹政权对内对外的一致极端化有着密切关系。毛奇在

希特勒与20世纪德国

1943年初说服不同的反叛组织时说，颠覆的时机还不成熟，但是他的被捕尤其使"克莱骚圈"成员与施陶芬贝格建立起联系，并开始积极支持其刺杀计划，这与其最初不参与具体的刺杀准备工作的打算相反[22]。亚当·冯·特罗特·楚·佐尔茨、约克·冯·瓦滕堡（Yorck von Wartenburg）、弗里茨—迪特洛弗·冯·德·舒伦堡特别是尤里乌斯·勒伯尔这时都是反叛小集团的成员。

与此同时，路德维希·贝克担当起四分五裂的平民反叛圈子的领导任务。贝克在斯大林格勒战役之后得出了除掉暴君的结论，并全身心支持奥尔布里希特和特雷斯科的颠覆计划。贝克通过奥尔布里希特与施陶芬贝格——他的前下属建立了密切的私人关系并取得了思想上的广泛一致。两个人在国防军政治领导角色问题上的见解完全一致，尽管其来源有所不同。因此贝克得以成为施陶芬贝格与平民反叛组织的主要联系人，并且得以限制倔强的格德勒的领导要求，后者认为他的任务主要在于阻止"将军们采取某些政治行动"[23]。

施陶芬贝格利用因为不断推迟刺杀而出现的延迟来扩大反叛在军事机关中的基础，同时加强与平民反对派的接触。起初误解并不少见。例如，他对威廉·洛伊施讷的亲信赫尔曼·马斯（Hermann Maass）的话（不能抛弃"贵族的历史成就"）就导致了相当严重的猜疑[24]，而反之，约瑟夫·维尔默的保证（"不管从哪个方向看都不应再热情洋溢地赞誉旧情形"）明显令施陶芬贝格安了心[25]。

无疑，施陶芬贝格坚决拒绝回到"魏玛状态"以及党派国家的议会体制。他受到法团主义（korporatistisch）思想

第四部分 第三帝国的抵抗运动

的强烈影响，并与新保守主义思想越走越近，这种思想在"克莱骚圈"就占据着主导地位。在考虑到格奈泽瑙时，他考虑"产生一个可以支撑国家的阶层并使它如此强大，以至于它有能力进行明智和坚定的领导"。在劳特林根（Lautlingen，原文为 Lautling，但应该是指施陶芬贝格家族所在地Lautlingen。——译者注）的商讨中处于中心位置的家长式作风后来在多大程度上退到了次要位置不得而知。通过对社会要素的强调，他的政治世界观显示出与"普鲁士社会主义"思想的某种亲缘关系。

同时不管是施陶芬贝格还是贝克都没有直接参与平民反对组织的计划。对这两人来说，享有优先地位的是行动的必要性——这一点他们与社民党人尤里乌斯·勒伯尔是一致的。因此不管是贝克还是施陶芬贝格都避免令与预定将担任帝国总理的卡尔·弗里德里希·格德勒的紧张关系升级[26]。这位莱比锡前市长认为军方纯粹是资产阶级反对派的执行机关，这是以对政治和作战形势值得怀疑的评估为基础的。施陶芬贝格不理解格德勒对正在消失的外界活动空间的天真误判及其"嘈杂的"表现。尽管如此，他仍努力进一步与格德勒加强联系，虽然后者仍旧拒绝采取刺杀的方式并在被捕期间转而持这种见解：从行动的失败中可以看到神意裁判[27]。

施陶芬贝格起初试图在考虑到预期的德国共产党影响的情况下让颠覆政府的组成更多地向左转。对威廉·洛伊施讷和尤里乌斯·勒伯尔（施陶芬贝尔更赞成他而不是格德勒当帝国总理）的忠诚使得他继续坚持让格德勒来担任帝国总理职务。尽管如此，格德勒仍感到自己在政治上遭到孤立，并且越来越怀疑地看待施陶芬贝格，而有鉴于盖世太保的监视，施陶芬贝格避免进一步会面完全是有理由的。这导致格德勒的亲信、争取在未来颠覆政府中的领导位置的汉斯·贝尔恩德·吉泽菲乌斯密谋策划反对施陶芬贝格，并这样向美国驻伯尔尼代办艾伦·威尔逊·杜勒斯（Allen Welsh Dulles）抹黑说，施陶芬贝格为"东部解决方案"（Ostloesung）说话并力图建立一个"工农政府"。这充其量可以以与施陶芬贝格会面时的误解为根据[28]。

在后来民主德国历史学家夸大其词的此类推测中，只有下面这些是真实的：将自由德国民族委员会的出现理解为政治警告信号的施陶芬贝格同意了尤里乌斯·勒伯尔和阿道夫·赖希魏因发起的倡议，与德国共产党非法领导建立了联系，以促使他们对颠覆政府采取容忍政策。赫尔姆特·詹姆斯·冯·毛奇在1943年底会见美国外交代表并争取西方盟国对过渡内阁力争向左转能有更多的理解，这一努力走的也是同一路线[29]。相反，施陶芬贝格在任何时候都没准备将与苏联达成协议纳入认真考虑的范围，而是希望能将东线稳定到西方盟国到达的时候。

但是所有促使西方妥协的考虑以及最后时刻通过马德里建立的接触努力全线失败了。对开启西线的模糊希望不得不打消。与仍旧沉醉在外交幻想中的格德勒相反，施陶芬贝格完全清楚，亚当·冯·特罗特也还一直梦想着的外交解决没有成功的前景，提交了一份令人清醒的形势分析的奥托·约翰（Otto John）令他更加确信了这一点。尽管存在着这一切

第四部分　第三帝国的抵抗运动

不利因素,但是为了德国在世界上的名誉,颠覆必须大胆地进行。他与路德维希·贝克一致认为,"单是出于道义上的原因,为了德国",刺杀行动也必须进行[30],即便成功的希望极小。

在1944年7月20日他随身携带后来在盖世太保的一份总结中流传下来的笔记中,施陶芬贝格写道:"当前的政权没有权利把全体德意志人民也拉入到他的灭亡当中。在政权更迭之后,最重要的目标是德国还是力量对比中一个可用的势力因素。"这份显然是在1944年6月6日盟军登陆法国北部之前产生的记录从纳粹政府的失败中得出一个结论:"俄罗斯征战形成了整个军事发展尾声的开始,它从下令杀死所有委员开始,并随着让战俘饿死和为了争取平民劳动力而进行的追捕而得以继续。"[31]施陶芬贝格在其他地方指出了对犹太人的杀害和对少数民族所采取的暴力政策。这份被冠以《备忘录》题目的卷宗令其行为的军事和人道主义动机的内在统一清晰地浮现在人们眼前。其中的一个根源在于他对"真正普鲁士本质"的信奉,"自由的观念"与其密不可分地联系在一起,正如他在人生道路上给予他的儿子的那样。对下属士兵的责任感、民族荣誉感同样还有对日益增多的腐败(它在希特勒个人身上达到顶峰,但也是制度与生俱来的)和为暴力歌功颂德的道义上的愤怒促使他行动起来。如果不是他坚强不屈的行动决心、他的道德力量和为德国牺牲生命的意愿,1944年7月20日的刺杀行动就不会发生。对后人来说,能做的只有满怀着崇敬和自豪之情让他鲜活地留在我们的记忆当中。

第 16 章　卡尔·弗里德里希·格德勒在 1944 年 "七二〇" 运动中的地位

卡尔·弗里德里希·格德勒在 1944 年 "七二〇" 运动的形成过程中扮演着关键的角色，而且是平民这一系的代表人物。作为莱比锡的市长，他被视为德国主要的地方政治家之一，并在德国城市联盟（Deutsche Staedtetag）发挥着决定性的作用。1931 年他退出德国民族人民党，他认为阿尔弗雷德·胡根贝格领导下的该党激进的阻碍路线是错误的[1]。他很早就支持帝国总理海因里希·布吕宁及其为了 "实事求是政策" 放弃政党国家的决定，并担任了负责物价的帝国专员的职务[2]。

在布吕宁下台之后，他没有进入冯·巴本内阁，事后格

第四部分　第三帝国的抵抗运动

德勒认为这是个错失的良机。后来在阿道夫·希特勒领导下形成了民族集中内阁，他没把这一变化视为彻底的转折，因此他在1934年11月再次担任了负责物价的帝国专员一职。他试图接近帝国政府，同时参与了有关城镇章程改革的决定性咨询，这导致《德国城镇法》（Deutsche Gemeindeordnung）在1934年通过，同时没能阻碍由该法所确定的国家社会主义工人党在城镇层面享有优先地位。

从力争财政平衡的角度出发，他赞同关闭国会并消除政党国家（指党派发挥重要作用的国家）[3]，而且他在多个范围广泛、写给政府的意见书中支持继续布吕宁的通货紧缩政策。尽管他的见解与希特勒内阁所采取的经济政策路线互不相容，虽然他对国家社会主义工人党的腐败做了种种批评，但他仍忠于纳粹政权，他眼前浮现的是纳粹政权在国家主义——独裁意义上的退化萎缩。

这也适用于1936年11月26日他从市长位置上退下来之后。格德勒虽然在春天已经与弗里德里希·克虏伯（Friedrich Krupp）公司讨论过加入董事会的问题，但是在他很有说服力地再次当选为市长之后则搁置了这一事宜[4]。然而与帝国政府在维护城镇自治问题上的分歧不断加剧。他在1936年9月17日关于四年计划的重要报告对希特勒和戈林的扩军计划造成了阻碍，并导致他在政治上遭到孤立[5]。因此他作为主要的地方政治家的地位眼看着无法保住了，因此被迫辞去市长职务也是可以预见的了。

格德勒辞去莱比锡市长职务的表面原因是在他逗留赫尔辛基期间违背他意愿进行的莱比锡的门德尔松—巴尔托尔迪

希特勒与20世纪德国

(Mendelssohn—Bartholdy) 纪念碑被拖走事件。当地国家社会主义工人党组织的此次对德国犹太作曲家的袭击事件对格德勒来说特别重要,因为他在此前的几年里一再致力于同化犹太人,即使犹太人立法给他的空间很有限[6]。但是决定性的辞职原因是,鉴于国家社会主义工人党的压力不断加大以及从这个时候起帝国政府不再给予支持,格德勒的地位变得难以为继了[7]。

他未曾中断的做事的强烈欲望以及与柏林政府保持接触的努力促使他在西门子公司的帮助下并在赫尔曼·戈林的批准下进行了大量的海外出访,其私下的意图是对外交决策进程进行影响。格德勒1938年秋寄存在纽约的一份意见书反映了他对德国内政清醒和失望的程度。意见书中说,国家社会主义工人党对权势的野心使德国失去了"法治国家的特性",并导致公共道德产生深刻的危机,但格德勒的批评仍仅限于体制,并没有针对"国家领导"——以及阿道夫·希特勒。

1938年深秋的一份基本报告从经济政策出发,绘制了即将来临的内政危机的全景,并要求重建权利保障——特别是基本权利。报告中包含对纳粹制度的全面批评,并赞成进行彻底的宪法改革以及恢复地方和地区自治。此外国家社会主义工人党在公共法律方面的垄断地位也应当消除。"希特勒作为个人专制者在历史上和客观上是可以设想的",他在报告中说,"但一个政党的专制却是不可想象的"[8]。其中反映了正在形成当中的反对派也抱有的幻想,那就是人们可以将国家社会主义工人党和党卫队这一方面与专制者这另一方

第四部分　第三帝国的抵抗运动

面区分开来。

格德勒在完成海外出访后写的大量意见书针对不同的对象，但是也有自我厘清的作用。其中，在格德勒看来，关键是突出强调，西方国家原则上愿意与德意志帝国达成和解，同时也警告它们不要低估德国。他努力的核心是争取避免战争冲突。但是这与主张内政改革和批评腐败及道德沦丧联系在一起，这一点他与20世纪20年代的保守主义文化批评是完全一致的。但是他乐观的基调占据了主导，这让他直到1939年还希望能在政府中担任要职[9]。

尽管他对现政府的批评越来越多，但是格德勒充其量只是间接参与了1939年9月的反叛活动，但他与路德维希·贝克、汉斯·奥斯特、威廉·卡纳里斯（Wilhelm Canaris）和恩斯特·冯·魏茨泽克（Ernst von Weizsaecker）为首的反叛组织保持着接触[10]。尽管他对《慕尼黑条约》的成果评价是负面的（毕竟他的能促使英国政府采取坚定立场并教训希特勒要守规矩的考虑失败了[11]），但他一直还为能促使帝国政府让步、防止战争的希望所支持。即便在波兰战争开始之后这仍旧是他的方针政策。在反对战争扩大的努力方面，他与贝克和冯·哈塞尔是一致的，而且他认为下面这种情况会是个机会，英国或者美国能向希特勒提出一个他不得不接受的和平提议，而如果希特勒不想拿自己下台来冒险的话就不得不接受该提议[12]。此类的推测表明了正在形成的反对派的走投无路，这很有代表性。在战胜法国之后，这个反战党派分崩离析了。但是格德勒仍坚持他的立场，它由德国中期将输掉这场战争的信念所支撑，战争在道德、政治和经济方面带来的后果只能以灾难告终。

格德勒撰写的数量多得非同寻常的关于内政外交形势的记录、意见书和反思可以被看做缺乏行动可能的表现，因此也可以被视为对缺乏实际打造机会的补偿。然而，突出的道德特征和在某些方面的乌托邦特性直到 1939 年之后才成为格德勒文章的独特特征。他的作品反映了由内部改变纳粹政权的机会越来越小的真相。格德勒亲自交谈过的阿登纳无论如何都不对此表态[13]；说到底，他对事态的现实见解与格德勒过于乌托邦的评估无法统一，而且他还洞悉到，在回到魏玛共和国的道路似乎被堵上之后没有看得见摸得着的切入点存在。

令人印象深刻的大量书面意见之外是格德勒挖掘和维系同道中人的不懈努力，从 1942 年起则是为计划中的颠覆政府进行的具体的人事安排上的考虑。前者很难描述，因为特别是保持和维护个人接触和对颠覆计划的主动知情之间的界限是很难分清的。违背常理的是，这个十分松散的争取支持者的形式（从密谋的角度来看它似乎问题重重）在很多方面使平民反对派免遭盖世太保的抓捕。中上阶层资产阶级的不满这个安全机构绝对是清楚的，但是它没真的当回事，与此同时共产主义反对派的任何骚动却都招致了立刻的干涉。然而，格德勒在施陶芬贝格刺杀行动前几个星期有时候过于坦率的表现被视为对计划中的行动的威胁。因此施陶芬贝格在这个时候已经不再考虑顾及格德勒了[14]。

格德勒的人际关系具体范围有多广以及如果颠覆成功它们会有什么样的重要性，这很难描述。它的起点是与路德维

第四部分 第三帝国的抵抗运动

希·贝克亲密友好的关系，它很快得到与乌尔里希·冯·哈塞尔和约翰内斯·波皮茨密切接触的补充，并由此产生了与延斯·耶森的联系。同样，与持反对意见的外交事务成员的联系也很早就产生了，该群体在 1938 年 9 月赞成防止对捷克斯洛伐克战争的发生[15]。重要的是与赫尔曼·凯泽（Hermann Kaiser）上尉的接触，凯泽慢慢有了与正在形成中的军方反对派的联系人的作用。与工业界例如克虏伯和罗伯特·博世（Robert Bosch）的联系还不能意味着他被纳入抵抗运动当中，对于抵抗，这是他还没有下最后的决心。这也适用于格德勒可能是通过博世而与莱奥·贝克（Leo Baeck）建立的联系[16]，同样还有与州主教奥菲尔·武尔姆（Theophil Wurm）的联系。

1941 年格德勒和科隆工会组织特别是与威廉·洛伊施讷和雅各布·凯泽建立的关系具有根本性的意义。这个由洛伊施讷、雅各布·凯泽和马克思·哈贝尔曼（格德勒定期与他们进行思想交流）领导的小范围工会组织的背后有着相对广泛的同情者群体，例如在尼古劳斯·格罗斯（Nikolaus Gross）和伯恩哈德·莱特劳（Bernhard Letterau）领导下的科隆工会组织，还有特奥多尔·布劳尔（Theodor Brauer）、约瑟夫·维尔默、欧根·博尔茨（Eugen Bolz）、约瑟夫·埃尔辛这些前中央党成员，他们又通过劳伦丘斯·西默尔神甫（Pater Laurentius Siemer）与瓦尔伯贝格（Walberberg）多明我会修道院保持着联系。洛伊施讷也从自由工会圈子带来了数量可观的支持者，尽管他们在勒伯尔和米伦多夫颠覆事件中的行动能力倒不是令人怀疑的[17]。来自这一方面的支持消除了小范围反叛圈直到那时候一直具有的相对秘密的特性。尽管与机关没有任何联系,尽管它更多的是以贝克和格德勒为核心的一种松散的关系网,但是汇集在这里的德高望重者自认为是"一种影子内阁"[18]。

如果你问格德勒在抵抗希特勒运动中的地位,那么首先可以断言,他在1939～1944年是处于平民反对派的核心的,并因为持续不断的努力脱颖而出,一方面是尽全力扩大反叛者的圈子,另一方面是对军方施压令其起来反对专制者并在必要情况下武力推翻他。恰恰在慕尼黑会议以及对波兰和法国战役之后的几年里——当时很多在1938年还支持改变制度和剥夺希特勒权力的路德维希·贝克和弗朗茨·哈尔德(Franz Halder)的支持者背弃了正在形成中的运动,格德勒是某种稳定的根源,并代表着平民反对派及其军方伙伴的连续性。通过大量的意见书,他对反对派的新秩序构想产生了重大影响,直到1939年,他一直与国外保持着决定性的、尽管作用被低估的接触,并决定性地参与了颠覆的技术和人员准备工作。

另外,即便在1935年因为政治原因被迫辞去莱比锡市市长职务之后,格德勒也还没有迈出与纳粹政权明确决裂的这一步。他一步步才认识到,通过颠覆方式结束希特勒的统治是绝对必要的。在从地方政坛隐退和结束了帝国价格专员的职务之后,直到1939年夏天,格德勒才正式受克虏伯和博世委托进行了大量海外访问,并拓宽了他的外交视野,这些访问的背后是通过他的意见书影响政府政策的动机,例如通过对赫尔曼·戈林的影响。他一直还抱着这样的希望,能

第四部分　第三帝国的抵抗运动

够重新担任官职，使他有可能参与到政治决策进程中，然而他没有认识到，他保持着联系的帝国各部门和中央官僚机构的政治地位在不断下降。直到 1939 年，格德勒才最终放弃重新掌管某个政治部门的希望[19]。

格德勒虽然同情由路德维希·贝克启动、新任总参谋长弗朗茨·哈尔德只半心半意支持的阻止希特勒通过捷克斯洛伐克问题触发一场世界大战的计划，但是他并没有参与其中，这个时候他正逗留国外。和其他很多反叛者一样，对他来说，抵抗的决定不是可以确定一个明确的日期、在某个时间点作出的决定。确定不再与政府来往是随着 1939 年事情的发展发生的，它的背景是，他认识到不能再使希特勒摆脱让战火烧遍波兰的念头了。他在 1939 年 11 月对已经改变的政治态势进行说明的报告是他走向积极抵抗道路的一份至关重要的文件[20]。

即便在格德勒作出了这一重要决定并与纳粹政权彻底决裂之后，他也没有考虑过以革命起义的形式和阴谋活动的方法武力推翻政权。他的思想局限在资产阶级右翼和魏玛考虑的消除议会民主制度的战略框架内。这导致了恢复库尔特·冯·施莱歇在 1932/1933 年考虑过（但没有认真考虑）的颠覆计划并设想以建立一个临时军事专制制度的形式除掉国家社会主义工人党极端派的代表人物（如果必要也包括希特勒自身在内）的想法。因此这不仅符合正确的政治评估（除了国防军之外没有能进行颠覆的政治力量），而且他更多的是从后来的总统内阁的角度采取行动的，它们导致了这样的颠覆情景。格德勒对该方案有好感也是因为它采用熟练的统治工具，而且那似乎可以被视为合法的。

直到去世，格德勒都在刺杀希特勒的计划前却步。其原因是多方面的。除了伦理道德决定的对谋杀暴君的拒绝态度之外，避免一个新的"背后捅刀子"传奇产生的考虑在很多反叛者身上都能看到。但是这个动机对格德勒来说并不是决定性的。除了他受伦理思想影响而从一开始就排除了采用谋杀和暴力手段这一可能的基本立场之外，还有他长期抱有的幻想：一旦面对周围的人的坚决反对，希特勒最终将让步并会臣服于他必须做的事。因此格德勒沉醉在主要将领的坚决抗议活动会促使希特勒让步的想法当中。然而，作为此类行动先决条件的军事领导的内在团结早已不在，除此之外，希特勒足够巧妙地避开了这样的对抗或者（在个别情况下）将抗议的举措扼杀在他滔滔不绝的安抚性和以恩人自居的长篇大论中。另外，尽管一再在各个阵线之间进行调停，但是贝克对于格德勒起劲儿的忙忙碌碌持批评态度，并说他是"危险的乐天派"[21]。当贝克病重生命垂危的时候，没人考虑过让四处奔波的格德勒来接替他的位置领导平民反对派。

甚至在斯大林格勒战役结束、军事形势急转直下之后，人们也只能争取到让格德勒心不在焉地参与到刺杀行动的准备工作当中。和他亲自去找希特勒要求希特勒辞职的提议一样，格德勒称"与元首开诚布公地会谈"是必要的论点同样被他的军事对话伙伴当做是乌托邦拒绝了[22]。格德勒在刺杀问题上摇摆不定的立场在这之后也一点都没有减退。他将刺杀行动的失败解释为神意裁判，并且，在7月20日之后的流亡过程中，在面对不同东道主时他仍对此深信不疑[23]。

第四部分　第三帝国的抵抗运动

他在后来的回忆文章中描述事情经过时说,他的参与局限在改变政府体制上,而刺杀行动则源自军方。在他1944年11月撰写的《我们的思想》意见书中,格德勒再次否定了刺杀行动,称他和他的朋友们应该取而代之争取"公开行动"的。他谈到了为了拯救祖国的"明确政变"[24]。可能这与其对国家的新教—理想主义理解有关,他不能感知到希特勒行为的卑劣性。

尽管在双方相互十分尊重,但是在刺杀行动前的几个月里格德勒和克劳斯·申克·冯·施陶芬贝格之间的不和谐音越来越多并不奇怪。这主要与格德勒的信念有关,他认为,军方在颠覆中的作用必须限制在单纯的权力保障上并放弃干预政治。显然,当施陶芬贝格直接与洛伊施讷和凯泽磋商时,不和谐音已经存在了[25],他与尤里乌斯·勒伯尔似乎越过格德勒进行的联系也是同样。事实证明,弗里茨—迪特洛弗·冯·德·舒伦堡是重新消除这种相互猜疑的不可替代的联络人[26]。

在《我们的思想》中,格德勒回顾性地谈起了施陶芬贝格,并称其为"一位品格高尚的"总参谋部军官,他"后来被证实是一个也想搞政治的古怪的人。我尊敬他,但和他有些冲突。他想要一个依赖左翼社会党和共产党人的不明确的政治路线[27]"。除了不同的政治判断之外,不同时代的人之间的矛盾,也是促使格德勒通过吉泽菲乌斯向美国驻苏黎世代办艾伦·杜勒斯警告施陶芬贝格意图建立一个"工农政府"的原因[28],这体现在格德勒所使用的修饰语上——"没有经验的年轻人"[29]。

希特勒与 20 世纪德国

尽管资产阶级反对派内部关系的紧张自 1943 年就开始加剧,但是格德勒在其形成中的核心地位是不可忽视的。虽然他为争取他们对密谋的同情或者是参与接触了多少重要人物再也无法了解,但是毫无疑问,格德勒广大的人脉对反叛是有好处的。即便事后无法再确定具体谁参与了颠覆政府计划人员名单的制定以及军区政治专员的挑选,但可以肯定,贝克首先是请格德勒来负责这一任务的[30]。但成问题的是,并非所有被列在名单的人都对他们想要的任命有足够的了解。

从 1938 年 9 月到 1940 年 6 月德国袭击法国的这一阶段里,格德勒把很大一部分力气花在利用他早期逗留国外期间所建立的联系对英国政府施加影响上。考虑到反对派内在的软弱性,促使英国采取立场坚定的政策与此同时对希特勒作出妥协的战略自然是一条以明显空想为特征的出路。其中一再表现出格德勒对英国的利益以及伦敦还拥有的有效活动空间的根本错判。就这点而言,所谓的 X 报告和罗马教皇的和平使团完全是以错误的先决条件为出发点的[31]。随着德国袭击法国,格德勒随后意识到,他所采取的战术最终失败了。

后来,格德勒主要把精力集中在向军队高级指挥官说明防止战争继续的必要性上。他一直还抱有这样的期望,能促使高级将领对希特勒采取共同行动。不管是 1940 年 7 月还是 11 月撰写的首先针对将领们的一系列意见书(只要它们还能修复)都是服务于这一目的。特别是在一篇题为《整体形势》的精心制作当中,他强调说,将战争继续下去

第四部分　第三帝国的抵抗运动

是毫无意义的，而且因为经济和后勤原因这场战争不可能打赢。

格德勒推动参与者行动起来，他所显示出的巨大积极性是得到了多方证实的，并且在冯·哈塞尔的日记中有着生动的描述。有时格德勒做得过分了，会激怒他的对话伙伴，此外他也威胁到计划中的行动的保密性[32]。然而这其中体现的紧张不安是可以理解的，颠覆政府只有迅速行动才能带来过得去的谈判条件的考虑加剧了这种紧张。至于内政局势方面，出于同样的理由格德勒倾向于把事情描述得更加暗淡悲观，而不是像在当时看起来合适的那样，比方说当他预言食品和原材料供应将在1941年崩溃的时候就是这样。但在这件事上，他的判断仍旧是有充分理由的[33]。

格德勒的改革建议在多大程度上获得了四分五裂的反叛组织的认同，对于这个问题，答案就没有那么明确了。事实上，他们的共同之处倒不如说是否定性质的：在反叛者眼中，关键必须是确定一种新的政治形式从而取代失败的魏玛议会民主制度，在他们看来，后者决定性地促成了希特勒的崛起。不管是格德勒还是克莱骚的宪法政策方案都在职业思想、广泛的分权和自治的结合中寻找出路。另外，格德勒的计划以中央对人民议院（Volkskammer）和等级代表机构（Staendekammer）的强势为特征，这主要可以理解为对魏玛议会危机的过度反应。与之相对的是，克莱骚集团旨在明显削减国家主权，但是在经济政策范围内主权应当保留[34]。尽管在重点上有着明显的差异，但这两个派系的合作仍在"七二〇"运动当中不断加强，然而对军方反对派的立场仍尚未解决。

分歧首先因为格德勒独断专行的表现而爆发，他表现得不愿与自己的反对者接触，特别是"克莱骚圈"内的反对者。1943年7月双方的主要代表在施陶芬贝格刺杀计划前期进行的共同会晤导致了这两个集团的公开冲突。毛奇坚信，颠覆的时机还不成熟，而且德国国民还没有明确地意识到新开端。在克莱骚代表看来，格德勒的设想似乎是"反动的"，而且彼得·冯·瓦滕堡伯爵毫不犹豫地使用了"克伦斯基解决方案"这样恶毒的词汇，而毛奇在给弗雷亚（Freya）的信中则对这位"阁下"大人进行了抱怨，说他不指望格德勒能带来真正的新开端[35]。这在某些方面是没有道理的，但是毫无疑问，这两个流派之间不管是在秉性还是目标上都存在着明显的差异。

但这一点不适用于经济政策，虽然恰恰在这个问题上格德勒教条主义的表现和他曼彻斯特学派式的措辞提供了足够的误解的理由。然而在这个问题上各方的立场距离并不遥远，因为不管是格德勒还是克莱骚集团都受到绩效竞争理论的主要影响，同时与弗赖堡圈子（Freiburger Kreis）的关系也起了作用。同样在原材料产业国有化问题上，它们的立场更加接近。格德勒恰恰在经济政策方面重提所谓的经济"自然法则"并间接求助于社会达尔文范畴的倾向推动了这样的误解：这两个群体正是在这方面存在着难以逾越的鸿沟。

相反，在社会政策领域则存在着明确的差异。它首先涉及社会政策问题被赋予的地位问题。对"克莱骚圈"来说，

第四部分 第三帝国的抵抗运动

社会问题似乎是在纳粹专制下达到高峰的崩溃进程的主要根源。因此他们赞成让社会关系新秩序处在力争实现的改革政策的核心位置,该政策通过广泛的参与决定和盈利分享的要求与天主教社会伦理学联系在一起。虽然这与和格德勒合作的基督教工会成员有一定的相似性,但是其基本方针恰恰在于将国家对社会政策的干预降至最低并在财政上为经济减负。具有代表性的是,他希望用"冲销政策"(Ausgleichspolitik)这个术语来代替"社会政策"[36]。

格德勒认为至关重要的社会政策药剂是就经济学基础对工人进行启蒙。这点他希望能通过广泛普及他的《经济学初级读物》来给予决定性的推动[37]。他愿意肯定"德意志工会"方案主要是源自能把失业者和社会保障负担转嫁到工会身上的考虑,个别的"严重情况"例外。然而格德勒对他的社会政策观点进行了微调,因为他在后来的文章中阐述说,在资本和劳动之间公平地分配盈利是必要的,而且其中的大部分应当归完成工作的人所有[38]。但是在其他方面他又回到了他原来的社会政策架构上,将现有的商会(Wirtschaftskammer)并入劳工总会(Arbeitskammer),它们应当对失业者和社会保障的范畴进行管理,同时他不再回到"德意志工会"的方案上来。

这些矛盾对1943年1月8日会议来说是决定性的,贝克、冯·哈塞尔、波皮茨、耶森、格德勒、冯·德·舒伦堡、特罗特、毛奇和格斯登美尔参加了此次会议[39]。事实上,格德勒和毛奇这两个主要的对头没有对内容进行讨论,而且他们俩之间的紧张关系继续着。正如毛奇给弗雷亚的信中所写的那样，他没有压抑积聚的不满，"然后还射出了一支在箭筒中收了很长时间的'克伦斯基解决方案'的毒箭，显而易见箭也很好地射中了靶子"[40]。尽管进行了多次调解尝试，年青一代和老一辈的矛盾（就像冯·哈塞尔对其特性的描述那样[41]）仍无法真正克服。但是，在共同事业的意识下，这些矛盾被挤到了次要位置上。

无疑，特别是在他计划颠覆政府接任总理的想法在反叛者当中得到认同之后，格德勒觉得自己是决定性的领导人物，而且正如欧根·格斯登美尔（Eugen Gerstenmaier）回忆的那样，他就像是一个拥有小联盟伙伴的多数派党主席那样进行着磋商[42]。他可以这么做，因为他拥有同情抵抗的将领们的支持，他往往通过路德维希·贝克的介绍与他们建立了联系[43]。同时，工会这一派也在他的背后支持他，在此之前威廉·洛伊施讷拒绝加强与"克莱骚圈"的联系并也因此而选择了格德勒，尽管他把赫尔曼·马斯派到了克莱骚委员会担任代表[44]。但是偶尔独断专行的表现引发了年青一代可想而知的抵制——特奥多尔·利特（Theodor Litt）客气地称其为"他本性的控制欲"[45]。

从1942年底开始在反对派内部出现了重心的不断转移，格德勒的核心地位因此被不断掏空。这与中央集团军群抵抗核心的产生密不可分。它要追溯到亨宁·冯·特雷斯科的倡议上，而他很早就与汉斯·奥斯特保持着联系，同时他与贝克和格德勒的联系直到1942年中才建立。虽然路德维希·贝克的声望和权威仍旧无可争议，但是长期患病中断了他的参与协作，而且刺杀行动的准备工作转移到了年青一代总参

第四部分　第三帝国的抵抗运动

谋部军官团体的手中。在促使军队领导人行动的所有努力失败之后，他们决定行动。格德勒也不得不体会到，他对元帅们的干预仍旧毫无结果[46]，这对他的影响力并没有好处。

此前施陶芬贝格接替了特雷斯科在国防部的位置，当他打算在"瓦尔基里行动"外衣下为刺杀进行后勤准备之外也从政治上保障颠覆时，他将一系列著名的平民反叛者培植成他的亲信，其中包括尤里乌斯·勒伯尔、亚当·冯·特罗特·楚·佐尔茨、弗里茨—迪特洛弗·冯·德·舒伦堡和阿道夫·赖希魏因。在毛奇于1944年1月被捕之后，剩余的克莱骚集团的积极核心对施陶芬贝格进行了支持。格德勒不得不断定，洛伊施讷也与施陶芬贝格直接建立了联系，而考虑到非法的德国共产党不断增大的影响，后者对于保证工人阶级的支持有着强烈的兴趣。

通过内阁组成将政治左翼充分绑在一起的想法使施陶芬贝格有了这样的考虑，如有必要则让洛伊施讷替代格德勒出任总理，但是洛伊施讷拒绝了，部分是出于对格德勒的忠诚，部分是因为他更希望致力于德意志工会的建立。格德勒则产生了自己不再处于事件核心的感觉，而这种感觉绝非没有根据。例如，他没有收到关于"七二〇"刺杀行动的消息，而一个星期前的情况却并非如此。原因主要在于，人们不得不考虑到假如他被捕的话怎么办，而且抵抗核心不愿冒任何的风险[47]。

施陶芬贝格是不是还使用主要由格德勒为颠覆准备的材料（其中包括政府声明和计划的电台讲话的内容[48]）以及他是不是更愿意让尤里乌斯·勒伯尔当总理，这肯定是不得而知[49]。相关书面材料被销毁使得回答这些问题变得不可能了。格德勒相信，由他起草的政府纲领建立在反叛者共识的基础上，而且这在很多时候也的确是事实，即使它强烈的说教成分没怎么得到小范围领导集团的认可。但是，在这件事上，对格德勒来说很有代表性的对法治国家思想的强调和他对规矩和公正的号召是毫无争议的。

对反叛者整体来说，他们原则上反对希特勒的专制政权并希望形成一个具有承载能力的其他政治选择。后者是否成功做到了，不管是对格德勒还是"克莱骚圈"的新秩序计划但也包括其他很多新秩序计划来说，人们都可以进行适当的怀疑。在基本原则上——消除独裁国家、长久的法律保障、大范围的分权和"消除大众存在"（Massendasein）——存在着一致。格德勒1943年末/1944年初关于"帝国政府的矛盾和目标"草案可以被视为整个民族保守主义抵抗运动的檄文，尽管在社会政策和经济政策细节上争议因素仍旧存在。

格德勒很早就不得不断定，与政权的承诺相反，国家社会主义工人党实行的不是秩序与公正，取而代之的是腐败和专断独裁统治，它不把任何的比较当回事[50]。在1942年1月初的文章中他以尖锐的形式谴责对犹太人的"不人道"，他们因为在1月17日之后被流放到莱比锡以外的地方而进入他的眼帘，而且他将刚刚开始的大屠杀与迪奥克莱蒂安皇帝（Diokletian）时期对基督徒的迫害相比较[51]。在1945年1月27日（也就是他去世的前几天）的号召当中，他也抱怨说，"数十万犹太人被夺走了生命"[52]，而且在几个星期之前撰写

第四部分 第三帝国的抵抗运动

的对外交部长里宾特洛甫讲话的反驳当中,他的措辞更加激烈:政权"禽兽般地毁灭了几百万犹太人"[53]。

格德勒什么时候开始清楚,对犹太人的迫害会演变成对在德国统治范围内犹太国民的有计划根除,这无法明确断定,但有可能是1943年初。在他的记忆当中,对他而言这是与"水晶之夜"重叠在一起的。他回忆说,在这天晚上,"在邪恶的仇恨下最神圣的东西遭到了玷污"[54]。他用简短的几句话概略地叙述了不人道的流放条件、犹太人在波兰被杀害和毒气室,但是对于在苏联被占领地区和帝国驻波兰占领区的情况他没有更确切的了解。在类似的背景下他曾表达过对安乐死的愤怒,他对安乐死的描述要精确得多。

但是对迫害犹太人和大屠杀的体验并没有改变他对所谓"犹太人问题"的原则性立场。在《目标》意见书中,他相对详尽地对此表明了立场,并认为"解决方案"是在海外建立一个犹太国家——在加拿大或者南美。在犹太人问题上,国际规定承认犹太人有拥有自己民族国家的可能,在此基础上,格德勒认为,可以拒绝给没有同化的犹太人国籍,不给他们选举权和担任公职的可能,同时他认为经济上的限制是多余的[55]。他在监狱笔记中重新将这个于1941年底提出的纲领的所有要点记录下来,只是这时他要求(至少对幸存者来说)赔偿并归还犹太人的财产[56]。在被排除在根除措施之外的那些犹太公民方面做的修改符合从1917年起在保守派阵营和最高陆军指挥部传播的思想。格德勒在1944/1945年时还赞成社会孤立犹太国民,并以美国的经验为依据。但是他此时与《纽伦堡法案》保持着距离,并且希望把在异族通婚问题上找到令人满意的规定的任务交给"健康的种族感和人道主义"[57]。

格德勒处在异化的反闪米特人主义传统下[58]。在他的巴勒斯坦游记中看不到仇恨，它们传达了对犹太复国主义者构建能力的善意眼光[59]。同样，正如他自己所说，他在1933年4月1日对正在实行的封锁进行了积极抵制。他在监狱笔记中一再谈到"犹太人的重大罪责"，但是接着就说道："我们不能拒绝给予犹太人上帝赋予所有人的权利。"[60]在任何情况下他都是反对政府的暴力迫害措施的：他用最激烈的言辞谴责1938年11月9日的暴力行动和在1939年秋末对波兰犹太人的凌辱，同样还有后来的灭绝政策。这与对犹太人和斯拉夫人亲属的犯罪使民族蒙羞和失信的主题以及"神的报复"的符咒联系在一起，这在后来的文章里他一再谈到[61]。

格德勒的真挚、个人的正直和开诚布公给与他建立了联系的同时代人留下了深刻的印象。基于未曾动摇的新教信仰和中产阶级知识分子的人道主义，格德勒直到生命的最后一刻都散发出一种惊人的乐观主义精神，它即便在最黑暗的时刻也没有完全消失。他有一个正面得非同寻常的人物形象，它有时候接近于天真，但是这部分解释了为什么他在面对对话伙伴时所表现出令人无法抗拒的坦诚。特别是康拉德·阿登纳明显地感觉到，这与敦促颠覆的反叛者不太相称。但矛盾的是，令格德勒将他所知的泄露出去的恰恰是他的随意和轻率，他本来一直将其守护到了1944年的夏天，因为盖世太保虽然了解他不断地赢得支持者，但没把它当回事，以为

第四部分　第三帝国的抵抗运动

那不过是在资产阶级中蔓延的"牢骚埋怨"。然而格德勒的轻信倾向也导致他在受盘问时为了说明反对派的范围之广而透露了比盖世太保所预期的更多的名字和资料[62]。

可靠、正直、个人魅力与和善也使格德勒在与其思想不一致或者觉得他有家长作风的那些反叛者那里享有很高的声望。直到1943年都是反叛活动推动力量的格德勒完全彻底地坚信，通过他的新秩序建议不仅能为消除纳粹专制统治奠定基础，而且也能克服自帝制灭亡以来的德国政治危机。他的新秩序计划所基于的战术考虑是多么可怜可以从下面这点得知，即便在他看来是个错误的1944年"七二〇"刺杀行动失败之后，他仍从给人感觉像是传教士似的态度出发在大量文章中传播他的思想并基本上一成不变地进行着宣传。在1944年8月的第一个星期他还在流亡的时候，他就在给人以深刻印象的《德国未来的任务》意见书中总结了他的思想，后来他将其像是作为政治遗产一样交给了接待他的东道主保存[63]。

在被捕之后，格德勒没有停止撰写同类文章，即便是在原本是要安排他个人事项里——譬如说给安东·基彭贝格（Anton Kippenberg）的信——他都一再谈到政治问题。其中混杂着对西方政要建立"真正的和平"、不要犯与1919年《巴黎和约》同样的错误的呼吁。这些文章证明，对于当时欧洲大陆所产生的势力对比，格德勒的所知甚少，而且对于盟国的战争目标规划他也只有支离破碎的了解。他对未来欧洲和平的要求与此形成了难以逾越的矛盾，例如他直到最后都坚持的对波兰东移的要求——波兰应当通过被纳入巴尔干联盟当中获得免费的入海口,而普鲁士东部则计划回归帝国。同样属于空想性质的还有他对法德之间和睦解决阿尔萨斯—洛林(Elsass‐Lothringen)问题的设想。

所有这一切都表明,他后期的这些考虑不再处于时代的制高点。他在面对死亡时写下的文章主要围绕与西方盟国达成一致的问题,以便继续针对红军的防御战。他徒劳地希望能恢复他与瓦伦贝格(Wallenberg)兄弟的关系,并通过瑞典使节向瑞典君主求助,请求他们进行和平调停。同时他沉醉于或许自己能担当调解人的幻想当中,并幻想着出现一个希特勒—希姆莱—沙赫特—格德勒政府[64]。与此同时,他大力反对任何重复以惩罚换和平(Straffrieden)的行为,为德国国民辩护说,他们当中有90%"对于集中营及其恐怖残暴一无所知"并被希特勒的外交成就所蒙蔽。他对所有有关国家首脑发誓说将放弃对"复仇和报复"的需求并建立一个新的和平的世界秩序。在间接进行自我批评的过程中,他反对任何神化国家的行为。同时宗教成分随着对"内在反省"的要求进入到核心位置,而二战的悲剧似乎成了公正的神的报复。

这个与外界脱离了联系的囚犯不由得产生了面临一个世界决策的想象:"面对死亡,在感觉到责任的巨大动力的同时,我知道,现在的关键是人类在不幸的世纪里是会跌倒还是能重新获得安宁与幸福,我向所有人发誓,我会创造将打开后面这条道路的那些政治基础。"[66]同时他自责说没有阻挠刺杀的道路,而且,通过规模巨大的文学暴力行为,他似乎补上了被搁置的促使德国专制者屈服的努力。尽管他在大量

第四部分　第三帝国的抵抗运动

文章中大力强调专制者的责任，但是他似乎一直都没明白他深刻的犯罪个性。像迪特里希·邦赫费尔（Dietrich Bonhoeffer）所做的那样，将国家理解为犯罪至关重要的根源——这超出了格德勒的思想范畴，而且在这方面他似乎是德国新教国家蒙蔽迷惑行为的牺牲品。

第17章 德国抵抗希特勒运动计划中德国和欧洲的未来

在战争一结束的那段时期里，对德国反对希特勒历史的兴趣主要旨在通过印证"另一个德国"为建立德意志联邦德国和民主制度赢得额外的合法性。这与下面这种很早就开始的趋势联系在一起，那就是否认共产主义抵抗运动有权被纳入新生成的民主秩序当中，正如通过强调抵抗"来自指挥部级别"而将所有不属于"七二〇"小范围反对派的那些组织排除在外的趋势占据了优势那样。这一趋势同时也是东德德国统一社会党（SED）政府拒绝态度的反映，现在该趋势已经让位给对所有属于反法西斯抵抗运动组织的广泛研究了。

第四部分 第三帝国的抵抗运动

尽管在国家社会主义篡权之后盖世太保采取了激进强硬的手段，但是反对努力仍保留下来或者新产生出来，这一点是很清楚的。但是只有数量很小的少数人参与了积极抵抗，对此也不可能存在疑问。敢于进行看来毫无希望的颠覆尝试属于"七二〇"反叛运动的光荣篇章之一，如果成功，它将能避免几百万人死亡和欧洲广大地区被毁。与它相比，"七二〇"运动的新秩序计划在当时具备的条件下是否可以实现这个问题则变得次要了。

将德国反对派反对希特勒的计划视为后来在联邦德国产生的议会民主宪法的早期阶段是错误的。毋宁说，人们必须在20世纪20年代的历史背景下给予其应得的赞赏并对其产生特别的兴趣，因为它们使推断出替代国家社会主义专制制度的可以设想的历史政治选择成为可能。因为在反叛者看来（具体看来他们的立场不同），简单地回到魏玛的议会民主制度既不可能也不值得期待。事实证明，1919/1920年在巴黎郊区会议上为欧洲广大地区引入的议会制原则是脆弱的并且在很多情况下失败了。议会制度只在斯堪的纳维亚国家和低地国家保持了稳定；在东南欧，它与独裁形式混杂在一起；而且不管是在法国还是捷克斯洛伐克共和国，议会宪法秩序最迟到法国共和国对轴心国失败的时候分崩离析了。此外，在德国民族保守派阵营内流传着这样的看法，所谓的魏玛"大众民主"对国家社会主义工人党攫取权力起了至关重要的促进作用。

德国反对派在20世纪30年代早期紧接着魏玛共和国后期的政党和社团结构形成，除了社会主义、共产主义和工会组织之外还包括天主教群体,而且总体来说左翼革命性目标占据了主导,而第二阶段的抵抗(1933~1945年)则是自发产生,而且绝大多数是来自之前曾经积极支持纳粹政府、部分还在其中担任过行政和政治职务的德高望重者和官员。这尤其适用于军方,例如路德维希·贝克和冯·维茨莱本(von Witzleben),但也包括后来的军方反对派领袖,像亨宁·冯·特雷斯科和克劳斯·申克·冯·施陶芬贝格。

反叛者行动的出发点是,坚信自己处在一个有机会有可能实现一个根本的国家和社会新开端的历史环境下。不仅是魏玛共和国,而且支撑它的政治力量似乎也被所发生的事件的力量抹去了。一个根本的社会和政治新开端的想法在很多反叛者的思想中经久不散,通过这个新开端就可以消除19世纪的资产阶级唯物主义,并有利于一个团结的民众共同体。他们认为自己处在一个开放的历史态势下。弗里茨—迪特洛弗·冯·德·舒伦堡和其他反叛者指责国家社会主义工人党使国家返回到本以为刚刚消除了的政党国家,并阻碍了真正的新秩序建立。

"七二〇"运动留下的全面的新秩序计划与对一个早就该进行的异乎寻常新开端的期待联系在一起。除了德国人的细致缜密之外,平民抵抗组织因为缺乏自己行动的可能而继续遭到排挤并倒退到计划的范畴,这种情况也起了作用。但是下面这种考虑尤其处于核心地位,那就是以一个自成一体的、具有承载能力的政治选择与在部分国民当中拥有超强认同的国家社会主义相对抗。尽管"克莱骚圈"(它在计划构想方面是抵抗运动的主导)、卡尔·弗里德里希·格德勒和

第四部分　第三帝国的抵抗运动

路德维希·贝克为首的群体之间存在着种种差异，但他们在下面的见解上是一致的：纳粹政权的颠覆必须和彻底的新开端联系在一起，同时它消除了德国沦为一个采取犯罪行为方式的专制体制的深刻根源。

毛奇在1941年关于《起始点、目标和任务》的重要意见书中说，战争结束会带来"有利于重建世界的机会，这是人类自中世纪教会衰落之后还从未经历过的"，并且他谈到了一个"新纪元"的开始[1]，而格德勒在同一时期撰写的《目标》中则表示，人们正生活在"错误发展似乎达到了顶峰的几年"，并且他为重建"政治的完整"以及重新赢得国家与社会的人道主义和基督教基础进行了宣传[2]。这种对国家面临异乎寻常转变的预期解释了为什么很多反叛者会以希特勒造成的一片空白（Tabula rasa）为出发点，这让实现根本的新开端成为可能。这尤其适用于克莱骚集团，他们认为国家社会主义的统治是西方文明错误发展的终点，而且它要追溯到宗教改革时期并且是以放弃基督教普世价值和"天生责任"为基础的。

既然回到议会民主制度的回头路似乎被堵上了，反叛者们就开始努力与貌似没有用过的历史典范挂钩，其中尤其是职业思想受到重视，但也包括自治原则，它在德国政治文化中经常发挥着替代代议制宪法的选择的作用。缔造一个君主制国家高层的尝试也属于此类，这一尝试因为威廉二世拒绝让位给一位王位争夺者而告吹。此外，借用新保守主义思想或者是将普鲁士立宪制和1805年之后的改革时期理想化的情况也并不少见。

希特勒与20世纪德国

这些思想通常以抛弃西欧宪法国家为特征。在极权统治的霾雾下,反对派在很大程度上切断了与西方政治思想的联系。在他们的改革意见书中看不到对法国大革命和人权传统的援引,它们更多的是与德国理想主义传统联系在一起。这基本上也适用于与盎格鲁—萨克森世界联系密切的人物,例如亚当·冯·特罗特·楚·佐尔茨或者是赫尔姆特·詹姆斯·冯·毛奇。甚至诸如尤里乌斯·勒伯尔等左翼代表也认为所谓的机械接纳西方宪法思想是魏玛共和国的一个根本错误。

"克莱骚圈"和格德勒圈的宪法政策草案首先旨在排除失控的大众情绪对政治决策的影响,同时限制中央集权的国家权力。克莱骚集团希望能将必需的初选限制在地方范围内并将初选的举行转交给自发形成的"小社区"(kleine Gemeinschaften),英国的"友谊社"(friendly societies)对它们起了影响作用。为了承担邻里职责它们应当首先在社区层面形成,但是也应拟定邻里方案,就像最初"青年德意志骑士团"宣传的那样[3]。每高一级的代表机构都应当尽可能间接选举,直至国民议会。克莱骚集团的方案由坚决将辅助原则应用到国家身上组成并且是委员会制度的一个保守变体。政治党派和大范围的竞选在这个根据层次清晰和具体人物安排的制度中是多余的。要建立的各个州应在很大程度上独立自治,但社会福利和经济政策是例外。

格德勒的宪法模式在某些方面具有现实主义特征。尽管强调自治思想,但是联邦要素占据的空间明显小得多。一个中央集权状态的国家与一个强大的中间机构相对,而各部门机关的下属管理部门则隶属于它。这个来自格德勒的建议在

第四部分 第三帝国的抵抗运动

很多方面与纳粹政权建立一个强有力的帝国中间机构的努力相一致,党和公共机关在其中相互联系在一起。与克莱骚集团不同,格德勒对本质上更加偏爱的间接选举原则进行了如下的限制:在中央议会应该有一半是直接选举出来的。但是其独立自主性也受到由各行业(其中包括中央的"德意志工会")派出的"上议院"(Reichsstaendehaus)各阶层代表的不断削减。全国性质的政治党派的影响应当尽可能加以限制,但是格德勒认为普遍禁止是不可行的。

在这两种模式下,临时国家元首以及帝国元首(比魏玛共和国的总统强多了)拥有全面的特权,例如范围很广的否决权和解散权,而且代表机构的自主权受到严重限制。这是对魏玛共和国的长期政府危机的反应,但是导致(肯定是无意的)行政权的地位的明显加强。这不一定与尽可能分散政治意愿的形成从而杜绝对未成年选民的极权主义操纵的努力相矛盾。将公民纳入一目了然的地方自治体当中将教育他们要在国家中负责任地合作。目光敏锐的支持者——例如社民党人埃米尔·亨克(Emil Henk)很早就认识到,约束选民和使挑唆煽动者停止恶劣行径的努力会带来成问题的政治意愿形成的寡头垄断[4]。因为("克莱骚圈"比格德勒更为强调的)间接代表体制将当选议员的数量限制在一个越划越小的范围里面。事实上,大量对平民百姓的猜疑和对其政治可操作性的担心仍旧存在,这很难说仅仅是对国家社会主义发动大众的反应,而是也与20世纪20年代的选举权讨论有关。格德勒解释说,他建议对选举权进行限制——特别是提高选举年龄的——理由是,"在这样一个因为不自由和宣传而变得不加批判的人民当中"，政治无法以平等和直接的选举权为依据。出于另外一些理由，"克莱骚圈"的草案拒绝给予女性以被选举权。

反对派易变和多样化的考虑旨在指出一个除国家社会主义元首国家之外的其他选择，它没有局限于各方要求的法治国家的重建和面对政权腐败不断升级而令公共秩序重新生效上，而是将彻底的社会改革包括在内，改革应当结束阶级斗争并缔造社会平衡。对"克莱骚圈"目标产生了很大影响的阿尔费雷德·德尔普神甫在他的《第三条路》意见书（它没有保留下来）中委婉表达了对德国同时还有欧洲新秩序的构想，在意见书中，他赞成西方个人主义资本主义和东方社会主义集体主义之间进行调停。德国必须构成"东西方之间的桥梁"的想法为大多数反叛者所赞同，而且它与西方世界的观念和目标联系在一起：在"地区外列强"（美国和苏联）的行动面前维护受基督教影响的欧洲认同[5]。

但这并非针对东欧国家。特别是在年青一代反对派当中，20世纪20年代俄罗斯浪漫主义的影响仍旧存在，默勒·范登布鲁克（Moeller van den Bruck）坚决维护的没有为西方唯物主义文化所控制、还从未动用过同时又受基督教强烈影响的"年轻人民"的想法也是同样，例如它对舒伦堡、"白玫瑰"和"克莱骚圈"内的社会主义者的影响。对俄罗斯农民生活环境的尊重也是亨宁·冯·特雷斯科和克劳斯·申克·冯·施陶芬贝格考虑的背景之一。这两位军官都认为，专制者顽固坚持的不仅要摧毁苏联公共机构也要摧毁俄罗斯国家的战略是个不可饶恕的错误。施陶芬贝格说，不

第四部分　第三帝国的抵抗运动

能而且不应对俄罗斯人民展开和赢得战争。在这一关联下，他对帝国领导进行了能够想到的最猛烈的抨击，谴责委员下令谋杀数百万战俘以及不人道地对待东部的劳工[6]。他与特雷斯科一起很早并违背希特勒意愿地致力于俄罗斯志愿兵组织的建立，也就是后来的弗拉索夫军队。另外，这种亲俄的同情态度很多时候妨碍了对共产主义政策切合实际的评价。例如毛奇1943年也还醉心于能将"与俄罗斯没有关系的共产党人"纳入计划中的颠覆政府的幻想当中[7]。但是，像后来的前东德历史学家强加给它的那样，加深对东方理解来试图与斯大林建立特殊意义上的和平关系是谈不上的。

与此同时，"七二〇"运动的不同派系就大家需要一个彻底的社会问题解决方案这一点达成了共识，这主要是因为人们没有正确地把国家社会主义工人党的选举成功和大规模失业联系起来。最近的研究表明，反叛者的经济政策见解并没有根本性的差异，尽管像毛奇和瓦滕堡这样的人自视为社会主义者，而他们把格德勒归到了死板的曼彻斯特自由主义名下。毕竟，计划对原材料工业进行社会主义化并借此将核心的社会民主事务考虑在内，在这一点上他们是一致的。在工会问题上他们走的则是不同的道路。

克莱骚想的是建立企业工会，按照"小社区"模式赋予员工在企业中参与盈利分配权和全面的共同决定权，同时他希望放弃集中的工会组织。显然，这个方案要追溯到阿道夫·赖希魏因在耶拿人民大学活动时期所形成的思路。当时他在考虑厂区居民区的想法。它是从老一点的生产合作社照本宣科而来的，并应当通过"小集体"的合作社模式消除

希特勒与20世纪德国

资本和劳动之间的矛盾。在马尔堡时期,赖希魏因则致力于行会的建立。企业家和就业者应当在行会中联合起来,并应"在企业内共同、平等责任实现更统一的情况下,原则上消除作为严格分开的领域的企业家职能和就业者职能"[8]。这个方案与毛奇和约克的"小社区"思想惊人的一致。

在克莱骚集团,人们对下面这一点认识错误,力争实现的企业工会在现代大规模经济条件下过分限制了就业者的自由流动。但是它们适合主要克莱骚成员所代表的"绩效竞争"原则,这一点是和弗赖堡圈子的国民经济学家相一致的。彼得·约克·冯·瓦滕堡和弗赖堡圈子的密切联系要追溯到他们在德意志法研究院(Akademie fuer deutsches Recht)的合作。但是他们把"绩效竞争"原则放在为了给公民缔造社会保障而进行国家干预的必要性下面[9]。

格德勒和克莱骚在经济政策方面出现的矛盾大部分建立在一个误解的基础上,而这个误解是因为格德勒有时专横独断、一意孤行的表现而造成的。因为除了克莱骚集团进一步推动就业者的共同决定权和参与盈利分配权之外,双方没有任何根本性的差异。甚至在格德勒和威廉·洛伊施讷以及雅各布·凯泽达成一致的"德意志工会"问题上,也因为给帝国临时国家元首的指示为其指派了过渡性的功能而形成了妥协。"其功能的完成在于将由它承担的任务过渡给国家和经济自治机关。"[10]克莱骚明确地反对建立此类"庞大臃肿的机构"。与之相对,格德勒从这样的观点出发,将国家的绝大多数社会保障职能转交给"德意志工会",它计划超出德国劳动阵线的范围,所有就业者都必须强制加入。即便在格

第四部分　第三帝国的抵抗运动

德勒设计好的阶梯形行业利益代表组织内，它也会构成一种不相称的东西，并给予工会过高的支配地位，尽管人们考虑的是杜绝劳动争端[11]。

联系他在布吕宁时采取的立场，格德勒希望将社会生存救济在很大程度上放到"德意志工会"手中并将国家从中解放出来，而克莱骚集团却将其作为国家的核心责任。与沉醉在通过启蒙和教育工人阶级（也通过他撰写的《经济学初级读物》）从根本上解决社会问题的想法中的格德勒不同，特别是作为"克莱骚圈"中的耶稣会代言人的阿尔费雷德·德尔普坚称有必要进行一场真正的社会变革，给个人带来物质上的生存保障。"20世纪的这场革命"，在面对罗兰德·弗赖斯勒进行辩护时他强调说，"需要确定的议题和建立新的稳固持久的人的空间的可能"[12]。与此类似，他按照《新事通谕》（*Enzyklika Rerum Novarum*）的精神提醒教会它的现实社会责任，并强调，力争的"思想改革"以"状况改革"为先决条件。在《四十年通谕》（*Quadragesimo Anno*）的影响下，阿尔费雷德·德尔普坚决赞成实行家庭工资、普遍最低生活保障和按照社会公正精神"建立一个真正的社会秩序"。在他看来，其中也包括保证劳动的权利和"使工人作为工人而不是同志或者是民族同志"加入到"社区"中。这个天主教立场的社会政策组成给社会主义伙伴留下了极深的印象。

在这个问题上，"克莱骚圈"在"个人社会主义"制度中寻找答案，它希望按照控制自由主义精神"使绩效成为社会地位的准绳并成为负责任地参与政治意愿形成的认证"。在这里被视为社会问题的不是被视为物质上的等同问题,而更多的是个人承担公共责任的能力和意愿的重新生成的问题。在战争期间灵敏地感知到社会变化的阿尔费雷德·德尔普发觉,人们继续使个人倒退到"纯粹没有辨别是非能力的生命力"以及"原始的保住性命和满足需求"的状态。他担心社会义务责任瓦解,害怕"日耳曼布尔什维克主义化",并与国民中蔓延的"不包括我的心态"进行了斗争。

事实上,磨灭根本的义务责任、家庭作为社会生活基本单位的日趋瓦解,一个根据人种和种族标准、根据性别年龄来划分等级的阵营社会的形成都有导致社会行为反常的危险。这一认识促使克莱骚集团成员在1944年1月毛奇被捕后积极投身克劳斯·申克·冯·施陶芬贝格刺杀计划的准备工作,并放弃了此前的等待观望战略。恰恰考虑到社会上和思想上的社会畸形日益增多,德国反对派的根本目标就更加在于"在我们同胞心中"重建"人的形象"(就像毛奇给人留下了深刻印象的表述那样)[13],并借此使在厚颜无耻和腐败中僵化麻木的国民重新具备承担社会和政治责任的能力。

同时,在"七二〇"运动中还发生了一个值得一提的对欧洲思想开放的进程。这对克莱骚集团来说并不出人意料,因为毛奇和约克很早就对民族国家思想持拒绝态度。对他们来说,欧洲大国在经济上的联合是理所应当的,而且他们考虑建立跨地区的自治单位,这些单位超越了国家的边境,并将经济上密不可分的不同国家的地区团结到一起。一个超越原本民族国家单位的地区欧洲的构想直到今天仍没有

第四部分　第三帝国的抵抗运动

失去它的魅力。与此同时，克莱骚集团成员希望能在欧洲实现他们的新秩序方案。因此在第三次克莱骚大会前期出现的一份意见书中称："不管德国的主动权会在多大程度上屈从于外来势力的侵入，中小规模的自治体自发的持续作用都将……保持其必要性。我们的任务将是，特别是在这些领域为以健康的自治形式实现的、作为欧洲社会和经济问题的普遍解决形式的个人社会主义思想做好准备，并作为对欧洲和平的建设性贡献把它提出来。"[14]

对资产阶级反叛者来说，他们最初强调的民族主义立场正在逐步瓦解，它有利于一个欧洲经济联盟的建立，并且是在放弃了诸如将民族军队作为民族学校等受人欢迎的想法的情况下。反叛者形成的方案与欧盟的最新发展相比领先了很大一截。然而，至少能部分保证希特勒的外交成就（如与奥地利合并）的错觉在很长时期内仍旧存在。

后来颠覆计划的跨度之大令人惊讶，它绝对没有局限于为政治颠覆确定主要参数上，而是也将大量看来并不迫切的政策领域——例如教育、培训、高校体制或者是土地规划纳入计划当中。同时，计划中反映了民族保守主义抵抗运动中只在例外情况下才能看到政治阶级的代表、政治中间派以及魏玛共和国代表缺席的状况。他们当中的很多人居于次要位置或者退到幕后，因为在抵抗运动在1939年之后所面对的令人沮丧的条件下，反对和恢复议会环境似乎不存在现实的前景。在这种情况下仍然积极地反抗政权——这可能就需要泛滥的乌托邦思想，而这更多地可以在政治万花筒的边缘地带找到。

希特勒与 20 世纪德国

"七二〇"运动首先在国家高级官员、外交官、军方和机关法律工作者中招募人员,他们大部分都曾在政府中身居要职,部分甚至还在担任着要职。加入到他们当中的有一系列工会会员,这主要是因为格德勒和前自由派及基督教工会领导人联合在一起,同时他们又与科隆凯特勒之家保持着联系[15]。而毛奇又因为采取了有针对性的人事政策而拉拢了大量在此前十分积极的社民党人,其中包括曾被国家社会主义党抓捕的卡洛·米伦多夫、特奥多尔·豪巴赫、阿道夫·赖希魏因和尤里乌斯·勒伯尔,同样还有两个教派的代表。运动的社会基础因此得以扩大了。

虽然如此,反叛仍旧在很长时间内是德高望重者的行动,他们觉得自己是天生的民族代表并且认为民主支持并非不可缺少。颠覆规划是根据国防军将在"瓦尔基里"行动框架内宣告军事紧急状态并接管政治权力进行的。其中,施陶芬贝格会在多快速度内把权力交给路德维希·贝克和卡尔·格德勒领导下的待命的非军方政府,这一点还不得而知。军事与民事力量的关系没有得到足够的澄清。

不管是哪种情况,首先考虑的不是在颠覆发生时发动国民,颠覆政府依赖更多的将是军队。为使计划的政变合法化而使用欧洲革命的手段——传单、海报、群众集会等,这些距离反叛者还很遥远,虽然他们打算以电台讲话和声明的形式立刻告诉国民颠覆政府正在以及接下来将采取的举措。为此而准备的文本具有官方政府公报和道德号召的特征。它们充满了极权式国家对待公民的气息,公民被号召保持忠诚而不是行动起来。年青一代的反叛者反对这种看起来像是旧式

第四部分 第三帝国的抵抗运动

家长的作风,并对"阁下们"及其联盟谈判进行了口诛笔伐,克伦斯基解决方案的恶毒说法开始一传十,十传百[16]。

从1943年初开始,克劳斯·施陶芬贝格伯身边就形成了一个小范围的行动小组,它主要包括尤里乌斯·勒伯尔、亚当·冯·特罗特·楚·佐尔茨和弗里茨—迪特洛弗·冯·德·舒伦堡。有些迹象表明,施陶芬贝格建立了一个摆脱了格德勒支配的独立的平台。不管怎样,施陶芬贝格似乎推迟了起初计划的立刻组建政府的计划,并让计划中的军区政治专员隶属于军方的领导。与此同时,与格德勒的关系紧张加剧,后者直到最后都反对刺杀行动,并通过贝尔恩德·吉泽菲乌斯向苏黎世的艾伦·杜勒斯抱怨说,施陶芬贝格打算建立一个"工农政府"[17]。这个后来东德作者也强加给他的"向东转"罪名是捏造,但是对尤里乌斯·勒伯尔心怀感激的施陶芬贝格可能的确倾向于在颠覆政府中加强左翼势力。事实上,社会主义者在其中占据了关键的位置,尽管路德维希·贝克担任总统、格德勒任总理的格局最终得到了遵守。

反对运动中很早就有声音指出,颠覆政府"如果没有得到国民强有力的支持在任何情况下都不能"持续。例如,在1939年不得不移居国外的汉斯·罗宾逊希望建立一个"自由革新运动"(Freiheitliche Erneuerungsbewegung),它应当在个别地区建立基地,并在权力更迭的时候出现在公众当中[18]。这个想法起初没有得到详细说明。直到1943年,在普遍的再政治化的氛围下,它才为人重新着手研究。"自由德国民族委员会"的成立表明,德国共产党即便在颠覆之后也是一个政治要素,而且它的民族平民主义纲领对于民族保守主义反对派来说是个挑战。

在这一态势下,卡洛·米伦多夫借助日期确定在1943年圣灵降临节的"社会主义行动"计划脱颖而出。通过将日期确定在6月13/14日第三次克莱骚大会举行(他出于掩饰的原因没有参加)的这一天,他表明,该声明是与克莱骚集团的思想相一致的。它赞成"为了拯救德国"建立一个"跨党派的人民运动",该运动应当把基督教、社会主义、自由主义和共产主义力量团结起来。这个倡议得到了致力于"将社会民主主义乃至左翼纳入进来的"约克和毛奇的支持。通过采取"跨党派人民运动"方案——它不仅领先于后来的集团体系,也领先于法国戴高乐的人民联盟(Rassemblement du peuple),抵抗运动迈出了至关重要的一步,超越了在那之前一直奉行的德高望重者政策。

该计划包括传统的社会主义目标,并要求建立一个"社会主义经济秩序"[19]。另外,它在很大程度上借用了特奥多尔·豪巴赫的基督教社会主义。目的是将所有反对派别包括共产主义者团结在一起。在这个意义上,尤里乌斯·勒伯尔在此后不久也谈到了"在所有幸存和有生存能力的社会和民主力量基础上"建立"一种新人民阵线"的必要性。但是至关重要的是为了给颠覆提供民主支持而建立一个"跨党派人民运动"并由此迈出从迄今为止占据主导的受极权主义影响的权利攫取到民主革命动员这一步的决定。

然而关于这一人民运动的结构和纲领却看法不一。按照格德勒的愿望,它应当将"所有地位、所有阶层的人和

第四部分 第三帝国的抵抗运动

所有省分部（Gau）统一起来"，并包括"从社会民主党到中央党乃至德国民族主义者的德国人"。他期望它能引导在他看来不可避免的民族党派的形成。毛奇则将它视为具有建设意愿的力量的一场广泛的联合运动，他所期待的"志同道合者的政党"会在该运动中超越民族的界限集合在一起。

"人民运动"的纲领导向问题不可避免地在反叛者内部导致了冲突。与基督教社会主义比较接近的卡洛·米伦多夫和特奥多尔·豪巴赫希望能实现基督教和社会主义的共生[20]。然而阿道夫·赖希魏因提出的表述——"人民运动拥护德国文化和德国人民的基督教历史"——却遭到尤里乌斯·勒伯尔的明确反对，他反对"让旧社会民主主义的重要原则被简单地丢弃"。同时，非法的德国共产党的压力还有对伦敦社民党流亡委员会的顾忌也都起了重要作用[21]。

在7月20日之前的最后几个星期，人民运动纲领方面再没有出现进一步的共识。这时再次出现的导向政策方面的分歧中显示出一个政治成熟化的进程，与此同时它也呈现出在心理上对此前完全隔离的外界的开放，它突然结束了反叛活动在政治上的相对隐晦性。如果刺杀行动成功的话，是否还能形成意见一致的颠覆政府或者施陶芬贝格向左（可能是让勒伯尔担任总理）改组政府的想法是否就会实现，这肯定无从得知了。毕竟，比如说在黑森，部分原社民党工人阶级的阴谋组织准备好了如果发生颠覆就采取政治行动[22]。"人民运动"的建立是否迅速得足以避免内战的局面，这很难估计,在这方面各个省分部的情况是不同的。可能由社会主义者占据了很多关键职位的颠覆政府也不可能坚持下去。但不管是哪种情况,一场灾难性的战争都会结束,在这场战争里,1944年夏天之后死亡的人数和在此之前死亡的一样多,而且整个欧洲都被严重摧毁。

反叛者清楚,他们会因为他们的行动而受到被误导的国家的叛国指责,但是为了拯救这个民族他们自愿忍受了下来。虽然最初与盟国达成和解的希望破灭,而且到了刺杀行动的时候,保证帝国在领土上的成就已经没有机会这一点已经是完全清楚的了,这些成就是在民族国家对凡尔赛和约的修订的框架内的,但是出于民族自尊心的原因,行动是必要的。例如,亨宁·冯·特雷斯科流传了下来的表述这样说道:"刺杀希特勒必须不惜一切代价进行。如果失败了,那么尽管如此也必须尝试政变。因为关键不再是这个实际的目的,而是德国抵抗运动敢于在世界和历史面前做这个至关重要的努力。"[23]与此同时,施陶芬贝格认为,结束一场不负责任的战争的动机获得了决定性的比重,即使人们醉心于能暂时稳定住东线战场的幻想当中。

更加值得一提的是下面这个情况,对希特勒的反叛准备致力于紧密的欧洲合作也就是一个欧洲联盟,并放弃了最初的民族主权的限定。在这个问题上,格德勒也反常地走得很远,放弃了在未来欧洲国家共同体内保留民族军队的想法,他认为出于经济和财政方面的原因国家共同体早就该出现了。有利于跨国合作(先是以欧洲标准)的消除传统民族强权思想的智力过程对二战结束后的德国政治具有决定意

第四部分　第三帝国的抵抗运动

义。就此而言，这其中存在着一个杠杆，它有利于对西方以及对民主—多元宪法形式开放，而且可以用它来克服"德国道路"思想和德国在东西方之间的桥梁作用中存在的局限。德国抵抗运动所代表的在希特勒之外的其他选择一方面给人留下了深刻印象，另一方面具有强烈的时代局限性，尽管由它产生了令国家道德恢复、重新获得政治能力的至关重要的推动力。

第18章 "克莱骚圈"的外交设想

与1940年之后聚集在莱比锡前市长卡尔·弗里德里希·格德勒和1938年辞职的总参谋长路德维希·贝克身边并大力着手外交问题的民主保守主义反叛者不同，以赫尔姆特·詹姆斯·冯·毛奇和彼得·约克·冯·瓦滕堡为核心的松散的朋友圈子主要研究的是未来新秩序的内政方面，由这个圈子产生了后来的"克莱骚圈"。同时他们很早就意识到，他们所力争的新秩序不能仅限于德意志帝国，而是必须以欧洲为标准进行构想。

赫尔姆特·詹姆斯·冯·毛奇很清楚，第三帝国不可能赢得这场战争。但是直到1942年他还期待着战争对手会精疲力竭并导致其在战争谈判中投降，而且不会出现中欧列强

第四部分 第三帝国的抵抗运动

(Mittelmaechte) 的完全崩溃,也就是说,内政倡议还存在着活动空间[1]。毛奇指望纳粹政权能从内部衰败,而不是作为军事失败的结果。他将这视为要追溯到宗教改革时期的错误发展的终点,这一错误发展造成了西方普世价值的沦丧、对个人义务责任的放弃以及现代国家的产生。

毛奇诊断说,这是西方的衰落期,它因为国家社会主义而走到了它的终点和转折点。在1941年春关于《起始点、目标和任务》的意见书当中,他强调,战争结束提供了"一个有益重新构建世界的机会,这是人类自中世纪教会衰落以来从未有过的机会"。他期望出现异乎寻常的转折并谈到了一个"新纪元"和一个彻底的新开端,认为是时候为这个新开端做准备了。

就此而言,对"克莱骚圈"来说,从一开始就存在一个全欧洲的视野,同样,他们没有把国家社会主义得到承认理解为德国特有的而是欧洲的危机。随着纳粹政权对波兰和法国的军事成功而似乎到处都在突进的同时期的大区思想对他们没有影响,它们甚至使民族保守主义反叛者例如格德勒和乌尔里希·冯·哈塞尔产生了能带来德国领导下的欧洲团结的希望。对他们来说,倒不如说逐渐显露出来一个理念,它主张面对不管是美国还是苏联的影响都要维护欧洲的同一性。这尤其适用于"克莱骚圈"内的阿尔费雷德·德尔普神甫和耶稣会成员。例如,德尔普反对"地区外列强"的干预,而且在这方面他以西方的传统为依据,他将其理解为基督教、日耳曼遗产和古风的共生[2]。

致力于加强普世对话并从1941年起与西欧和德国不同

抵抗组织建立了相对紧密联系的那些人也有类似的考虑。威廉·维瑟特·霍夫特（Willem Visser't Hooft）、德国抵抗运动与海外基督教会最重要的联络人在他的一份备忘录中写道，反对纳粹德国的抵抗运动的最高目标必须在于"维护欧洲生活的完整"[3]。他与亚当·冯·特罗特·楚·佐尔茨保持着密切的联系，后者虽然加入了"克莱骚圈"，但是起初在外交政策上走了自己的道路。他将社会主义思路与职业原则联系起来，并谈到面对资本主义列强以及苏联的威胁"让欧洲的普通人亲如兄弟"。他眼前浮现的景象是在消灭极权主义制度后两种欧洲打造模式的结合："在大众时期之前的民主欧洲"和消除了这个欧洲之后的"民主欧洲"。他期望这可以"最终消除欧洲民族主义特别是军事表现形式的民族主义"[4]。

同样对毛奇来说，他所力争的欧洲革新也是与建立一种新生活形式分不开的，它与对共同的基督教根源的全体回忆联系在一起。这是他在1942年4月18日对他的英国朋友莱昂内尔·柯蒂斯（Lionel Curtis）说下面这番话的背景："对于我们来说"，他在斯德哥尔摩写道，"战争过后欧洲不是边境和士兵，而仍是复杂的组织和重大计划的问题"。对欧洲来说，至关重要的问题是，如何能"在我们的同胞心中重建人的形象"[5]。"克莱骚圈"的计划就针对这一目标，但是它没有停留在教育、宗教、家庭重建问题上，而是同样涉及未来欧洲宪法的原则。毛奇和约克——"克莱骚圈"最重要的灵感来源在有针对性地为下面这种情况做准备这一点上是一致的，那就是迄今为止的欧洲民族国家结构会在很大

第四部分　第三帝国的抵抗运动

程度上变得无足轻重，而且在领土方面也出现全面的新开端。他们相信，这一发展会导致产生一个自主的欧洲联邦国家，它必须拥有明确的对地区自治单位的命令职权，并且会在原本的民族国家里——特别是德国和法国——产生发展起来。

一个地区欧洲的构想直到今天仍散发着显著的魅力，在隶属或者依附于第三帝国的国家经济联系日益紧密的情况下，这个构想似乎预示着即将实现。毛奇说，从纳粹的掠夺经济中将形成一种欧洲复合经济[6]。《起始点、目标和任务》中就说明了对"从欧洲动员中产生一个大型共同经济组织"的期望，"它将由欧洲内部的经济机构领导"[7]。在毛奇和约克的倡议下，1943年6月的第三次克莱骚会议明确讨论了未来欧洲经济秩序的问题，并考虑在欧洲内部进行经济劳动分工、对农业市场进行均衡和针对生产过剩的威胁采取措施，以及要求采取共同的税收、贷款和交通政策，这样会为欧洲经济的共同发展奠定基础[8]。鉴于非德国货币在德国控制的经济集团内反正不能自由兑换，建立一个货币联盟的问题就变得迫切了。

通过这些规划，"克莱骚圈"将民族保守主义抵抗组织特别是以卡尔·格德勒为首的圈子的方案与自己拉近了，后者觉得放弃传统的民族国家属性要困难得多，而且他们追随一厢情愿的保证帝国在中欧霸权地位的想法的时间相对较长。"克莱骚圈"很早就同意将民族国家主权转交给一个欧洲中央政府并创建一部欧洲宪法。在这个问题上，亚当·冯·特罗特·楚·佐尔茨走在了前面，他在1939/1940年冬

希特勒与20世纪德国

天就考虑建立一个欧洲关税和货币联盟、一个共同的最高法院并引入全欧洲公民[9]。

克莱骚对未来欧洲新秩序的设想以一种双重性为特征。一方面它准备给予未来的欧洲机构全面的职权。例如要建立的欧洲"最高立法机构"不受制于成员国。毋宁说,其成员不应当由这些成员国选举而是应当直接选举产生,因此这实际上领先了欧洲议会的直接选举[10]。另一方面,毛奇设想的是将欧洲重新划分为"历史形成"的、规模类似的自治体,而它们又源自自发形成的"小社区"的联合,也就是说,把尽可能多的职能留在地方层面上。这种双重结构在实践中应当如何运作,计划中没有进行更具体的解释。毛奇和约克在宪法政策中对辅助原则有多坚持,他们对经济和社会政策需要欧洲联邦国家统一指挥的怀疑就有多小。

特奥多尔·施特尔策在1942年产生的《欧洲宪法体制》备忘录中记录的考虑以同样的方向为目标。他在其中要求建立一个欧洲联邦,同时它又拥有一个具有行动能力的政府,但是他希望避免任何的霸权解决方式。英国是会加入未来的欧洲联邦还是会隶属于美国集团,这一点仍然不清楚,这也是毛奇所斟酌考虑的[11]。在对未来欧洲联邦的基督教基础的强调(它在"十字架下的欧洲"这一表达下达到了顶峰[12])方面,施特尔策绝非孤身一人。在帝国思想和奥特马尔·施潘(Otmar Spann)职业思想的影响下,特别是"克莱骚圈"内的耶稣会成员主张加强基督教导向。与基督教界保持着联系并且受西方思想影响的新教徒也有类似的想法[13]。格奥尔格·安格迈尔(Georg Angermeier)、保罗·勒

第四部分　第三帝国的抵抗运动

施（Paul Roesch）和阿尔费雷德·德尔普的亲密顾问以及与高级神职人员的联系人在这个问题上持毫不妥协的立场，要求建立一个"欧洲民族"。他将其视为未来欧洲秩序的不可或缺的根基[14]。

对于德国在欧洲的领导地位还能持续多久，1944年"七二〇"运动内部存在着不同观点，具体来说，关于维持德国东部边境的问题，格德勒在很大程度上紧抓着虚幻的希望不放[15]。与之相对，毛奇很早就清楚，西里西亚（Schlesien）将落入波兰共和国手中[16]。另外，他以为，随着斯大林格勒战役之后普遍可以预见的战争的结束，和平政党将在有关国家占得上风并会表明决心赞同全欧洲就保证和平达成一致[17]。但是最晚到1943年春的时候，这个毕竟是幻想的情景就完全改变了。《大西洋宪章》和盟国无条件投降的要求再加上红军的军事成功在很大程度上造成了新的局面。

作为用心的观察者，毛奇没有忽略，盟国的决定严重缩小了德国反对派的行动空间。与此同时，他不想无条件地放弃主动权。他得出下面的结论，"在美英俄构成的紧张三角内，德国对秩序的贡献"必须发生，而且他醉心于存在直接和间接的可能来应对担心出现的"对欧洲生活的组织性压迫"的信念当中[18]。因此反对派的行动不能局限在发动具有补偿意愿的欧洲政治力量上，就像基督教界试图做的那样。倒不如说，必须尽一切努力说服西方政府相信德国反对派的存在和行动能力并促使它们合作。

尽管外交和军事整体形势令人沮丧，但毛奇仍坚持他的目标：破坏战胜国力争的对帝国的吞并，为帝国作为整体失去行为能力的情况在德国投降之前就使各州临时元首具有国家主权的一切特征。将贯彻眼下已经与其他抵抗组织达成一致的克莱骚纲领的任务交给他们[19]。毛奇希望,为此赢得西方占领国的宽容以及最终对自发的改革倡议以及自下而上进行的重建的肯定。"不管在外国势力要求下德国主动权被压制得有多严重,中小型自治体和技术组织自发的持续作用仍旧将是必要的。我们的任务将是主要在这些领域为这样一种思想做准备——以健康自治形式实现的个人社会主义是欧洲社会经济问题的普遍解决方式,并作为对欧洲和平的建设性贡献把它提出来",1943年春克莱骚集团的一份卷宗中这样写道[20]。

这些大致勾勒的思路并非完全成熟的(这也是因为毛奇在1944年1月被捕),但是这个概念框架却是清晰的,并给人以深刻的印象。然而,在早已得到巩固的盟国对德政策方案的狭窄走廊中为独立自主的和平计划指路的机会微乎其微[21]。与此相联系的是"从真实的德国内部改革出发对欧洲信任的形成产生影响"的这个目标[22]。同时,绕道欧洲的方式也是服务于这个目的的:也为德国保证"民族文化的和平发展"并阻止结构外的政治秩序原则被强加于人[23]。

一个划分成自治单位、具有联邦性质的德国可以构成欧洲新架构的细胞核——这个构想因为盟国的军事和外交决定而成了无米之炊。因此毛奇没有局限在此处所概述的计划的准备工作上。"克莱骚圈"与海外的接触不仅旨在为"克莱骚圈"的立场赢得国际支持,也越来越多的是出于让西方盟国放弃无条件投降要求的努力。

第四部分　第三帝国的抵抗运动

然而，事实证明，找到愿意将"克莱骚圈"立场转达给官方机构的外国伙伴变得越来越难。1942年4月特罗特·楚·佐尔茨给英国政府的备忘录就已经如此[24]，当时他鉴于苏联不断扩大的军事成功而寻求英国政府的合作，之后不久舍恩菲尔德（Schoenfeld）请求盟国给颠覆政府担保的备忘录也是同样[25]。紧接着1943年底克莱骚第三次会议之后产生的答"美国教会和平计划"的文件也没有得到华盛顿和伦敦的什么回应[26]。因此毛奇与国外建立联系的努力只获得了有限的成功[27]。

后来为反叛争取当时驻安卡拉大使弗兰茨·冯·巴本的值得怀疑的尝试也属于这些努力之一。在通过特罗特·楚·佐尔茨初次接触之后，1943年7月，毛奇在安卡拉与冯·巴本短暂会面，但是毫无成果。但是这构成了毛奇在12月尝试与美国驻开罗大使亚历山大·柯克（Alexander Kirk）建立联系的出发点。在1943年11月写给柯克的信中，毛奇指出，有效的军事合作"以政治方面意图的某种＝统一"为先决条件。相反，柯克在1944年1月递交的备忘录则明确表示，"除了德国武装军队无条件投降之外没有什么能结束欧洲的战争"[28]。因此，该行动主要因为美国接触伙伴的态度而失败，他们只是出于刺探情报的目的才与抵抗运动代表见面的。

在毛奇动身离开之后，他的接触对象亚历山大·柯克和汉斯·维尔布兰特（Hans Wilbrandt）撰写的以与他交换看法为基础的意见书说明了"该组织愿意与盟国进行政治和军事合作"的先决条件[29]。它旨在避免苏联占领德国，并以成问题的考虑为出发点,那就是能将德国支持盟国在西线登陆与东线战场的巩固联系在一起。其中它请求盟国理解,颠覆政府只有"借助十分强大的左翼才能行动",而且"不从属于莫斯科的共产主义者"的参与是可以容忍的。

这份意见书突出了"德国共产主义—布尔什维克主义发展"的危险,并强调,"德国民族布尔什维克主义的产生"是"德国最严重最危险的未来威胁",并警告说,"战争将由红军的胜利决定"。该文件只部分反映了毛奇的见解,但是他同样大力主张避免苏联进入到欧洲中部,而且他特别借助这一论据提出要与西方盟国进行政治——必要的话也进行军事合作。这其中包括了反对派观点中的一个重大进步,因为它不再坦率地拒绝德国无条件投降。但是特罗特在出国访问时始终坚持拒绝态度,这构成了他(和此前毛奇)考虑的开放德国西线战场的先决条件。

因为毛奇在 1944 年 1 月被捕,与西方盟国接触的不断努力而遭受了严重的挫折。虽然特罗特·楚·佐尔茨不知疲倦地致力于通过瑞典和瑞士与盟国建立联系,但是,和常常发生的一样,他的考虑遭到了严重的怀疑。这主要与企图打俄罗斯牌同时暗示轰炸战的负面影响分不开。与此同时,特罗特的立场与"克莱骚圈"其他成员的立场产生了差异,这是因为他进一步强调面对苏联的袭击应保证中欧的安全并突出了帝国的桥梁功能,这在《东西方之间的德国》意见书中得到了更详细的解释,遗憾的是该意见书遗失了[30]。特罗特与和艾伦·杜勒斯关系亲近的一位同事格罗·冯·格费尼茨(Gero von Gaevernitz)保持着密切联系,但是他认为

第四部分　第三帝国的抵抗运动

没有什么可能在政府面前支持特罗特的想法。与毛奇保持着活跃思想交流的乔治·凯南（George Kennan）的情况也没有什么不同[31]。

与挪威抵抗圈子保持着联系的特奥多尔·施特尔策在最后时刻试图在1944年7月撰写的给西方盟国的呼吁书中"以我们这个由不同政治阵营走到一起的圈子的名义"通过与反对派合作避免即将面临的混乱。"因此我们觉得自己有义务"，呼吁中说，"在形势使任何接触可能都变成空想之前尝试与三大力量接触"。但是在"七二〇"刺杀行动失败之后这份备忘录才到达伦敦[32]。同样，维瑟特·霍夫特支持世界基督教教会运动的努力和英格兰奇切斯特的贝尔斯（Bells von Chichester）主教进行的改变盟国政府看法、争取它们对计划的颠覆行动的积极支持的努力也失败了。因此，"战争背后的战争"和"七二〇"运动一样失败了[33]。但值得一提的是，恰恰是自1943年以来的外交接触表明，赫尔姆特·冯·毛奇尽管对刺杀行动还有顾虑，但他早就正确地参与到颠覆努力当中，并与施陶芬贝格保持着联系；同样这也适用于"克莱骚圈"的大部分人，他们都在毛奇被捕之后加入到围绕于克劳斯·申克·冯·施陶芬贝格的小范围抵抗圈子当中[34]。

第 19 章 "红色乐团"和德国抵抗运动

1942 年,盖世太保用"红色乐团"的名称来统称一个由知识分子、学者、艺术家和作家以及工人组成的范围很广的网络,盖世太保将其视作为苏联服务的情报组织。这个名称源自与苏联情报部门合作的告密者,他们在比利时和荷兰运作无线网络向莫斯科提供消息。然而,这个由哈罗·舒尔策－博伊森和阿维德·哈纳克领导、被赋予了这个名称、中心位于大柏林区的抵抗组织的核心并非从事专业间谍活动[1]。虽然舒尔策－博伊森自从 1941 年末就致力于与莫斯科进行无线电联系,但是,在苏联中间人愿意提供无线设备的情况下,计划仍然失败了。结果只向苏联伙伴发出了唯一一次实验性质的无线电报。因此,硬说存在一个"红色乐团"的

第四部分　第三帝国的抵抗运动

表述是误导性的，它不像同一时期利奥波德·特雷佩尔（Leopold Trepper）在西欧运作的那样具备有能力正常运转的无线电网络[2]。

"红色乐团"关系的是一个间谍组织的印象在冷战时期获得了新的养分，特别是因为东德历史学家以官方的历史见解为依据，强行赋予其完全共产主义的性质，并高估了它与非法共产主义抵抗运动的倒不如说是很少的联系。对战后的那几年来说，具有代表性的是下面这个事实：CIA提携了一些人——例如最高军事法庭顾问曼弗雷德·勒德尔（Manfred Roeder），他在帝国军事法庭的诉讼中扮演了至关重要的角色，并在很大程度上承担了描述的工作[3]。在麦卡锡时代占据主导的反共氛围有利于红色乐团是纯粹的共产主义秘密组织的神话继续存在。

因此在几十年的时间里，"红色乐团"被剥夺了隶属抵抗运动的权利；它被视为苏联情报部门管辖的纯粹的间谍组织。没错，该网络的部分成员寻求过与苏联情报部门接触，而且该运动的一些积极成员曾经试图向苏联政府提供有关的军事情报。但是他们没能成功地与莫斯科建立起具有承载能力的无线电联系。相反，苏联情报部门犯了一个不可饶恕的错误，它将几个联系人的名字未加保护地用一系列加密不足的电报泄露出去，因此被盖世太保发现了痕迹。这在1942年8月导致150多次抓捕行动和轰动性的"红色乐团"参与者遭帝国军事法庭起诉事件[4]。

东德的史料编纂特别强调了该组织的共产主义性质，在联邦德国，德国研究界直到20世纪90年代初才全线加入到格哈德·里特尔（Gerhard Ritter）的阵营当中，他在其关于卡尔·格德勒和德国抵抗运动的重要著作中对"红色乐团"进行了批判[5]。批评在《明镜》周刊编辑海因茨·赫内（Heinz Hoehne）在其他方面十分重要的研究中达到了顶峰，他剥夺了它成为抵抗运动一部分的权利，并认为它作为进入一个外国情报部门齿轮装置的组织没有什么重要性[6]。直到20世纪80年代末，布拉格的帝国军事法庭档案和莫斯科的其他相关材料才对研究开放。历史见解的修正首先要追溯到柏林德国抵抗运动纪念馆的倡议[7]。

事实上，对这个反对网络来说，为苏联进行各种间谍活动只扮演着从属性的角色，而且1942年被捕的大多数人都对其一无所知。他们当中很多人在攫取权力之前（这与资产阶级抵抗运动完全不同）就已经明确反对国家社会主义了，但是除了以阿维德·哈纳克和哈罗·舒尔策-博伊森为首的小圈子之外，它没有一个密谋组织的雏形。

这个被称做"红色乐团"的组织直到1941年才成长为一个松散的不同抵抗圈子的联盟。它绝对具有个人的特征，而且同谋和知情之间的界限因此必然是不确定的。在最高层的一方面是经济专家阿维德·哈纳克——著名人文科学家阿道夫·冯·哈纳克的侄子，另一方面是最初的《反对者》（*Gegner*）杂志圈子成员航空专家哈罗·舒尔策-博伊森。1931年哈纳克与西格弗里德·伦茨（Siefgried Lenz）一起建立了一个研究俄罗斯计划经济的工作组，不同政治倾向的学者和投身政治的政论家在这里进行讨论，其中包括埃米尔·莱德雷尔（Emil Lederer）、奥托·赫茨施（Otto

第四部分　第三帝国的抵抗运动

Hoetzsch）和克劳斯·梅纳特（Klaus Mehnert），还有捷尔吉·卢卡奇（Georg Lukacs）、恩斯特·尼基施（Ernst Niekisch）和恩斯特·荣格尔（Ernst Juenger）。与此同时，作家恩斯特·库克霍夫（Ernst Kuckhoff）领导着一个政治论坛，并且与沙尔芬贝格学校（Schulfarm Scharfenberg）和奥登瓦尔德学校（Odenwaldschule）——也就是和改革教育学核心有联系。通过米尔德里德·哈纳克-菲什（Mildred Harnack-Fish）（阿维德·哈纳克在美国访问研究时认识了她，之后不久与她结婚），与美国驻柏林大使馆的联系也建立起来[8]。

以哈罗·舒尔策-博伊森出版的半月刊《反对者》为核心的圈子与这个不同艺术圈和文化圈组成的松散网络保持着联系，前一个圈子很早就开始反对国家社会主义工人党，但是在国社党攫取权力之后只维系了几个月的生命。博伊森投身青年德意志骑士团的活动，并在1933年和团结在"大德意志联盟"（Grossdeutscher Bund）下的联盟运动的其他人建立起联系。1933年4月，他写信给他的母亲说，他"以年青一代的精神统一和一种骑士团和精英的形成为目标"，这符合魏玛共和国后期针对资产阶级政党的集会努力路线[9]。这个最初来自保守派阵营的年青知识分子当时还沉醉在能将国家社会主义运动向着彻底的社会主义方向引领的幻想中。他眼前浮现的是一个超然于党派形成的年青一代联盟的景象，而且他希望避免与现有的政治党派产生任何联系："我们不服务于任何政党。我们服务于看不见的成千上万人的联盟，现在他们还分布在所有阵营当中，但是他们知道，他们必须走到一起来的那一天很近了。"[10]《反对者》的规划就服务于这一目标。舒尔策－博伊森将他的一部分财产投资到这份杂志上，并作为权威编辑撰写了大部分的文章。1933年4月20日，也就是在希特勒内阁形成几个星期之后，《反对者》就以醒目的大字印刷了一篇社论，他在文中自称为"第三个普鲁士的先头部队"并支持在一个"独立的德国"里进行一场"自下而上的社会主义革命"，而这个德国不应反对而应与苏联共同行动[11]。

这个倡议迅速成为盖世太保禁令的牺牲品（舒尔策－博伊森也一度被捕），它只有放在魏玛共和国后期政治分裂的背景下才能理解。舒尔策－博伊森和他的志同道合者最初来自右翼阵营，但是在1928年加入了阿图尔·马劳恩（Artur Mahraun）领导的"青年德意志骑士团"，舒尔策－博伊森与他保持着私人联系。1931年脱离德国国家党（Deutsche Staatspartei）的"青年德意志骑士团"同样争取建立一个年青一代的跨党派组织。它与奥托·施特拉塞尔是一致的，可是后者被迫流亡国外。但是舒尔策－博伊森能使国家社会主义者反转到一个反资本主义、社会主义革命方向的视角从一开始就错了。

舒尔策－博伊森很快不得不体会到，在纳粹政权下继续他的记者工作是毫无希望的了。因此他选择通过进入纳粹等级制度累积经验和人脉的办法，同时也通过应召加入国防军来为自己获得职业支持。起初他不相信国家社会主义者会将在他看来无疑存在着内在矛盾的纲领付诸实施。从1934年开始，舒尔策－博伊森对纳粹现实感到越来越满足，他过于

第四部分 第三帝国的抵抗运动

高估了其社会主义萌芽,而且他承认纳粹政权具有一种过渡功能,因为它加速了西方资产阶级文明的瓦解。"在普遍的混乱中",第三帝国"安静并可靠地"遵循着它的道路,他这样记录说。

这绝对不是一个轮廓确定的内政方案。对哈罗·舒尔策-博伊森来说,形成接替传统政党形式的"骑士会"的思想占据着主要的位置,其中,他曾经所隶属过的"青年德意志骑士团"继续产生了榜样的影响。他遵循着建立一个由年青一代支撑的"反对精英"的构想,他们将在一个广泛的社会主义新秩序中消除旧世纪资产阶级—资本主义的包袱。尽管他有着民族保守派的背景,但是舒尔策-博伊森很早就支持与苏联联合。他和其他很多人都觉得世界经济危机是资本主义的致命危机。这强化了当时流行的对苏联的好感和对德意志帝国采取联合行动反对《凡尔赛和约》的保障力量的肯定。在这一背景下可以看到,阿维德·哈纳克与苏联驻柏林商贸团代表特别是与亚历山大·考提科夫(Alexander Kortikov)建立了紧密联系,而且他对苏联经济发展进行了深入的研究[12]。

起初是期望及早消除纳粹专制制度,此后哈罗·舒尔策-博伊森遵循的是在与苏联合作建立欧洲新秩序的构想。哈纳克也赞成这一路线,但他同时没有中断由妻子米尔德里德·哈纳克-菲什促成的与美国外交界的联系。特别是舒尔策-博伊森打算从内进一步推动这个作为"国家社会主义革命"革命主义特征得以突出的想法。还在为《反对者》杂志工作的时候,他就想过西方的新秩序和一种新类型的人的产生，它将擦去资本主义和中产阶级的错误立场并催生一种"社会主义民主制度"，不管届时它看上去会是什么样。在这里，他摆脱了民主的幻想，更多的是为了实现新秩序而赞成独断专行的方法。在这一背景下，舒尔策－博伊森希望苏联能作出建设性的贡献，然而他对斯大林统治的不人道和破坏性特征认识错误——就和很多与他同时代的人一样。对这个由他建立起来的同情者组织来说，在避开西方国家立场的同时将苏联理想化很有代表性。纳粹外交政策的反苏导向引起多大关注，这种情况就有多严重。

因为他对苏联自然资源和人口条件的全面了解，阿维德·哈纳克一刻也没有怀疑过：苏联将决定着即将到来的第二次世界大战，而且它将毁灭"这个旧欧洲及其迄今为止的文明"。舒尔策－博伊森也坚持这样的估计，苏联将赢得战争并"埋葬旧欧洲及其迄今为止的'文明'"。他将此与乐观的期望联系在一起：之后"真正的世界大战才会开始"，在这场战争结束的时候，社会主义生活方式将普遍得到承认。他在1942年初还这样记录说，在这场随后完全爆发的冲突当中，德俄关系将构成世界政治的支点[13]。

就此而言，舒尔策－博伊森仍停留在最初的全球社会主义变革的观点上，因为西方资本主义列强的失败，希特勒间接为此进行了准备，而且苏联将在这一变革中发挥决定性的作用。这是相当不明确的揣测，它们源自根深蒂固的反西方态度并显示出对苏联强权的潜在恐怖主义的危险低估。因此，与内在合乎逻辑的考虑相对应，舒尔策－博伊森和哈纳克毫不迟疑地通过与苏联情报部门合作来支持苏联的立场并

第四部分 第三帝国的抵抗运动

将重大情报交给莫斯科,尽管众所周知建立自己的无线电联系的尝试失败了[14]。

在不战就取得吞并奥地利、建立波西米亚和摩拉维亚保护国的外交成功之后,纳粹政府决定采用战争手段使得舒尔策-博伊森、阿维德·哈纳克以及他们的并肩作战者有可能从这时开始借助防止战争的要求在德国国民中寻求共鸣。鉴于多年来与苏联外交官所保持的联系,他们没有片刻怀疑过,德苏《互不侵犯条约》只是防止两条战线作战的战术诡计而已。他们很早就察觉到德国正在准备对苏联的袭击。通过他在帝国航空部的关系,舒尔策-博伊森利用机会在袭击前好几个星期就向莫斯科通报了德国的袭击意图。但是斯大林粗暴拒绝听信,就和其他听起来差不多的情报一样。然而,尽管苏联领导层对关于德国作战的机密情报感兴趣(而且这让人看出了他们的战略意图),但是舒尔策-博伊森通过当时已得到巩固的与苏联情报部门的接触与莫斯科领导层建立政治接触的持续努力却全线失败了。

和多数资产阶级反对派一样,吸收了大量小范围朋友圈子的舒尔策-博伊森和阿维德·哈纳克为首的小集体也缺乏一个具有承载能力的方案——如何能消除起初没人相信它能存活多久但是很快就巩固成专制制度的纳粹统治。事实证明,这个抵抗组织网络内的个别小组织所力争的战略——通过贴纸条、散发传单和非法传播关于腐败的出版物、就社会不公和暴力政策对公众进行启蒙——没有什么前途,因此,通过一场跨党派运动取代政权的最初目标没有任何实现的可能。

希特勒与20世纪德国

阿维德·哈纳克1937年就表示,"政权的瓦解"只能从内进行:"反对派必须把他们的蜘蛛网吐遍整个政权的齿轮装置,与此同时努力与国外建立联系。"[15]这符合哈纳克以及舒尔策-博伊森遵循的策略:占据国家机关(例如帝国航空部)中具有影响力的职位,并由此建立一个在纳粹体系出现外来危机时有能力接管权力的网络。人们当然可以认为这是乌托邦对其嗤之以鼻,但是同时人们应当清楚,即便是1944年的"七二〇"运动(除了军事专制作为过渡办法之外)也没有任何具有说服力的新秩序方案,更遑论在1941年之前了。

从1941年起,避免或者尽可能快地结束与苏联战争的努力进入到哈罗·舒尔策-博伊森密谋活动的核心位置。由此,根据它的内在逻辑,这个抵抗组织进入到一个有利于苏联的战斗姿态中,是为其成就进行辩护的时候了。与德国政治和军事领导人相反,阿维德·哈纳克和哈罗·舒尔策-博伊森很早就十分清楚地看到,鉴于红军的军事优势,中期来看德国方面没有于己有利的决定东线战事的机会。这一判断是正确的,这一点毫无疑问。克劳斯·申克·冯·施陶芬贝格直到1942年夏天才得出这个结论:继续这场不仅针对苏联体制也针对俄罗斯人民的战争必定将以一场军事上的灾难而结束——单单是因为人口的状况和德方在莫斯科战役之后持续并且无法再弥补的极大损失就已是如此。

"红色乐团"对征战俄罗斯以及双线作战的警告是再正确不过的。它们化为下面这个痛苦的认识,舒尔策-博伊森在1942年初撰写的非法传单中这样总结说:对苏联的战争

第四部分　第三帝国的抵抗运动

必然会在军事上失败。该传单的题目是《对德国未来的担心遍及人民》，它在1942年2月被寄给了几百位收信人。舒尔策-博伊森在其中对"俄罗斯战争的荒谬"进行了抗议，他说"最终胜利"的空话是无稽之谈，并警告不要"继续这场让整个大洲都成为废墟的战争"。其中值得注意的是对帝国军事失败不可逆转的既早又准的预言："国家社会主义德国的最终胜利不再可能。将战争每延长一天都只会带来难以言说的痛苦和牺牲。"恰恰是与军方反对派对战争形势的判断相比，这种明确的表述给人的印象极深，并且表明，通过对苏联国内发展的深入研究，哈纳克和舒尔策-博伊森都得出了一个比甚至是克劳斯·申克·冯·施陶芬贝格和亨宁·冯·特雷斯科还要实际得多的看法[16]。

"红色乐团"不眠不休的宣传活动留下的记录十分有限。与反叛者行动接触过的人的范围无法估计，散发传单和反战宣传的规模也是同样。这主要与参与帝国军事法庭诉讼程序的人必须履行义务不能报告他们为"红色乐团"进行的活动有关。这一保持缄默的趋势在1945年之后得以继续，当时在公众中占据主导的反共态度使得时代见证者和幸存者在心理上几乎不可能说出自己在抵抗运动中的作用。因此，这一全面鼓动反战的活动只留下了蛛丝马迹。与此同时，审讯的官员在1942年8月31日抓捕行动开始之后对平民反叛活动不感兴趣，而是完全把精力放在寻找与苏联情报部门和共产主义抵抗组织的接触上，这也发挥了作用。

1941年6月22日促使哈纳克和舒尔策-博伊森身边的朋友圈进一步重叠了。这其中包括雕刻家库尔特·舒马赫、前共产党员瓦尔特·屈兴迈斯特（Walter Kuechenmeister）和前共产党编辑瓦尔特·胡泽曼（Walter Husemann）。一群规模更大一些、与政党没有密切关系的年轻共产主义者加入到他们当中。这些反叛者致力于让德国国民认识到纳粹政权毫无意义和犯罪性质的政策。舒尔策-博伊森的非法传单这样迫切地表达这一希望说，"心系人民的国防军力量与工人阶级和知识分子中最优秀的部分坚定地走到一起"将带来一个转折；只有"拒绝服从和履行义务"才有可能"挽救民族免于沦亡"[17]。舒尔策-博伊森在他的宣传小册子中要求，"关于真实状况的事实必须渗透到人民当中"，并要求摆脱"谎言的泥沼和阴险的别有目的的乐观主义"。"我们必须最终结束德国人的旧的错误观念——认为国家是在更高一级的存在。"[18]

最值得一提的是将德国对俄罗斯平民的犯罪行为记录下来并将从中得出的认识在非法传单中传播的倡议。让国民知道真正的战况并推动消极抵抗的努力随着1942年夏天《国内战线》的出版而达到顶峰——它的出版被算在约翰·西格（John Sieg）的名下。舒尔策-博伊森的意见书《对德国未来的担心遍及人民》就刊登在这里，当时的署名是"亚基斯"，并被主管的帝国军事法庭判决委员会称做是"被告最激烈和最恶心的拙劣之作"[19]。这些出版物虽然只留下了样本，但却是一场全面宣传战的组成部分，它由约翰·西格在《致东线战场公开信》的标题下推动[20]。它也包括给人以深刻印象的《给警察主管的信》，这封信不加粉饰地揭露了随着游击战冲突在俄罗斯的发展国防军犯罪的不断

第四部分 第三帝国的抵抗运动

升级[21]。

"红色乐团"这个宣传鼓动的方向以下面的希望为基础，那就是通过与苏联领导人接触（其中包括传递对战争十分重要的机密情报）为在纳粹政权战败后进行谈判的选择做前期的准备[22]。特别是俄罗斯专家阿维德·哈纳克是从这样的期望出发的：斯大林"绝对不会敦促德国苏联化"，而是会满足于一个"非法西斯主义、非帝国主义制度在德国"的存在，"不需要担心它会有攻击性的倾向"[23]。这与舒尔策-博伊森对他父亲说的话不谋而合：人们必须避免1918年的局面再次出现，其特点是德国缺乏庇护和支持[24]。

这样一个亲俄、亲共的态度对在1944年"七二〇"运动中联合在一起的那些组织的多数人来说是无法接受的。直到跨党派人民运动计划——"社会主义行动"——诞生，他们才有意识地向缔造一场"人民革命"迈出了一步，但是这应当在颠覆完成之后才付诸实施。如果不是苏联情报部门的重大错误暴露了柏林组织主要人物的名字从而使他们被盖世太保抓获，"红色乐团"本可能在抵抗纳粹政权的斗争中扮演重要的角色，因为盖世太保显然没有渗透到他们的网络当中[25]。

尽管如此，恰恰是在与第三帝国其他抵抗组织进行比较时，"红色乐团"拒绝和抗争纳粹统治的激烈程度和决心都十分突出。它成功地调动起相当广泛的抵抗潜能。在对政权彻底拒绝的态度上，它超过了其他所有组织，甚至是非法的德国共产党，而且它对系统毁灭政治道德伦理基础的批评与"白玫瑰"的传单和"克莱骚圈"的意见书不相上下[26]。因此，它并非德国抵抗希特勒运动历史上的细枝末节，这还完全没算上它在国民中所拥有的高度支持。这些建立针对所有民众的反战宣传的尝试很遗憾只保留下来了一部分，它们呼吁建立一个"国内战线"，同时试图与资产阶级抵抗组织建立联系，它与这些组织保持着松散的个人联系，比如说与卡尔·迪特里希·冯·特罗塔（Carl Dietrich von Trotha）[27]。因此，这个抵抗行动的多样性就不令人意外了，它从不隶属于莫斯科的共产主义组织延伸至资产阶级阵营的基督教保守主义的希特勒反对者[28]。

第20章 汉斯·罗特费尔斯：连接不同时期的历史学家[1]

汉斯·罗特费尔斯属于少数被迫移民并在1945年后走上回国之路的德国高校教师。在蒂宾根（Tuebingen）教授近代史的25年里，汉斯·罗特费尔斯得以再一次至关重要地影响了德国历史学，并为联邦德国的内在上层建筑作出了贡献。本书不是一一列举他在教职工作之外担任无数职务和荣誉职务的地方，也不是对公众给予他的承认进行描述的地方。不久前出版的扬·埃克尔（Jan Eckel）的全面著作要更为适合，这部题为《一位知识分子的传记》的作品对这些传记性材料进行了准确和有益的调查[2]。因此，这里的关键也不可能是再次对汉斯·罗特费尔斯的人生道路进行阐述。我更多的是想尝试将他的毕生事业与历史联系起来，这一历史背景以德皇时代结束、魏玛共和国瓦解、国家社会主义工人党攫取权力和政权强行采取隔离与移民措施乃至联邦共和国的建立为特征。

罗特费尔斯认为，历史学家的职责不在于对被遗忘或者被忽视的原始资料库存进行实证性的累积。他的全部作品首先以量多得几乎无法遍览的历史政治随笔见长，它们的突出特点是致力于在不同时代之间架起桥梁以及构建一个统一的历史进程——尽管经历了一些断层。这与他生活经历的影响是一致的。作为弗里德里希·迈内克（Friedrich Meinecke）学派的成员（他很早就在其中扮演某种同类中佼佼者的角色），他处在德国帝国传统的影响下，受到历史主义的决定性影响[3]。

战争的经历、受重伤和退伍给他带来了深深的创伤，这尤其体现在他对军事史课题特别是对卡尔·冯·克劳塞维茨（Carl von Clausewitz）的兴趣增大上面[4]。与弗里德里希·迈内克不同，罗特费尔斯没有与魏玛共和国建立有益的关系，尽管他放弃了君主制思想并认为复辟计划是陈旧过时的。纳粹政权强加给他的指责在最后一刻导致罗特费尔斯移民国外，先是英格兰，然后是美国，但这并不意味着他观点上的深刻改变。与费利克斯·吉尔贝特（Felix Gilbert）和哈约·霍尔本（Hajo Holborn）等德国移民不同，罗特费尔斯没能将美国当成自己社会和文化上的家乡[5]。

因此，虽然放弃了芝加哥高级教授的职位，但是回到德国并不意味着其历史政治见解发生了深刻重大的转变，尽管

第四部分　第三帝国的抵抗运动

美国的经历给他本质上保守主义的思想加入了适度的自由主义思想。罗特费尔斯并不是没有犹豫过，这主要是出于物质供给的考虑，但是当他决心追随蒂宾根的名望时，他首先致力于建立信任，起初是在职业范围内，但后来也包括在面对占领国和外国代表德国利益的时候[6]。

同样在历史工作方面，罗特费尔斯也把精力集中在这一目的上。出发点首先是为奥托·冯·俾斯麦面对德皇威廉的错误的"世界政策"而采取的对外但也包括对内政策进行辩护，这种错误的政策演变成了第一次世界大战的惨败。因此，对俾斯麦联盟体系特别是与俄罗斯缔结庇护条约的辩护是其分析的核心，他同样进行了辩护的还有这位帝国首相在实现帝国统一之后所遵循的谨小慎微和防御性的外交政策，它显然与来自普鲁士保守派还有民族自由党（Nationalliberale Partei）方面的嘹亮声音不同。

即便在他 1965 年 4 月 1 日在德国联邦议会前发表的纪念这位帝国创建者诞辰 150 周年的讲话当中，罗特费尔斯仍对这位政治家的伟大及其深思熟虑的外交远见坚信不移。他为俾斯麦的一个"保持不完整的民族国家"的目标进行辩解，并回忆说，放弃进一步加强国内团结是出于外交上的考虑——当然这在他去职之后对稳定的执政形势造成了阻碍[7]。

这一亲俾斯麦的基本立场与对威廉二世的尖锐批评联系在一起，在历史学家看来，这一基本立场也将参加过战争的一代与大多数更老一点的专业代表区分开来。他们对俾斯麦内政的评价也与之相对应。罗特费尔斯很早就指出了他所认为的社会福利政策立法的根本意义，实际上它奠定了一直存在到今日的德国福利社会的重要基础。然而,俾斯麦在保险立法方面没能顶住民族自由党的压力获得成功,没有产生一个更具有弹性的社会问题解决方案,对此罗特费尔斯感到遗憾。根据他早期的经典研究——1927年出版的《特奥多尔·洛曼(Theodor Lohmann)和国家福利政策的斗争年代》,在帝国档案进行了广泛的原始材料研究之后,直到在蒂宾根的时候他还打算对他关于俾斯麦社会福利政策的著作进行补充完善。为此,他显然将这些档案摘选一起经美国带到了蒂宾根,但没找到机会完成这项工作[9]。正如罗特费尔斯强调的那样,普鲁士德国迅速扩张的经济发展越来越将俾斯麦的社会福利政策思想(他作为大庄园主的经历对此产生了深刻影响)挤到了旁边,这肯定在其中发挥了作用。

重点为什么这么强调、解释的关键在于,罗特费尔斯可能受奥斯瓦尔德·斯宾格勒的"普鲁士社会主义"纲领的影响,无法摆脱这样的想法:认为国家大权和职业结构的结合是社会冲突的解决方案,并因此将德意志帝国的内在巩固理解为历史性的但是后来错过了的机遇。此类的考虑一直伴随着罗特费尔斯,直到晚年。他将俾斯麦和马克思尊称为归根结底互为补充的历史力量并将其与自由传统相对的尝试也是与此分不开的,尽管这一想法在斯德哥尔摩国际历史学家大会上很难得到华约集团同事的好感[10]。

与此同时,在罗特费尔斯的史料编纂著作当中,试图在19世纪上半叶特别是1848年革命与当前之间架起思想桥梁的努力扮演着核心的角色。他认为中东欧至关重要的错误发展是贯彻了国籍原则以及民族国家。他不知疲倦地为"自

第四部分　第三帝国的抵抗运动

治的帝国的东面"的辩护也是属于此类,同样还有他顽强坚持的论点,这位帝国创建人原则上拒绝国家社会主义的原则并且只是在不情愿的情况下与民族自由党派达成了妥协,特别是在阿尔萨斯—洛林问题上[11]。

罗特费尔斯一再谈到俾斯麦"符合上帝意愿的民族"(gottgewollt Nationalitaeten)的说法,而且他说与自由派在民族问题上走到一起纯粹是战术性质的,这样他在这方面还有在与同时代力度加强的研究相比的情况下就进入到某种局外人的位置上。我还清晰地记得,他把奥托·普夫兰策(Otto Pflanze)关于俾斯麦在帝国统一问题上立场的首批单行本交给我时说"请防守",因为我当时正忙于《从俾斯麦到东方》的修订版。

我们不能不看到关于这方面的本质性的东西。俾斯麦个人在罗特费尔斯的整体观念中发挥着与随着威廉二世"个人统治"开始的中欧错误发展（包括国家社会主义）相对的代表人物的作用。俾斯麦没有摆脱独裁专制特征的喀提林(catilina)式强权意愿——在没有对这一点认识错误的情况下,罗特费尔斯一再强调俾斯麦的现实政治与深刻的伦理基础联系在一起,这促使这位帝国创建者对战争强权手段加以局限并从道德上采取行动。因此罗特费尔斯的兴趣也触及了卡尔·冯·克劳塞维茨及其战争理论。

通过突出强调俾斯麦的国家思想,罗特费尔斯以同时代的德国史料编纂为出发点,而且他将国家与民族对立起来,这对我们当前的概念来说是陌生的。其中在历史主义中得到提炼的理想主义的认同哲学继续发挥了作用。罗特费尔斯也痛苦地意识到，国家的理念作为本质上的道德力量遭到了特别是国家社会主义统治的驳斥并被证明是天真的。同时，他的整个历史编纂立场旨在在唤起国家思想（他正确地将其与希特勒肆意妄为的统治相对）的情况下促生一种历史政治连贯性的要素。这应当有助于消除德国近代史（也是他人生经历）中的深刻断层。

随着接受邀请来到享有盛名的"边境"大学柯尼斯堡（Koenigsberg）大学，汉斯·罗特费尔斯不再从事针对俾斯麦和普鲁士的出版活动，并开始越来越多地着手中东欧民族问题的解决。他一再强调说，人种均一的民族国家原则在东部种族混杂的地区肯定会失灵，而且巴黎和会上制定的领土新秩序只在后继国家内部导致了新的民族冲突。因此他在回顾时坚称这个哈布斯堡多民族国家原则上具有生存能力。他认为俾斯麦一度考虑过的将普鲁士和这一波兰地区在领土上结合起来的计划是一个可行的但可惜被错过了的解决办法。

类似的还有，他强调，俾斯麦虽然打算利用一切可支配的手段对波兰贵族和神职人员的民族主义努力采取行动，但是相反他没有质疑波兰农民的政治忠诚度并因此拒绝将西普鲁士省份系统日耳曼化，这背后隐藏着的是对跨国解决德国少数民族在新建的波兰和巴尔干国家的境遇的希望。与此相联系，他更偏爱在爱沙尼亚一度具有生命力的德国国民的文化自治，而且他赞同奥地利社会主义者卡尔·伦纳（Karl Renner）和奥托·鲍尔（Otto Bauer）的类似思想，他们用人的原则取代领土原则，这也反映在波西米亚和布科维纳（Bukowinisch）问题的调停中。

第四部分 第三帝国的抵抗运动

鉴于德波关系在20世纪30年代初严重激化，罗特费尔斯希望通过此类解决尝试迈出走向中东欧大区新秩序的头几步。在他看来，其重要性足以让他积极参与到德国代表团为华沙国际历史学家大会所作的准备工作当中并提出他的新秩序方案，尽管身为犹太人的他个人遭到了中伤和迫害。最终，他因为中伤后来拒绝主动参与活动，但是仍参加了代表大会[12]。

尽管对国家社会主义进行了种种批评，但是罗特费尔斯存在着不利于斯拉夫人的以德国为中心的视野上的局限，正如沃尔夫冈·诺伊格鲍尔（Wolfgang Neugebauer）最近强调的那样[13]。罗特费尔斯在柯尼斯堡后期对中东欧区新秩序的考虑包含了方向上的适度调整，但他不想触碰到波兰共和国的存在问题。它们具体以某种不明确性见长，这是与其空想的性质密不可分的，它们以各民族在这个历史决定的混杂条件下和平共存为目标并反对民族排他性和种族主义狂热。在这些条件下，他承认德意志的民族特性（Deutschtum）具有文化上可能还有政治上的优越性。因此只产生了与国家社会主义移民思想以及同时代民族特点理论的十分有限的亲和性。但是罗特费尔斯在第二次世界大战之后也可能又以这些思路为出发点并将其转用到一个欧洲共同体的构想上。

扬·埃克尔持这种看法，罗特费尔斯对东部地区的秩序设想中体现了"一种总体来说沙文主义的优越性思想和支配思想"[14]。但是他从罗特费尔斯关于《中欧思想的形成》的文章中得出了片面的结论，并忽视了发挥"前哨"作用的东部德国少数民族被有意识地赋予了"中间人的工作"，这恰恰不能归因于民族国家的狭隘以及民族主义的"强权思想"。一种自己无意识的对斯拉夫民族优越感肯定进入到罗特费尔斯的考虑当中,正如埃克尔所强调的,这对"中立平衡"的机会构成了威胁[15]。

在做这些考虑时,罗特费尔斯受到了土生土长的民族意识的影响,而且在1975年时他还表示,"民族性"是"欧洲生活不可缺少的一个范畴",但是必须避免它成为欧洲各民族共同生活的"毁灭性的爆炸装置"。鉴于西德广泛的对民族相对的漠不关心,他说:"拒绝民族意识"违背了"历史性以及人的尊严"。在他看来,他所认定的"民族性的不容商讨性"允许两个德国暂时的分开发展——也就是"两个祖国的可能性",但是他另一方面谈到了坚信重新统一前景的"民族责任",这并没有将积极支持维利·勃兰特(Willy Brandt)的关系缓和政策的可能性排除在外。

从这时开始,罗特费尔斯用戴高乐的"祖国的欧洲"意义上的欧洲联合努力取代了建立中东欧新秩序的努力,他试图以此方式来重新填补1918/1919年态势与逐渐显露端倪的联邦德国向西融合态势之间的悬而未决的不确定性。他一度认为在受二战影响最大的国家里感受到了"民族主义的超高潮"[16]。在南欧冲突方面,他与这种构想保持了距离,但是坚称民族国家没有能力解决民族问题。因为他同意为即将进行的驱逐文献资料汇编作学术顾问,他越来越清楚这是一条错误的道路,而它肯定在于信誓旦旦相互指责对方不正当上。另外,他毫不动摇地坚称在波茨坦西方盟国在驱逐问题上没有做好。

第四部分　第三帝国的抵抗运动

罗特费尔斯的学术全集在从美国回国之后就着手架起德国历史传统的桥梁（其中对奥托·冯·俾斯麦和普鲁士传统的引证扮演了核心角色），这无需详细的解释。通过坚持自己历史学家的个人身份，他同时试图在国家社会主义可怕的道德和政治灾难面前重新建立起连贯性，而且不管是在方法上还是内容上他都没有因此而走新的道路，那样的话对这位60多岁的学者来说将是个过分的要求。

同时，除了他在专业机构内的重要地位之外，罗特费尔斯不管是在抵抗希特勒运动历史还是当代史研究发展方面都确立了新的重点。两者都与重新获得历史连贯性的努力有关。罗特费尔斯的《德国希特勒反对派》的基本阐述就是个例子，其英文版1947年就已出版。罗特费尔斯试图表明，与受国家社会主义诱骗的部分民众相对还存在着"另一个德国"，他们从他所强调的俾斯麦帝国和新保守主义的传统蕴藏中汲取营养。与西方盟国在很大程度上淡化德国抵抗运动存在的趋势相对，罗特费尔斯勾勒出了一幅不同抵抗组织的全景。

1947年以英文、1948年以德文出版的该项研究从一开始就获得了广泛的国际反响[17]。在西德，它被理解为减轻道德负担的主动出击。事实上，对罗特费尔斯来说，关键是证明"另一个德国"的存在，而且他选择了一个范围很广的抵抗运动的概念，它将共产主义者也包括在内；直到冷战时期，罗特费尔斯才逐步回撤，但他仍坚称"红色乐团"的追随者虽然与苏联有联系但仍应算作抵抗组织[18]。他试图表明，反对派包括所有社会阶层和政治、宗教立场的成员，而且这总体来说是具有代表性的德国国民的反映。

起初西德公众把罗特费尔斯的书视为抵制对德国笼统批评和德国集体罪责论点的行动，而对他来说，关键主要是象征性地在抵抗运动中看到德国历史的连贯性。因此他强调，"人性对非人性战线的形成"超越了导向政策上的分歧，而这体现在抵抗运动上。他认为，即便在面对颠覆很大程度上没有成功希望的情况下——决心抵抗是在一种"非常情况"下（正如他惯于强调的那样）对"维护不会磨灭的人性的回忆、为一个还未知的未来挽救人的形象"的贡献。

罗特费尔斯将抵抗运动理想化的趋势是与他促生历史—道德意义的普遍努力相关的，这应当在"德国灾难"之后为德国作为民族生存下去奠定基础。罗特费尔斯认为，不管成功属于什么类别，抵抗运动对维护人性的至关重要的贡献是人的投入的"绝对性"。这种有意识的美化首先具有产生一种与国家社会主义时期之前的德国历史"连接"的功能，并且鉴于在第三帝国发生的早前价值观的瓦解，它为一个新开端奠定了基础，但却很难像尼古拉斯·贝格（Nicolas Berg）做的那样与对"民族赦罪"的需求等同起来[19]。对罗特费尔斯来说，关键是在第三帝国的灾难过后与旧的历史传统联系起来。

罗特费尔斯的第二个全面倡议是积极支持对德国当代史研究的学术承认和机构扩建。这体现在他长年担任《当代史季刊》的编辑上。他独特地将"当代史"确定为"共同生活者的时代"，并召唤产生影响的历史认识的"主观因素"及其不可否认的道德涵义[20]。罗特费尔斯以其特有的绝

第四部分　第三帝国的抵抗运动

对性大力反对"任何形式的遗忘意图",并警告人们不要舒服地排斥对国家社会主义强权政策的共同责任。历史研究"即便在最陡峭的(山崖前)也不能避开",它必须有助于"净化我们周围和我们之间的空气,并强化这样的力量,对这些力量来说,关键是维护人的尊严,即便是面对着新的危险"[21]。

汉斯·罗特费尔斯自1952年起花在《当代史季刊》出版上的精力与这样的期望有关,那就是通过揭露国家社会主义的强权政策以及德国公众被纳粹宣传成功操纵的背景,貌似消除德国历史上的这条歧途,并由此为历史连贯性的更新创造先决条件。罗特费尔斯为编辑所付出的非同寻常的心血是后人所不能及的,这表明了,对他来说,促生一个完整的历史观是多么重要。几乎没有一篇文章他不自己从文风上进行改写,如有必要还会配上评论性的前言。

尽管如此,后来人仍对罗特费尔斯进行了指责,说他对纳粹政策的犯罪性质说明不足,并且很大程度上将对犹太人的迫害和大屠杀排除在外。这是完全不切合实际的,特别是因为这种情结在20世纪六七十年代还不是国际研究兴趣的中心[22]。除了尼古拉斯·贝格之外,特别是卡尔·海因茨·罗特(Karl Heinz Roth)对汉斯·罗特费尔进行了指责,说他通过其可能会消除民族国家原则的东部政策思想与法西斯想法接近,并在1945年之后淡化了纳粹政权的犯罪[23]。硬说罗特费尔斯的考虑——特别是在民族国家原则之外为中东欧和东欧范围找到解决办法的考虑推动了国家社会主义生存空间的想法(哪怕是间接地)看起来十分荒唐。这并不意

希特勒与20世纪德国

味着除了防止试图美化纳粹政权的文章之外，罗特费尔斯习惯于确定特定导向政策的重点。因此他决定扣下某些文献不发，例如在菲舍尔争论（Fischer-Kontroverse）中获得核心意义的里茨勒（Riezler）日记，或者是关于对1944年"七二〇"运动反叛者审讯的"卡尔滕布伦纳报告"[24]。但是这些是例外。通常在《当代史季刊》里出现的完全都是不同的意见，尽管偶尔会有评论性的引言。这也同样适用于罗特费尔斯在他的住处举行、只有小部分学生参加的博士生专题讨论会的开放和自由的氛围。那里以及课堂上公开自由的氛围都促进了罗特费尔斯的极高声望。

另外，在蒂宾根时期，尽管个人受到崇拜，但是学生和老师之间仍保持着距离。大量的推动和智力挑战不能掩盖一个事实，罗特费尔斯的历史观并不总能传授给年青一代。他将德国历史的三四个时期结合在一起的视角说到底仍旧是向后看的，没有再对联邦德国所经历的现实保持足够的开放，特别是在二战间接影响减弱的程度上。不管怎样，年青一代恰恰在与罗特费尔斯的对话当中清楚，他们在内容和方法上都必须走自己的道路。在对抵抗希特勒运动历史的不同评价上，这一点尤其凸显出来。

罗特费尔斯所持的介乎不同时代之间的立场保证了他在战后几十年里在专业领域和德国公众中都具有主要的影响力，这主要也是因为他的个人魅力和难以置信的精力、执行能力和他道德的完美无缺。然而，作为从20世纪20年代后期就公开反对魏玛共和国并在1932/1933年一度把包括国家社会主义工人党在内的右翼极权政府纳入考虑的保守派人

第四部分 第三帝国的抵抗运动

士,他对国家社会主义从未有过片刻的好感。但是他低估了种族反闪米特人主义的爆炸力,并且起初醉心于这会作为"发展过程中的缺点"自行消失的幻想中。因此他认为,他能保住自己在柯尼斯堡大学的地位,事实证明这失败了,就和之后不久他所做的通过约阿希姆·冯·里宾特洛甫(Joachim von Ribbentop)的调停保证在德国的学术存在的努力一样[25]。

在结束流亡回国之后,罗特费尔斯致力于恢复旧的联系并"搭建桥梁"。他有意识地避免对归国犹太移民这一特殊地位的任何利用。他与以前的同事建立起友好的关系并且毫不畏于与他们合作,即使他们背负着曾在纳粹政府活动的负担。他如今的批评者所想念的原告的角色他偏偏不愿意担当。虽然他并不畏惧对极右翼倾向表明旗帜,例如在弗兰茨·冯·巴本和奥托·恩斯特·雷默(Otto Ernst Remer)的例子当中,而且这也适用于几个背负沉重负担的同事,但总体来说,他致力于与变成纳粹帮凶的那些人达成和解,这其中包括著名的学生,如维尔纳·康策(Werner Conze)和特奥多尔·席德尔(Theodor Schieder)。对他来说,关键是促进一致的产生并撕破不必要的阵线。

如果尼古拉斯·贝格还有他的传记作者扬·埃克尔指责罗特费尔斯说他在学术上建立了"1945年后德国人普遍的辩护反射"的话,那么这肯定会让亲眼看到罗特费尔斯毕生事业的人不仅仅是惊讶了[26]。毕竟,大力致力于鉴定联邦德国近代史,并且借用爱德华·斯普朗格(Eduard Spranger)的话("使我们自由的不是掉转目光而是看过来"[27])

309

说大力反对对纳粹制度犯罪特征进行任何掩盖的主要就是罗特费尔斯。然而，正如他的抵抗书籍所表明的，他倾向于帮助特别是很大一部分支持过纳粹政权的精英逃脱判决。

与之相对应，尼古拉斯·贝格论证说，罗特费尔斯处在对纳粹时期的事情奉行"沉默"政策的广大历史学家骨干力量的最前端。卡尔·海因茨·罗特也一针见血地说，因为罗特费尔斯在专业中的战略位置，他将关于国家社会主义的至关重要研究问题的表达推迟了"几十年"[28]。他的传记作者扬·埃克尔加入到这一批评当中，尽管是以较为谨慎的方式，并说二战后的时期是"为近代历史减负的重新诠释，它将国家社会主义赶出了德国历史的连贯性"。

这两位作者所代表的对汉斯·罗特费尔斯的编史著作与历史无关的理解在很大程度上忽略了他的个人和学术成就。对罗特费尔斯的批评是对德国历史学界以及德国公众笼统的谴责的一部分：他们被强加上的罪名是直到几年前还坚持为第三帝国历史辩护的视角并美化了德国的犯罪。作为高校讲师和历史随笔作家，汉斯·罗特费尔斯鼓舞激励了几代后辈历史学家，并为打破变得索然无味的历史传统从而鼓励他们承担起他们的道德政治责任及公开表明立场作出了贡献，同时他又没有忽略历史进程的连贯性。

感　谢

感谢德意志出版社（Deutsche Verlags – Anstalt），特别是我的校对安特耶·科尔斯迈尔（Antje Korsmeier）博士，感谢她建设性地参与了本书的拟定以及对部分文章的权威编辑，这些文章当中只有一小部分以已经出版的版本为基础。

汉斯·莫姆森
2010 年 7 月 27 日于费尔达芬（Feldafing）

注 释

第1章 从魏玛共和国到国家社会主义元首国家

1 请参阅 Hans Mommsen, Die nationalsozialistische Machtergreifung und die deutsche Gesellschaft, 刊登于 Hans Mommsen 的 *Von Weimar nach Auschwitz. Zur Geschichte Deutschlands in der Weltkriegsepoche*, Muenchen 2001, S. 167ff。

2 参见 Juergen Falter, *Hitlers Waehler*, Muenchen 1991, S. 29ff.; 请参阅同书的 S. 27ff。

3 关于施特拉塞尔危机参见 Udo Kissenkoetter, *Gregor Strasser und die NSDAP*, Stuttgart 1978, S. 88ff., 以及 Peter D. Stachura, *Gregor Stasser and the Rise of Nazism*, London 1983。

4 关于国会纵火案情结参见 Hans Mommsen, Van der

注 释

Lubbes Weg in den Reichstag – der Ablauf der Ereignisse,刊登于 *Von Weimar nach Auschwitz*,见上,S. 175ff.,以及 Sven Felix Kellerhoff 最近的 Der Reichstagsbrand. *Die Karriere eines Kriminalfalls*,Berlin 2008,该书再次证实了这位荷兰人是独自作案。

5 请参阅 Karl Dietrich Bracher/ Wolfgang Sauer/Gerhard Schulz, *Die nationalsozialistische Machtergreifung. Studien zur Errichtung des totalitaeren Herrschaftssystems in Deutschland 1933/34*, Koeln 1960, S. 154ff。

6 参见 Hans Mommsen, Regierung ohne Parteien. Konservative Plaene zum Verfassungsaufbau am Ende der Weimarer Republik,刊登于 Heinrich August Winkler(出版)的 *Die deusche Staatskrise 1930 – 1933*, Muenchen 1992, S. 1 – 18;关于布吕宁请参阅同书的 S. 490ff。

7 请参阅 Klemens von Klemperer 的 *Konservative Bewegung zwischen Kaiserreich und Nationalsozialismus*, Muenchen 1962,概览参见 Hans Mommsen: *Aufstieg und Untergang der Rupublik von Weimar*, Berlin 1998, S. 376ff。

8 请参阅 Heinz Hoehne 的 *Die Zeit der Illusionen. Hitler und die Anfaenge des Dritten Reiches 1933 – 1936*, Duesseldorf 1991, S. 169ff。

9 基本分析参见 Bernd Weisbrod 的 *Schwerindustrie in der Weimarer Republik. Interessenpolitik zwischen Stabilisierung und Krise*, Wuppertal 1978, S. 415ff。

10 参见 Falter, *Hitlers Waehler*,见上,S. 34f. 和

S. 364。

第2章 1918年11月9日： 首个德意志共和国的机遇与失败

1 Hugo Preuss, *Verfassung des Freistaates Preussen vom 30. November 1920*, 刊登于 *Jahrbuch des oeffentlichen Rechts Bd. X* (1921), S. 271, 援引自 Horst Moeller 的 *Parlamentarismus – Diskussion in der Weimarer Republik*, 刊登于 M. Funke/H. – A. Jacobsen/H. H. Knuetter/H. – P. Schwarz（出版）的 *Demokratie und Diktatur. Geist und Gestalt politischer Herrschaft in Deutschland und Europa*, Bonn 1987, S. 154。

2 Gerhard Schulz, *Demokratie und Diktatur. Verfassungspolitik und Reichsreform in der Weimarer Republik*, Bd. I, Berlin 1963, S. 207。

3 Hugo Preuss, *Recht, Staat und Freiheit*, Tuebingen 1926, S. 386f.

4 参见 Reinhard Overdieck, *Parteien und Verfassungsfrage in Oesterreich. Die Entstehung des Verfassungsprovisoriums der Ersten Republik 1918 – 1920*, Muenchen 1997。

5 Hugo Preuss, *Verfassung des Freistaates Preussen vom 30. November 1920*, 刊登于 *Jahrbuch des oeffentlichen Rechts Bd. X* (1921), S. 271, 援引自 Horst Moeller 的 *Parlamentarismus – Diskussion in der Weimarer Republik*, 见上, S. 154。

6 参见 Wolfgang J. Mommsen 的 *Max Weber und die deutsche Politik 1890 – 1920*, 2. Aufl., Tuebingen 1974, S. 389ff.

注 释

7　Hans Boldt, *Verfassungsgeschichte. Politische Strukturen und ihr Wechsel*, Muenchen 1993。

8　参见同一作者的 Die Weimarer Reichsverfassung，刊登于 Karl Dietrich Bracher 等人（出版）的 *Die Weimarer Republik 1918 - 1933. Politik, Wirtschaft, Gesellschaft*, Bonn 1988, 2. Aufl., S.52。

9　请参阅 Hans Mommsen 的 *Aufstieg und Untergang der Republik von Weimar 1918 - 1933*, Berlin 1998, S.166f。

10　Schulz, *Demokratie und Diktatur*, 见上, S.470ff。

11　参见 Hermann Puender 的 *Politik in der Reichskanzlei. Aufzeichnungen aus den Jahren 1929 - 1932*, hrsg. Von Thilo Vogelsang, Stuttgart 1961, S. 129f.；请参阅 Mommsen 的 *Aufstieg und Untergang*, 见上, S.522。

12　魏玛宪法第48条全权的扩大甚至得到 Gerhard Anschuetz 等自由主义宪法学家的肯定；请参阅 Mommsen 的 *Aufstieg und Untergang*, 见上, S.437f。

13　请参阅 Henry A. Turner 的详细描述, *Hitlers Weg zur Macht. Der Januar 1933*, Berlin 1999, S.140f。

14　Gustav Stresemann, *Vermaechtnis. Der Nachlass in drei Baenden*, *Berlin*1932/1933, S.244f.

15　参见 Josef Becker, Geschichtsschreibung im politischen Optativ?, 刊登于 *Aus Politik und Zeitgeschichte*, B 80/50, S. 33。

16　Heinrich - August Winkler, *Der lange Weg nach Westen*, Muenchen 2000, S.407.

17　请参阅 Ernst Wolfgang Boeckenfoerde 的 Der Zusammenbruch der Monarchie und die Entstehung der Weimarer Republik，刊登于 Karl Dietrich Bracher 等人的 *Die Weimarer Republik*，见上，S. 42。

18　参见 Hans Mommsen 的 Der lange Schatten der untergehenden Republik. Zur Kontinuitaet politischer Denkhaltungen von der spaeten Weimarer zur fruehen Bundesrepublik，刊登于 *Von Weimar nach Auschwitz. Zur Geschichte Deutschlands in der Weltkriegsepoche*，Stuttgart 1999，S. 362f.；同一作者的 Lehren aus der Geschichte der Weimarer Republik bei der Demokratiegruendung des Parlamentarischen Rates 1948/1949，见下，S. 53 – 66。

19　请参阅 Hans Mommsen 的 The Origins of the Chancellor Democracy and the Chance of the Democratic Paradigm in West Germany，刊登于 Jost Duelffer（出版）的 *Western Integration, German Unification and the Cold War. The Adenauer Era in Perspective*，Special Issue of German Politics and Society，Vol. 25，No. 2，2007，S. 7 – 18。

20　请参阅 Ulrich Schueren 的 *Der Volksentscheid zur Fuerstenenteignung* 1926，Duesseldorf 1978，S. 48 – 51。

21　参见 Hans Mommsen 的 Das Scheitern der Weimarer Republik und der Aufstieg des Nationalsozialismus，刊登于同一作者的 *Von Weimar nach Auschwitz*，见上，S. 153f.。

22　Karl Dietrich Bracher/Wolfgang Sauer/Gerhard Schulz，*Die nationalsozialistische Machtergreifung*，Koeln 1960，

注 释

S. 50f.

第 3 章 1948/1949 年议会委员会建立民主制度时从魏玛共和国吸取的教训

1 请参阅 Hans Mommsen 的 *Die Krise der parlamentarischen Demokratie und die Durchsetzung autoritaerer und faschistischer Regime der Zwischenkriegszeit*，刊登于 K. E. Jeismann/R. Riemenschneider（出版）的 *Geschichte Europas fuer den Unterricht der Europaer*（= Schriftenreihe des Georg Eckert – Institus Bd. 27），Braunschweig 1980，S. 144ff。

2 Hans Mommsen, Gesellschaftsbild und Verfassungsplaene des deutschen Widerstands，刊登于同一作者的 *Nationalsozialismus und deutsche Gesellschaft. Ausgewaehlte Aufsaetze*，Hamburg 1991，S. 292ff。

3 请参阅 Theodor Heuss 的 *Aufzeichnungen 1945 – 1947*，Eberhard Pikart 出版，Stuttgart 1966，S. 114，以及 Hans Mommsen 的 Der lange Schatten der untergehenden Republik. Zur Kontinuitaet politischer Denkhaltungen von der spaeten Weimarer zur fruehen Bundesrepublik.，刊登于 *Nationalsozialismus und deutsche Gesellschaft*，同上，S. 382f。

4 请参阅 Gotthard Jasper 的 Justiz und Politik in der Weimarer Republik，刊登于 VfZ 30（1982），S. 202。

5 Karl Dietrich Bracher/Wolfgang Sauer/Gerhard Schulz: *Die nationalsozialistische Machtergreifung. Studien zur Errichtung des totalitaeren Herrschaftssystems in Deutschland 1933/34*，

Koeln/Opladen 1960, S. 50.

6　参见 Hans Mommsen, *Aufstieg und der Untergang der Republik von Weimar 1918 - 1933*, 修订版, Berlin 1997, S. 625f。

7　参见 Guenter Nebila, *Wilhelm Frick. Der Legalist des Unrechtsstaates. Eine politische Biographie*, Paderborn 1922, S. 155f。

8　Mommsen, *Aufstieg und Untergang*, 见上, S. 657f。

9　Gerhard Schulz, *Zwischen Demokratie und Diktatur. Verfassungspolitik und Reichsreform in der Weimarer Republik*, Bd. I, Berlin 1963, S. 470ff.

10　请参阅 Hagan Schulze, *Otto Braun oder Preussens demokratische Sendung. Eine Biographie*, Frankfurt 1977, S. 726ff。

11　Adolf Suesterhenn, Ein - oder Zweikammersystem?, 刊登于 *Rheinischer Merkur*, 8. und 15. Oktober 1946。

12　基本信息见 Sebatian Ullrich 的描述, *Der Weimar - Komplex: Das Scheitern der ersten deutschen Demokratie und die politische Kultur der fruehen Bundesrepublik 1945 - 1959*, Goettingen 2009, 他主要强调宪法制定在各州的意义。

13　Wilhelm Hennis, Die Rolle des Parlaments und die Parteiendemokratie, 刊登于 Richard Loewenthal/Hans - Peter Schwarz（出版）的 *Die Zeite Republik. 25 Jahre Bundesrepublik Deutschland. Eine Bilanz*, Stuttgart 1974, S. 212。

14　参见 Karl Heinz Niklaus, *Demokratiegruendung in*

注　释

Westdeutschland. Die Entstehung der Bundesrepublik von 1945 – 1949, Muenchen 1974, S. 71 和 S. 78f。

15　同一出处，S. 89；Wolfgang Benz（出版），*Bewegt von der Hoffnung aller Deutschen. Zur Geschichter der Grundsetzes. Entwuerfe und Diskussionen* 1941 – 1949, Muenchen 1979, S. 194f。

16　Wilhelm Hennis, Die Rolle des Parlaments und die Parteiendemokratie, 见上, S. 212。

17　Mommsen, *Aufstieg und Untergang*, 见上, S. 245。

18　Dieter Rebentisch, Reichskanzler zwischen Politik und Verwaltung, 刊登于 Dieter Rebentisch/Karl Teppe（出版）的 *Verwaltung contra Menschenfuehrung im Staat Hitlers*, Goettingen 1986, S. 65 – 99, 以及 Siegfried Schoene, Von der Reichskanzlei zum Bundeskanzleramt, Berlin 1968。

19　参见 Gerhard Lembuch, *Parteienwettbewerb im Bundesrat*, Stuttgart 1976, S. 29f., 以及 Dolf Stemberger, *Lebende Verfassung. Studien ueber Koaltion und Opposition*, Meisenheim 1956。

20　Fritz Rene Allemann, *Bonn ist nicht Weimar*, Koeln 1956。

21　参见 Rainer Lepsius, Die Praegung der politischen Kultur der Bundesrepublik durch institutionelle Ordnungen, 刊登于同一作者的 *Interessen, Ideen, Institutionen*, Opladen 1990, S. 71ff。

22　参见 Hans Mommsen, Das Dilemma Tarifpolitik. Die Politisierung der industriellen Arbeitsbeziehungen in der Weimarer Republik，刊登于 Karsten Rudolph/Christl Wickert（出版）的 *Geschichte als Moeglichkeit. Ueber die Chancen von Demokratie. Festschrift fuer Helga Grebing*，Essen 1995，S. 211 – 223。

23 请参阅同一作者的 Widerstandsrecht und totalitaere Diktatur，刊登于 Franz – Josef Hutter/Carsten Tessmer（出版）的 *Die Menschenrechte in Deutschland*，Muenchen 1997，S. 135ff。

第4章 国家社会主义攫取权力： 革命还是反革命

1 Jacob Burckhard，*Weltgeschichtliche Betrachtung*，Bern 1947，Kapitel 5。

2 Hughes R. Trevor – Roper，*The Last Days of Hitler*，London 1958 3. Aufl.，S. 260f。

3 Joachim C. Fest，*Hitler. Eine Biographie*，Berlin 1973，S. 1035 和 S. 1037。

4 Ralph Dahrendorf，*Gesellschaft und Demokratie in Deutschland*，Muenchen 1965；Daivd Schoenbaum，*Hitler's Social Revolution. Class and Status in Nazi Germany*，London 1966. Neuauflage，*Die braune Revolution. Eine Sozialgeschichte des Dritten Reiches*，Berlin 1999，S. 311ff。

5 Michael Prinz/Rainer Zitelmann（出版），*Nationalsozialismus und Modernisierung*，Darmstadt 1991，insbes. S. IX；请参阅 Einleitung von Prinz in der 2. Aufl.，Darmstadt 1995 以及 Zitelmann 的 Die tatolitaere Seite der Moderne，同上，S. 13；参见同作者的 *Hitler. Selbstverstaendnis*，Stuttgart 1991 4.

注 释

Aufl., S.495f。

6 Wolfgang Zapf, *Wandlungen der deutschen Elite. Ein Zirkulationsmodell deutscher Fuehrungsgruppen* 1919 – 1961, Muenchen 1966 2. Aufl.

7 请参阅 J. Noakes, Nazism and Revolution, 刊登于 N. O'Sullivan (出版) 的 *Revolutionary Theory and Political Reality*, Brighton 1982, S.87f。

8 Jeffrey Herf, *Reactionary Modernism. Technology, Culture, and Politics in Weimar and the Third Reich*, Cambridge Mass., S.II ff.

9 Henry A. Turner, *Faschismus und Modernisierung*, Goettingen 1982, S.157 – 182.

10 Klaus Hildebrand, *Deutsche Aussenpolitik* 1933 – 1945. *Kalkuel oder Dogma?*, Stuttgart 1999 Neuauflage, S.135f.

11 Daniel J. Goldhagen, *Hitler's Willing Executioners. Ordinary Germans and the Holocaust*, New York 1996, S.456f.

12 Juan J. Linz, Some Notes Toward a Comparative Study of Fascism in Sociological Historical Perspective, 刊登于 W. Laqueur (出版) 的 Fascism. *A Reader's Guide. Analyses, Interpretations, Bibliography*, Berkeley 1976, S.4ff。

13 请参阅 Hans Mommsen 的 Die NSDAP: Typus and Profil einer faschistischen Partei, 刊登于 C. Dipper/R. Hudemann/J. Petersen (出版) 的 *Faschismus und Faschismen im Vergleich. Wolfgang Schieder zum 60. Geburtstag*, Vierow 1997, S.23 – 35。

14　请参阅 T. Mason 的 The Legacy of 1918 for National Socialism, 刊登于 A. Nicholls/E. Matthias（出版）的 *German Democracy and the Triumph of Hitler*, London 1971, S. 215 – 239。

15　请参阅 Hans Mommsen 的 Die Rueckkehr zu den Urspruengen: Betrachtungen zur inneren Aufloesung des Dritten Reiches nach der Niederlage von Stalingrad, 刊登于 M. Gruettner/H. G. Haupt（出版）的 *Geschichte und Emanzipation. Festschrift fuer Reihnhard Ruerup*, Frankfurt/New York 1999, S. 418 – 424。

16　请参阅同一作者的 The German Resistance against Hitler and the Restoration of Politics, 刊登于 *Journal of Modern History* 64, Ergaenzungsbd.（Dezember 1992）, S. 123f。

17　见 Zitelmann 的 *Hitler*, 见上, S. 82f。

18　Reichtagsrede vom 23. 3. 1933, 刊登于 M. Domarus 的 *Hitler. Reden und Proklamationen* 1932 – 1945, Bd. I/I, Muenchen 1963, S. 237f。

19　Reichtagsrede vom 30. 1. 1937, 刊登于 Domarus 的 *Hitler, Band I/I*, 见上, S. 665; Zitelmannd, *Hitler*, 见上, S. 104 以及 Domarus, *Hitler Bd. II/2*, S. 1658; Gedenkrede vom 8. 11. 1940, Zitelmann, 同上。

20　Reichsstatthalterkonferenz vom 6. Juli 1933, 刊登在 *Die Regierung Hitler: Teil I*, 1933/34（= Akten der Reichskanzlei, Regierung Hitler 1933 – 1938）, Boppard 1983, S. 630f。

21　请参阅 Zitelmann 的 *Hitler*, 见上, S. 93ff。

22　Rede von Rudolf Hess vom 2. Juni 1934, 摘录自 Karl

注　释

Dietrich Bracher/W. Sauer/G. Schulz 的 *Die nationalsozialistische Machtergreifung*, Koeln – Opladen 1974, S. 285f。

23　参见 Hans Mommsen 的 Riegierung ohne Parteien. Konservative Plaene zum Verfassungsumbau am Ende der Weimarer Republik, 刊登于 Heinrich Aaugust Winkler 的 *Die deutsche Staatskrise 1930 – 1932*, Muenchen 1992, S. 17。

24　Adolf Hitler, *Mein Kampf*, Muenchen 1933 67 Aufl., S. 418.

25　Karl Dietrich Bracher, *Zeit der Ideologien. Eine Geschichte des politischen Denkens des 20. Jahrhunderts*, Stuttgart 1982, S. 171 和 S. 179; 请参阅同一作者的 *Zeitgeschichtliche Kontroversen um Faschismus, Totalitarismus und Demokratie*, Muenchen 1976, S. 62ff。

26　请参阅 Hans Mommsen 的 Ausnahmezustand als Herrschaftstechnik des NS – Regimes, 刊登于 M. Funke（出版）的 *Hitler, Deutschland und die Maechte. Materialien zur Aussenpolitik des Dritten Reiches*, Duesseldorf 1976, S. 30 – 45。

27　参见 Guenter Neliba 的 *Wilhelm Frick. Der Legalist des Unrechtsstaates*, Paderborn 1992, S. 155f.; M. Broszat 的 *Der Staat Hitlers. Grundlegung und Entwicklung seiner inneren Verfassung*, Muenchen 1983 10 Aufl., S. 360ff。

28　请参阅 Broszat, 同上, 以及 Dieter Rebentisch 的 *Fuehrerstaat und Verwaltung im Zweiten Weltkrieg. Verfassungsentwicklung und Verwaltungspolitik*, Stuttgart 1998, S. 101 和 S. 422。

29 请参阅 Hans Mommsen, Die Realisierung des Utopischen: Die 'Endloesung der Judenfrage' im 'Dritten Reich', 刊登于 Geschichte und Gesellschaft 9 (1983), S. 381 – 420。

30 请参阅 G. Moltmann, Goebbels' Rede zum Totalen Krieg am 18. Februar 1943, 刊登于 VfZ12 (1964), S. 13ff. 和 H. Heiber (出版) 的 Goebbels' Reden 1932 – 1945, Duesseldorf 1991, Nr. 17, S. 172ff。

31 请参阅 Rebentisch, Fuehrerstaat und Verwaltung, 同上, S. 516ff。

32 Anordnung der Parteikanzlei vom 17.2.1943, 刊登于 Verfuegungen, Anordnungen, Bekanntgaben, hrsg. von der Partei – Kanzlei der NSDAP, 7 Bde., Muenchen 1942 – 1945 (VAB), Bd. IV, 1943, S. 24ff.; Das Aktionsprogramm der Reichspropagandaleitung vom 3. Juli 1943, 刊登于 Akten der Partei – Kanzlei, T. II, Nr. 06561ff。

33 请参阅 Herwart Vorlaender, Die NSV. Darstellung und Dokumentation einer nationalsozialistischen Organisation, Boppard 1988, S. 515 和 S. 173f。

34 Volker Berghahn, NSDAP und 'geistige Fuehrung' der Wehrmacht 1939 – 1945, 刊登于 VfZ17 (1969), S. 67ff.; A. W. Zoepf, Wehrmacht zwischen Tradition und Ideologie. Der NS – Fuehrungsoffizier im Zweiten Weltkrieg, Frankfurt 1988。

35 参见 F. W. Seidler, Deutscher Volkssturm. Das letzte Aufgebot 1944/45, Muenchen 1989, S. 383。

36 Rede Hitlers vor Generaelen und Offizieren der Wehr-

macht am 26. Mai 1944 im Platterhof auf dem Obersalzberg, Pers. Stab. RFSS, IFZ. MA 316, Bl. 4949ff.

37　Martin Bormann, Anordnung 55/43 vom 29.9.1943, 刊登于 VAB Bd. 4, S. 9; Aufklaerungs – und Rednermaterial der Reichspropagandaleitung der NSDAP, Lieferung 9 (Sept. 1943), S. 2 和 S. 4。

38　请参阅 Proklamation Hitlers vom 12. November 1944, 刊登于 J. Domarus 的 *Hitler*, Bd. II/2, 见上, S. 2161f。

39　W. Hammer, Die 'Gewitteraktion' vom 22.8.1944. Vor 15 Jahren wurden deutsche Parlamentarier zu Tausenden verhaftet, 刊登于 *Freiheit und Rechts* 5 (1959), Nr. 8/9, S. 15 – 18。

40　Arno Rose, Werwolf 1944 – 1945, Stuttgart 1980, S. 70ff., 以及 K. D. Henke 的 *Die amerikanische Besetzung Deutschlands*, Muenchen 1995, S. 948ff。

41　请参阅 F. Courtade/P. Cadars 的 *Geschichte des Films im Dritten Reich*, Muenchen 1975, S. 217ff., 以及 'Voelkischer Beobachter' vom 31.1.1945。

42　请参阅 Hans Mommsen 的 Nationalismus in der Weimarer Republik, 刊登于 O. Dann (出版) 的 *Die deutsche Nation. Geschichte. Probleme. Perspektiven*, Vierow 1997, S. 93。

43　Rede Hitlers auf der Ordensburg Sonthofen vom 23.11.1937, 刊登于 H. Picker 的 *Hitlers Tischgespraeche im Fuehrerhauptquartier*, Stuttgart 1977, S. 482。

第 5 章 阿道夫·希特勒和 1919 年至 1933 年国家社会主义工人党的崛起

1　Ian Kershaw, *Hitler 1889 – 1936*, Stuttgart 1998（2. Aufl.）, S. 62; Hans – Ulrich Wehler, *Deutsche Gesellschaftsgeschichte*, Bd 4, *Vom Beginn des Ersten Weltkrieges bis zur Gruendung der beiden deutschen Staaten 1914 – 1949*, Muenchen 2003.

2　参见 Ludolf Herbst, *Hitlers Charisma. Die Erfindung eines deutschen Messias*, Frankfurt am Main 2010, S. 59ff。

3　引自 Ian Kershaw, *Hitler 1889 – 1936*, 见上, S. 166; 参见 Anton Joachimsthaler, *Korrektur einer Biographie. Adolf Hitler 1908 bis 1920*, Muenchen 1989。

4　参见 Brigitte Hamann, *Hitlers Wien. Lehrjahre eines Diktators*, Muenchen 1996 7 Aufl., S. 496ff。

5　参见 Ludolf Herbst 的分析, *Charisma*, 见上, S. 178ff。

6　Werner Maser, *Sturm auf die Republik. Die Fruehgeschichte der NSDAP*, Duesseldorf 1994, S. 129ff.; Kershaw, *Hitler 1889 – 1936*, 见上, S. 159ff.; Ernst Deuerlein, Hitlers Eintritt in die Politik und die Reichswehr, 刊登于 *VfZ* 7 (1959), S. 177 – 227; 参见 Hellmut Auerbach, Hitlers politische Lehrjahre und die Muenchner Gesellschaft 1919 – 1923, 刊登于 VfZ 25 (1977), S. 1 – 45。

7　Andreas Heusler, *Das Braune Haus*, Muenchen 2008, S. 80ff.

注 释

8 Wolfgang Horn, *Fuehrerideologie und Parteiorganisation in der NSDAP (1919–1933)*, Duesseldorf 1972, S. 86f. 及 S. 92ff.

9 同上, S. 91。

10 *Voelkischer Beobachter* vom 25.11.1922; 请参阅 Horn 的 *Fuehrerideologie*, 见上, S. 93, Anm. 204。

11 参见 Herbst, *Hitlers Charisma*, 见上, S. 156ff。

12 Albrecht Tyrell, *Vom 'Trommler' zum 'Fuehrer'. Der Wandel von Hitlers Selbstverstaendnis zwischen 1919 und 1924 und die Entwicklung der NSDAP*, Muenchen 1975, S. 12ff.; Horn, *Füehrerideologie*, 见上, S. 147f., dort das Zitat auf S. 148。

13 Werner Maser, *Sturm auf die Republik*, 见上, S. 350f.; Margarete Plewnia, *Auf dem Weg zu Hitler. Der 'voelkische' Publizist Dietrich Eckart*, Bremen 1970。

14 Herbst, *Hitlers Charisma*, 见上, S. 140ff。

15 Herbst 将受军方影响更大的核心追随者小圈子与全德范围的民族主义团体区分开来, 参见 S. 144ff.; 请参阅 David Clay Large 的 *Hitlers Muenchen. Aufstieg und Fall der Hauptstadt der Bewegung*, Muenchen 1998, S. 194ff。

16 请参阅 Hans Mommsen 的 Adolf Hitler und der 9. November 1923, 刊登于 *Von Weimar nach Auschwitz. Zur Geschichte Deutschlands in der Weltkriegsepoche*, Muenchen 1999, S. 102ff。

17 请参阅 Herbst 的 *Hitlers Charisma*, 见上, S. 179ff.;

参见 Othmar Ploeckinger 的 Adolf Hitlers 'Mein Kampf', Muenchen 2006, 参见 S. 78ff。

18 Otto Wagner 所做的与 Otto Strasser 会谈的记录, 刊登于 Henry A. Tuerner（出版）的 *Hitler aus naechster Naehe. Aufzeichnungen eines Vertrauten 1929 – 1932*, Frankfurt am Main 1978, S. 126ff。

19 请参阅西北工作组和班贝格领导人会议, Horn, *Fuehrerideologie*, 见上, S. 231ff。

20 关于施特拉塞尔危机请参阅同上, S. 368ff., 以及 Herbst 的分析, *Hitlers Charisma*, 见上, S. 233 和 S. 269。

21 请参阅 Stefan Breuer 的 *Die Voelkischen in Deutschland. Kaiserreich und Weimarer Republik*, Darmstadt 2008, S. 236ff。

22 Herbst, *Hitlers Charisma*, 见上, S. 196ff。

23 参见 David Clay Large, *Hitlers Muenchen*, 见上, S. 292。

24 请参阅 Clemens Vollnhals 的 Der Aufstieg der NSDAP in Muenchen 1925 bis 1933. Foerderer und Gegner, 刊登于 Muenchener Stadtmuseum（出版）的 *Muenchen – 'Hauptstadt der Bewegung'*, Muenchen 1999, S. 165ff。

25 参见 Andreas Heusler 的描述, *Das Braune Haus*, 见上, S. 121f. 和 S. 209ff.。请参阅 Matthias Roesch 的 *Die Muenchner NSDAP 1925 – 1933*, Muenchen 2002, 以及 Hans Guenter Hockerts 的 Warum war Muenchen die 'Hauptstadt der Bewegung'?, 刊登于 Stefanie Hajek/Juergen Zarusky（出版）

的 *Muenchen und der Nationalsozialismus. Menschen*, Orte, Strukturen, Berlin 2008, S. 32f。

26 Michael Wildt 的 *Volksgemeinschaft als Selbstermaechtigung*, Hamburg 2007, S. 361。

第6章 作为法西斯政党的国家社会主义工人党

1 请参阅 Manfred Funker（出版）的 *Totalitarismus. Ein Studien – Reader zur Herrschaftsanalyse moderner Diktaturen*, Duesseldorf 1978；Ernest A. Menze（出版）的 *Totalitarianism Reconsidered*, London 1981。

2 Carl J. Friedrich/Zbigniew K. Brzesinski, *Totalitarian Dictatorship and Autocracy*, Cambridge, Mass. 1965；Franz Neumann, *Behemoth. Struktur and Praxis des Nationalsozialismus 1933 – 1944*, Frankfurt am Main 1967；Ernst Fraenkel, *Der Doppelstaat*, Frankfurt am Main 1974, Karl Dietrich Bracher, *Schluesselwoerter in der Geschichte. Mit einer Betrachtung zum Totalitarismusproblem*, Duesseldorf 1978；Ernst Nolte, Despotism, Totalitarianism, Freedom – oriented Society, 刊登于 Menze（出版）的 *Totalitarianism*, 见上, S. 167 – 178；Joachim C. Fest, *Das Gesicht des Dritten Reiches. Profile einer totalitaeren Herrschaft*, Muenchen 1977 6 Aufl。

3 Hannah Arendt, *Elemente und Urspruenge totaler Herrschaft*, Frankfurt am Main 1955。

4 最近的请参加 Manfred Funke 的 *Starker oder schwacher Diktator? Hitlers Herrschaft und die Deutschen*, Duesseldorf

1989, S. 38ff. und passim; Karl Dietrich Bracher, *Zietgeschichtliche Kontroversen um Faschismus, Totalitarismus, Demokratie*, Muenchen 1976, S. 80f., S. 85 和 S. 93f。

5 请参阅 Uwe Lohalm 的 *Voelkischer Radikalismus. Die Geschichte des Deutschvoelkischen Schutz – und Trutz – Bundes 1919 – 1923*, Hamburg 1970, S. 53, S. 285ff., S. 295f。

6 参见 Albrecht Tyrell, *Vom Trommler zum Fuehrer. Der Wandel von Hitlers Selbstverstaendnis zwischen 1919 und 1924 und die Entwicklung der NSDAP*, Muenchen 1975; Werner Maser, *Der Sturm auf die Republik. Die Fruehgeschichte der NSDAP*, Frankfurt am Main 1981, S. 268ff.; Wolfgang Horn, *Fuehrerideologie und die Parteiorganisation in der NSDAP (1919 – 1933)*, Duesseldorf 1972, S. 58ff。

7 Georg Franz – Willing, *Die Hitler – Bewegung. Der Ursprung 1919 bis 1922*, Oldendorf 1974 2 Aufl., S. 80; Horn, *Fuehrerideologie*, 见上, S. 101ff。

8 请参阅 Bruno Thoss 的 *Der Ludendorff – Kreis 1919 – 1923*, Muenchen 1978, S. 314ff.; Hans Hubert Hofmann, *Der Hitlerputsch. Krisenjahre deutscher Geschichte 1920 – 1924*, Muenchen 1961; Hans Mommsen, Der 9. November 1923, 刊登于 Johannes Wilms（出版）的 *Der 9. November. Fuenf Essays zur deutschen Geschichte*, Muenchen 1994。

9 请参阅 Peter Schmidt 的 *Zwanzig Jahre Soldat Adolf Hitlers*, Koeln 1941, S. 39ff。

10 Harold Gordon, *Hitler – Putsch 1923. Machtkampf in*

注　释

Bayern 1923 - 1924, S. 279ff. ; Hofmann, *Der Hitlerputsch*, 见上, S. 203ff.

11　请参阅 Horn, *Fuehrerideologie*, 见上, S. 185ff。

12　同上, S. 217f。

13　同上, S. 220f. 和 S. 278f。

14　Horn, *Fuehrerideologie*, 见上, S. 285, 和 Dietrich Oriow, *The History of the Nazi Party 1933 - 1945*, Bd. I, Pittburgh 1973, S. 78f。

15　这在 Joseph Nyomarkay 的 *Charisma and factionalism in the Nazi Party*, Minneapolis 1967, 特别是 S. 26ff. 得到了最突出的强调。

16　参见 Ulrich Woertz, *Programmatik und Fuehrerprinzip. Das Problem des Strasser - Kreises in der NSDAP*, Diss. phil. , Erlangen/Nuernberg 1966, S. 97ff. ; Gerhard Schildt, *Die Arbeitsgemeinschaft Nord - West. Untersuchungen zur Geschichte der NSDAP 1925/26*, Diss. phil. , Freiburg 1964, S. 156ff. ; Reinhard Kuehnl, *Die nationalsozialistische Linke 1925 - 1930*, Meisenheim 1966, S. 44。

17　请参阅 Hans Mommsen, *Die verspielte Freiheit. Der Weg der Weimarer Republik in den Untergang*, Frankfurt am Main 1990, S. 250。

18　请参阅 Henry A. Turner, Die *Grossunternehmer und der Aufstieg Hitlers*, Berlin 1985, S. 234ff。

19　请参阅 Thomas Childers, The Limits of National Socialist Mobilization, 刊登于同一作者的 *The Formation of the*

Nazi Constituency 1919 – 1933, London 1986, S. 235。

20 请参阅 Hamilton T. Buerden, *Die programmierte Nation. Die Nuernberger Reichsparteitage*, Guetersloh 1967; Gerhard Paul, *Aufstand der Bilder. Die NS – Propaganda vor 1933*, Bonn 1990, S. 199ff。

21 参见 Martin Broszat, *Der Staat Hitlers. Grundlegung und Entwicklung seiner inneren Verfassung*, Muenchen 1969, S. 262f. ; Dieter Rebentisch, *Fuehrerstaat und Verwaltung im Zweiten Weltkrieg. Verfassungsentwicklung und Verwaltungspolitik 1939 – 1945*, Stuttgart 1989, S. 422。

22 参见 Broszat, Staat Hitlers, 见上, S. 160f. ; *Peter Diehl – Thiele, Partei und Staat im Dritten Reich*, Muenchen 1969, S. 70ff。

23 请参阅 Orlow 的 *History of the Nazi Party Bd. 2*, Pittsburgh 1973, S. 138ff。

24 请参阅 Lothar Gruchmann 的 *Der Zweite Weltkrieg*, Muenchen 1985 8 Aufl. , S. 236f。

25 基本参照 Lothar Gruchmann 的 Die Reichsregierung im Fuehrerstaat. Stellung und Funktion des Kabinetts im nationalsozialistischen Herrschaftssystem, 刊登于 G. Doeker/W. Steffani（出版）的 *Klassenjustiz und Pluralismus. Festgabe fuer Ernst Fraenkel*, Hamburg 1973。

26 Jeremy Noakes 在 *Government, Party and People in Nazi Germany*, Exeter1980, S. 15 说过，自从 1932 年政党改革开始就有了具体的政党，这里指的是各个地方。而 Martin

注　释

Moll 则大大高估了省党部会议的意义，参见 Steuerungsinstrument im Aemterchaos?, VfZ 49 (2001), S. 224ff。

27　请参阅 Donald M. McKale 的 *The Nazi Party Courts. Hitler's Management of Conflict in his Movement*, 1921 - 1945, Kansas City 1974, S. 120ff。

28　参见 Karl Dietrich Bracher/W. Sauer/G. Schulz, *Die nationalsozialistische Machtergreifung*, Koeln/Opladen 1960, S. 291ff.; Broszat, *Staat Hitlers*, 见上, S. 158; Rebentisch, *Fuehrerstaat*, 见上, S. 190ff。

29　参见 Rehinhard Bollmus, *Das Amt Rosenberg und seiner Gegner*, Stuttgart 1970, S. 85ff. 和 S. 123; Ronald Smelser, *Robert Ley: Hitler's Labor Leader*, Oxford 1988, S. 226f.; 请参阅 Hans Mommsen 的 Die Stellung Hitlers im nationalsozialistischen Herrschaftssystem, 刊登于同一作者的 *Der Nationalsozialismus und die deutsche Gesellschaft. Ausgewaehlte Aufsaetze*, Hamburg 1991, S. 75f。

30　参见 Dieter Rebentisch/Karl Teppe（出版）的 *Verwaltung contra Menschenfuehrung im Staat Hitlers. Studien zum politisch - administrativen System*, Goettingen 1986, Einleitung S. 24ff.; Jane Caplan, *Government without Administration. State and Civil Service in Weimar and Nazi Germany*, Oxford 1988, S. 336f.; Hans Mommsen, *Beamtentum im Dritten Reich*, Stuttgart 1966, S. 34f。

31　关于选举的发展请参阅 Juergen Falter 的 *Hitlers Waehler*, Muenchen 1991, S. 30ff.; Childers, The Limits of

National Socialist Mobilization，见上，S. 252ff。

32　参见 Hans Mommsen, Machtergreifung und deutsche Gesellschaft，刊登于 W. Michalka 的 *Die nationalsozialistische Machtergreifung*，Paderborn 1984，S. 33f。

33　关于 Thueringen 政坛请参阅 Guenter Neliba 的 *Wilhelm Frick. Der Legalist des Unrechtsstaates. Eine politische Biographie*，Paderborn 1992，S. 58ff。

34　Paul, *Aufstand der Bilder*，见上，S. 71ff。

35　Udo Kissenkoetter, *Gregor Strasser und die NSDAP*, Stuttgart 1978，S. 35 和 S. 48ff.; Peter D. Stachura, *Gregor Strasser and the Rise of Nazism*, London 1983；关于国家社会主义工人党的财政主要请参阅 Horst Matzerath/Henry A. Turner 的 Die Selbstfinanzierung der NSDAP 1930 – 1932，刊登于 *Geschichte und Gesellschaft 3* (1977)，S. 59 – 92。

36　请参阅 H. Gies, NSDAP und landwirtschaftliche Organisationen in der Endphase der Weimarer Republik，刊登于 *VfZ 15* (1967)，S. 341 – 376；关于教会选举参见 Klaus Scholder 的 *Die Kirchen und das Dritte Reich*, Bd. I, Frankfurt am Main 1977，S. 255ff。

37　参见 Kissenkoetter, *Gregor Strasser*，见上，S. 162f。

38　Entwurf seines Schreibens an Hitler vom 8. 12. 1932，同上，S. 202f。

39　同上，S. 178ff.; Hitlers Denkschrift vom 15. /21. 12. 1932, Koblenz BA, NS22/110; abgedr. Hans Mommsen, *Adolf Hitler als 'Fuehrer' der Nation*, Deutsches Institut fuer Fernstu-

注　释

dien, Tuebingen 1984, S. 162ff。

40　参见 Peter Longerich, *Hitlers Stellvertreter. Fuehrung der Partei und Kontrolle des Staatsapparats durch den Stab Hess und die Partei – Kanzlei Bormann*, Muenchen 1992, S. 167ff。

41　请参阅 Hans Mommsen, Regierung ohne Parteien. Konservative Plaene zum Verfassungsumbau am Ende der Weimarer Republik, 刊登于 Heinrich – August Winkler（出版）的 *Die deutsche Staatskrise 1930 – 1933. Handlungsspielraeume und Alternativen*, Muenchen 1992, S. 14ff。

42　Martin Broszat, Soziale Motivation und Fuehrer – Bindung des Nationalsozialismus, 刊登于同一作者的 *Nach Hitler. Der schwierige Umgang mit unserer Geschichte*, Muenchen 1988, S. 28。

43　参见 Peter Longerich, *Die Braunen Bataillone. Geschichte der SA*, Muenchen 1989, S. 222ff.; Orlow, *History of the Nazi Party*, Bd. 2, 见上, S. 121ff。

44　请参阅 Heinz Hoehne 的 *Der Orden unter dem Totenkopf. Die Geschichte der SS*, Guetersloh 1967, S. 122。

45　Mommsen, *Beamtentum*, 见上, S. 74f. 和 S. 56f。

46　Rebentisch, *Fuehrerstaat*, 见上, S. 459ff.; Longerich, *Hitlers Stellvertreter*, 见上, S. 159ff。

47　请参阅 Parteitagsrede vom Rudolf Hess vom 16. 9. 1935, Koblenz BA, NS 26/vorl. 1183。

48　Das Memorandum in IfZ Fa. 204。请参阅 Dietrich Orlow 的 *History of the Nazi Party* Bd. 2, 见上, S. 352f., 和

Longerich 的 *Hitlers Stellvertreter*，见上，S. 119 和 S. 191。

49　国家社会主义工人党拥有大约 100 万名干部。D. Orlow, *History of the Nazi Party*, Bd. 2, 见上，S. 92 页和 S. 424f。

50　请参阅 Franz W. Seidler 的' *Deutscher Volkssturm*'. *Das letzte Aufgebot 1944/1945*, Muenchen 1989。

51　Rebentisch, Fuehrerstaat, 见上，S. 526ff.；Karl Teppe, Der Reichsverteidungskommissar. Organisation und Praxis in Westfalen, 刊登于 Rebentisch/Teppe 的 *Verwaltung contra Menschenfuehrung*, 见上，S. 289ff。

52　Michael Scholtz, NS - Ordensburgen, 刊登于 VfZ 15（1967），S. 277 和 S. 287；Dietrich Orlow, Die Adolf - Hitler - Schulen, 刊登于 VfZ 13（1965），S. 272 - 284；请参阅 Orlow 的 *History of the Nazi Party*, Bd. 2, 见上，S. 187ff。

第 7 章　希特勒和政治的毁灭

1　Sebastian Haffner, *Anmerkungen zu Hitler*, Muenchen 1994 26 Aufl.

2　Karl Dietrich Bracher, *Zeitgeschichtliche Kontroversen. Um Faschismus, Totalitarismus und Demokratie*, Muenchen 1976, S. 85.

3　请参阅 Hans Mommsen 的 *Aufstieg und der Untergang der Republik von Weimar 1918 - 1933*, Muenchen 2001 2 Aufl., S. 207f。

4　参见 Adolf Hitler 的 *Mein Kampf*, Muenchen 1933 67

注　释

Aufl., S. 422f.

5　有关该综合征请参阅 Hans Mommsen 的 Die NSDAP. Typus und Profil einer faschistischen Partei，刊登于 *Von WEimar nach Auschwitz. Zur Geschichte Deutschlands in der Weltkriegsepoche*，Stuttgart 1999，S. 201 – 213。

6　参见 Peter Longerich 的描述，*Hitlers Stellvertreter. Fuehrung der Partei und Kontrolle des Staatsapparates durch den Stab Hess und die Partei – Kanzlei Bormanns*，Muenchen 1992。

7　有关这方面参加最近 Andreas Heusler 的 *Die Geschichte des 'Braunen Hauses'*，Muenchen 2008。

8　参见 Lothar Gruchmann, Die Reichsregierung im 'Fuehrerstaat'. Stellung und Funktion des Kabinetts im nationalsozialistischen Herrschaftssystem，刊登于 Guenther Doeker/Winfried Steffani（出版）的 *Klassenjustiz und Pluralismus. Festschrift fuer Ernst Fraenkel*，Hamburg 1973，S. 187 – 233。

9　Lammers an Frick am 27. 6. 1934，BA R 43/II 495；请参阅 P. Diehl – Thiele 的 *Partei und Staat im Dritten Reich*，Muenchen1969，S. 69。

10　请参阅 Dieter Rebentisch 的 *Fuehrerstaat und Verwaltung im Zweiten Weltkrieg 1939 – 1945*，Stuttgart 1989，S. 45f。

11　参见 Hans Mommsen, Ausnahmezustand als Herrschaftstechnik des NS – Regimes，刊登于同一作者的 *Von Weimar nach Auschwitz*，见上，S. 253f. 和 Martin Broszat 的 *Der Staat Hitlers. Grundlegung und Entwicklung seiner inneren Verfassung*，Muenchen 1969，S. 103f。

12　请参阅 J. P. Stern 的 Hitler. *Der Fuehrer und das Volk*，见上，S. 22f。

13　Martin Brozsat, *Nach Hitler*, 见上，S. 28f。

14　Ian Kershaw, *Hitler 1889 – 1936*, Stuttgart 1998, S. 665f。

15　Hans Mommsen, Aufgabenkreis und Verantwortlichkeit des Staatssekretaers der Reichskanzlei Dr. Wilhelm Kritzinger, 刊登于 *Gutachten des Instituts fuer Zeitgeschichte* Bd. 2, 1966, S. 376。

16　请参阅 Hans Mommsen 的 Ausnahmezustand als Herrschaftstechnik des NS – Regimes，刊登于同一作者的 *Von Weimar nach Auschwitz*，见上，S. 263f。

17　参见 Hans Mommsen, Die Rueckkehr zu den Urspruengen – Betrachtungen zur inneren Aufloesung des Dritten Reiches nach der Niederlage von Stalingrad, 同上，S. 315ff。

18　请参阅 J. P. Stern 的 *Hitler*，见上，S. 31f。

19　Karl Dietrich Bracher, Stufen totalitaerer Machtergreifung, 刊登于 VfZ 4 (1956), S. 42；请参阅 Ian Kershaw 的 Der *NS – Staat*, Reinbek 1988, S. 130ff。

20　最基本的仍旧是 Joseph Nyomarkay 的 *Charisma and Factionalism within the Nazi Party*, Minneapolis 1967。

21　参见 Mommsen, Die Stellung Hitlers im nationalsozialistischen Herrschaftssystem, 见上，S. 224。

22　基本内容参见 Ian Kershaw 的 *Der Hitler – Mythos. Volksmeinung und Propaganda in Dritten Reich*, Muenchen

注 释

1980，S. 46ff。

23 参见 Kaltenbrunner – Berichte am Bormann und Hitler ueber das Attentat vom 20. Juli 1944，刊登于 Hans – Adolf Jacobsen（出版）的 *Spiegelbild einer Verschwoerung*，Stuttgart 1961，S. 24。

24 请参阅 Hans Mommsen 的 Die Aufloesung des NS – Herrschaftssystems，刊登于 Michael Gruetter（出版）的 *Geschichte und Emanzipation. Festschrift fuer Reihnhard Ruerup*，Frankfurt am Main 1999。

25 参见 Karl Dietrich Bracher，Probleme und Perspektiven der Hitler – Interpretation，刊登于同一作者的 *Zeitgeschichtliche Kontroversen*，见上，S. 83ff。

26 参见 Sven Felix Kellerhoff 的 *Der Reichstagsbrand. Die Karriere eines Kriminalfalls*，Berlin 2008。

27 参见 J. P. Stern 的根本描述，*Der Fuehrer und das Volk*，Muenchen 1978，bes. S. 55ff。

28 Kershaw，*Der Hitler – Mythos*，见上，S. 149f.；还有 Martin Broszat 的引言，同上，S. 9ff。

29 参见 Hans Mommsen，*Beamtentum im Dritten Reich*，Muenchen 1966，S. 8，Anm. 26；请参阅 Ian Kershaw 的 *Der NS – Staat. Geschichtsinterpretationen und – kontroversen im Ueberblick*，Hamburg 1988，S. 187ff。

30 请参阅 Hans Mommsen 的 Adolf Hitler aus der Sicht von Gefolgsleuten und Zeitgenossen，刊登于同一作者的 *Von Weimar nach Auschwitz*，见上，S. 81ff。

31　Mommsen, Hitlers Stellung im nationalsozialistischen Herrschaftssystem,见上, S. 66f。

32　Martin Broszat, Soziale Motivationen und Fuehrerbindung des Nationalsozialismus,刊登于同一作者的 *Nach Hitler. Der schwierige Umgang mit unserer Geschichte*, Muenchen 1988, S. 32f。

33　请参阅 Hans Mommsen 的 *Auschwitz 17. Juli 1942. Der Weg zur europaeischen 'Endloesung der Judenfrage'*, Muenchen 2000, S. 108ff.；同一作者的 Der Wendepunkt zur 'Endloesung'. Die Eskalation der nationalsozialistischen Judenverfolgung,刊登于 Juergen Matthaeus/Michael Mallmann（出版）的 *Deutsche, Juden, Voelkermord*, Darmstadt 2008, S. 67f。

第8章　双重性格：塞巴斯蒂安·哈夫纳早期对希特勒的诠释

1　请参阅 Horst Moeller 的 Exilpublizistik in Grossbritannien. Sebastian Haffner und Die Zeitung,刊登于 Gerhard A. Ritter/Peter Wende（出版）的 *Rivalitaet und Partnerschaft. Studien zu den deutsch – britischen Beziehung im 19. und 20. Jahrhundert. Festschrift fuer Anthony*, Paderborn 1999。

2　Sebastian Haffner, Germany. *Jekyll and Hyde*, London 1940；1941 年 New York Dutton &Co. 出版的美国版。眼下该书已经有了翻译回德文的版本, 1900 出版社 1996 年以 *Jekyll & Hyde. 1939 Deutschland von innen betrachtet* 的题目出版了该书。

注　释

3　请参阅 Gerhard Schreiber 的 *Hitler, Interpretationen 1923 – 1983*, Darmstadt 1984, S. 85f., 还有 S. 71f.。

4　Haffner, Germany. *Jekyll and Hyde*, 见上, S. 14f.。

5　同上, S. 19。

6　同上, S. 18 和 S. 20。

7　同上, S. 17。

8　同上, S. 13f.

9　参见 J. Peter Stern, *Der Fuehrer und das Volk*, Muenchen 1981 2Aufl., S. 91。

10　Haffner, Germany. *Jekyll and Hyde*, 见上, S. 31f.。

11　请参阅 Martin Broszat 的 Soziale Motivation und Fuehrer – Bindung des Nationalsozialismus, 刊登于同一作者的 *Nach Hitler. Der schwierige Umgang mit unserer Geschichte*, Muenchen 1988, S. 22ff.。

12　同上, S. 24f.。

13　Sebastian Haffner, *Offensive Against Germany*, London 1941, S. 107; 请参阅 Klemens von Klemperer 的 *Die verlassenen Verschwoerer. Der deutsche Widerstand auf der Suche nach Verbuendeten*, Berlin 1994, S. 64f.。

14　请参阅 Horst Moeller 的 Exilpublizistik in Grossbritannien, 见上, S. 22。

15　详见英文稿, London 1940, S. 300ff.。

16　同上, S. 21 和 S. 35。

17　同上, S. 21f.。

18　同上, S. 22。

19 同上，S. 23f。

20 同上，S. 33f。

21 同上，S. 27。

22 Haffner, Germany. *Jekyll and Hyde*，见上，S. 34f。

23 同上，S. 53f。

24 参见 Hans Werner Neulen 的 *Europa und das 3. Reich. Einigungsbestrebungen im deutschen Machtbereich 1939 – 1945*, Muenchen 1987，S. 34；请参阅 Hans Mommsen 的 Der deutsche Widerstand gegen Hitler und die Ueberwindung der nationalstaatlichen Gliederung Europas，刊登于 M. Hettling/P. Nolte（出版）的 *Nation und Gesellschaft. Historische Essays. Festschrift fuer Hans – Ulrich Wehler*, Muenchen 1996。

25 请参阅同上，S. 36。

26 此外还有 Michael Wildt 对帝国中央安全局人员的研究，*Generation des Unbedingten. Das Fuehrungskorps des Reichsicherheitshauptamtes*, Hamburg2002，S. 362f.。请参阅 Gunnar C. Boehnet 的 The Jurists in the SS – Fuehrerkorps 1925 – 1939，刊登于 G. Hirschfeld/L. Kettenacker（出版）的 *Der ‘Fuehrerstaat’. Mythos und Realitaet. Studien zur Struktur und Politik des Dritten Reiches*, Stuttgart 1981，S. 364ff。

27 Haffner, Germany. *Jekyll and Hyde*，见上，S. 72f。

28 同上，S. 71f。

29 Sebastian Haffner, *Anmerkungen zu Hitler*, Muenchen 1978, S. 97f.；但是与 Eberhard Jaeckel 在 *Hitlers Weltanschauung. Entwurf einer Herrschaft*, Stuttgart 1981 Neuaufl. 中的

注　释

分析相反，Haffner 强调（特别是在 S.134f).，民族主义和种族主义思想在希特勒那里并不统一，Haffner, *Anmerkungen*，见上，S.103f。

30　同上，S.112。

31　参见 Ian Kershaw 的分析，*Der NS – Staat. Geschichtsinterpretationen und Kontroversen im Ueberblick*，Hamburg 1988，S.132ff。

32　参见 die Denkschrift ueber die inneren Gruende fuer die Verfuegungen zur Herstellung einer erhoehten Schlagkraft der Bewegung, BA Potsdam, NS 22/110。

33　Haffner, *Germany. Jekyll and Hyde*，见上，S.180f.

34　S.208f. 的这一表述——德国共产党是"完全不相干的"唯一的德国反对党——可能更多是源自政治愿景而不是真正的分析。

35　同上，S.150。

36　参见 Schreiber 的 *Hitler – Interpretationen*，见上，S.27f。

37　Haffner, Germany. *Jekyll and Hyde*，见上，S.37。

38　Haffner, *Anmerkungen zu Hitler*，见上，S.30 和 S.61。

39　同上，S.35。希特勒是个非常成功的经济政策制定者的论证高估了他自身的能动性，并错误地认识了纳粹经济政策摇摆不定的影响；此外可参见 Christof Buchheim 的 Zur Natur des Wirtschaftsaufschwunges der NS – Zeit, 刊登于同一作者参与（出版）的 *Zerrissene Zwischenkriegszeit. Knut Borhardt zum 65. Geburtstag*, Baden – Baden 1994，S.97 – 119。

40 参见 Manfred Funke 的 Hitler und die Wehrmacht,刊登于 Wolfgang Michalka(出版)的 *Der Zweite Weltkrieg. Analysen. Grundzuege. Forschungsbilanz*,Muenchen 1989,S. 301 – 213。

41 Haffner,*Anmerkungen zu Hitler*,见上,S. 141f。

42 同上,S. 25。

43 请参阅 Hans Mommsen 的 Die Stellung Hitlers im nationalsozialistischen Herrschaftssystem,刊登于同一作者的 *Der Nationalsozialismus und die deutsche Gesellschaft*,Hamburg 1991,S. 67ff.;参见 Manfred Funke 的 *Starker oder schwacher Diktator. Hitlers Herrschaft und die Deutschen*,Duesseldorf 1989,S. 80f. 以及 Dieter Rebentisch 的 *Fuehrerstaat und die Verwaltung im Zweiten Weltkrieg. Verfassungsentwicklung und Verwaltungspolitik 1939 – 1945*,Stuttgart 1989,S. 42f. 和 S. 46。

44 参见 Josef Henke 的 Die sogenannten Hitler – Tagebuecher und der Nachweis ihrer Faelschung,刊登于 Friedrich K Kahlenberg(出版)的 *Aus der Arbeit der Archive. Festschrift fuer Hans Booms*,Boppard 1982,S. 287 – 317。

45 请参阅 Sebastian Haffner 的 *Zur Zeitgeschichte*,Muenchen 1982,S. 96ff.;同一作者,*Von Bismarck zu Hitler. Ein Rueckblick*,Muenchen 1987,S. 231 – 276;同一作者,Hitlers Leistungen,刊登于 *Merkur 32*(1978),S. 130 – 145。

注 释

第9章 希特勒、德国人和第二次世界大战

1 关于鼓动人们反《凡尔赛和约》的内容请参阅 Ulrich Heinemann 的 *Die verdraengte Niederlage. Politische Oeffentlichkeit und Kriegsschuldfrage in der Weimarer Republik*, Goettingen 1983, S. 151f. 和 S. 238ff。

2 参见 Michael Geyer 的 *Aufruestung oder Sicherheit. Die Reichswehr in der Krise der Machtpolitik 1930 – 1935*, Wiesbaden 1980; 同一作者, Das zweite Ruestungsprogramm 1930 – 1934, 刊登于 MGM17 (1975), S. 125 – 172。

3 参见 Bernd Weisbrod 的 Gewalt in der Politik. Zur politischen Kultur in Deutschland zwischen den beiden Weltkriegen, 刊登于 GWU43 (1992); 请参阅 Hans Mommsen 的 Militaer und zivile Militarisierung in Deutschland 1914 – 1938, 刊登于 Ute Frevert 的 *Militaer und Gesellschaft im 19. und 20.* Jahrhundert, Stuttgart 1997, S. 265 – 276。

4 Klaus – Juergen Mueller, *Das Heer und Hitler. Armee und nationalsozialistisches Regime 1933 – 1940*, Stuttgart 1969, S. 35ff.

5 Aufzeichnung der Generalleutnants Liebmann ueber Hitlers Besuch bei General Freiherr von Hammerstein – Equord am 3.2.1933, 刊登在 Klaus – Juergen Mueller 的 *Armee und Drittes Reich 1933 – 1939*, Paderborn 1987, S. 263。

6 参见 Max Domarus 的 *Hitler. Reden und Proklamationen*, Bd. I/I, Muenchen 1963, S. 193。

7 参见 Wolfram Wetter 的 Ideologien, Propaganda und Innenpolitik als Voraussetzungen der Kriegspolitik des Dritten Reiches, 刊登于 Militaergeschichtliche Forschungsamt der Bundeswehr（出版）的 *Das Deutsche Reich und der Zweite Weltkrieg*, Bd. I, Stuttgart 1979, S. 397f。

8 关于退出裁军会议的内容请参阅 Wilhelm Deist 的 Die Aufruestung der Wehrmacht, 刊登于 *Das Deutsche Reich und der Zweite Weltkrieg*, Bd. I, 见上, S. 39f。

9 参见 Ian Kershaw 的 *Der Hitler – Mythos. Volksmeinung und Propaganda im Dritten Reich*, Stuttgart 1980, S. 113f.; Wette, Ideologien, 见上, S. 16。

10 参见同上, S. 132。

11 请参阅 Ernest K. Bramstedt 的 *Goebbels und die nationalsozialistische Propaganda 1925 – 1945*, Frankfurt am Main 1971, S. 241ff。

12 Helmut Krausnick, Vorgeschichte und Beginn des militaerischen Widerstandes gegen Hitler, 刊登于 *Vollmacht des Gewissens*, Frankfurt am Main 1960, S. 265。

13 William L. Shirer, Berlin Diary. *The Journal of a Foreign Correspondent*, New York 1941, S. 143。

14 参见 Marlis G. Steinert 的 *Hitlers Krieg und die Deutschen. Stimmung und Haltung der deutschen Bevoelkerung im Zweiten Weltkrieg*, Duesseldorf 1970, S. 72。

15 Kershaw, *Der Hitler – Mythos*, 见上, S. 122。

16 援引自 Steinert, *Hitlers Krieg*, 见上, S. 81。

注　释

17　参见 Bericht des Regierungspraesidenten Oberbayern vom 10. Juli 1939，同上，S. 84。

18　援引自 Kershaw, *Der Hitler - Mythos*，见上，S. 125。

19　参见 Wilhelm Treue 的 Hitlers Rede vor der deutschen Presse vom 10. November 1938，刊登于 VfZ6（1958），S. 182f.；请参阅 Wette 的 Ideologien，见上，S. 133f。

20　同上，S. 141f。

21　参见 Kershaw 的 *Der Hitler - Mythos*，见上，S. 150ff.

22　Steinert, *Hitlers Krieg*，见上，S. 227 和 S. 273f。

23　Juergen Foerster, Geistige Kriegsfuehrung in Deutschland，刊登于 *Das Deutsche Reich und der Zweite Weltkrieg*, Bd. 9, Muenchen 2004, S. 570f.；请参阅 Steinert 的 Hitlers Krieg, S. 278。

24　请参阅 Aristotle A. Kallis 的 Der Niedergang der Deutungsmacht. Nationalsozialistische Propaganda im Kriegsverlauf，刊登于 *Das Deutsche Reich und der Zweite Weltkrieg*, Bd. 9，见上，S. 222。

25　Heinz Boberach（出版），*Meldungen aus dem Reich. Die geheimen Lageberichte des Sicherheitsdienstes der SS*, Bd. 9, Herrsching 1984, S. 338。

26　援引自 Steinert 的 *Hitlers Krieg*，见上，S. 339；请参阅 Anordnung 91/42 des Leiters der Partei - Kanzlei vom 18. 1. 1942，同上，S. 320f。

27　参见 Christian Mueller 的 *Oberst i. G. Stauffenberg*，

Stuttgart 2000, S. 216。

28　Kershaw, *Der Hitler - Mythos*, 见上, S. 172。

29　同上, S. 181ff; 请参阅 Kershaw 的 *Hitler 1936 - 1945*, Stuttgart 2000, S. 567f., S. 723f., S. 729f。

30　请参阅 Manfred Messerschmidt 的 *Die Wehrmachtsjustiz 1933 - 1945*, Muenster 2005。

第10章　民众共同体的神话——资产阶级国家的瓦解

1　Seymour M. Lipset, Fascism - Left, Right and Center, 刊登于同一作者的 *Political Man. The Social Bases of Politics*, New York 1960。

2　援引自 Richard Evans 的 *Das Dritte Reich*, Bd. II/2 Diktatur, Muenchen 2005, S. 603。

3　摘自 Max Domarus 的 *Hitler. Reden und Proklamationen 1922 - 1945*, Bd. I/2, Muenchen 1965, S. 690。

4　Rudy Koshar, *Social Life, Local Politics and Nazism - Marburg 1880 - 1935*, Chapel Hill/London 1996, S. 284ff.

5　Wahlrede Adolf Hitlers am 27. Juli 1932 in Eberswalde, 刊登于 *GWU* 10 (1959), Muenchen2005, S. 122。

6　Norbert Frei, *1945 und wir. Das Dritte Reich im Bewusstsein der Deutschen*, Muenchen 2005, S. 122.

7　请参阅 Stefan Breuer 的 *Die Voelkischen in Deutschland. Kaiserreich und Weimarer Republik*, Darmstadt 2008, S. 247ff。

注 释

8　Frank Bajohr, Die Zustimmungsdiktatur. Grundzuege nationalsozialistischer Herrschaft in Hamburg, 刊登于 Forschungsstelle fuer Zeitgeschichte（出版）的 Das Dritte Reich, Goettingen 2005, S. 111ff。

9　Evans, *Das Dritte Reich*, 见上, S. 597f. 和 S. 600ff。

10　参见 Evans 的 Das Dritte Reich, 见上, S. 601。

11　Hans-Ulrich Wehler, *Deutsche Gesellschaftsgeschichte, Bd 4 Vom Beginn des Ersten Weltkrieges bis zur Gruendung der beiden deutschen Staaten 1914 - 1949*, Muenchen 2007, S. 767.

12　请参阅 Hans Mommsen 的 *Auschwitz, 17. Juli 1942: Der Weg zur europaeischen 'Endloesung der Judenfrage'*, Muenchen 2002 2 Aufl., S. 73ff。

13　参见 Michael Wild 的 *Volksgemeinschaft als Selbstermaechtigung. Gewalt gegen Juden in der deutschen Provinz 1919 bis 1939*, Hamburg 2007, S. 361。

14　Detlef Peukert, *Volksgenossen und Gemeinschaftsfremde. Anpassung, Ausmerze und Aufbegehren unter dem Ntionalsozialismus*, Koeln 1992.

15　Wildt, *Volksgemeinschaft*, 见上, S. 13。

16　Frank Bajohr, Die Zustimmungsdiktatur, 刊登于 *Hamburg im 'Dritten Reich'*, 见上, S. 106f.; 参见 Goetz Aly 的 *Hitlers Volksstaat. Raub, Rassenkrieg und nationaler Sozialismus*, Frankfurt am Main 2005, S. 88f. u. passim。

第 11 章 国家社会主义暴力体系中道德层面的缺失

1 请参阅 Bradley F. Smith 对该进程起源的描述: *Der Jahrhundert – Prozess. Die Motive der Richter von Nuernberg. Anatomie einer Urteilsfindung*, Frankfurt am Main 1977, S. 25ff。

2 Hannah Arendt, *Eichmann in Jerusalem. Ein Bericht von der Banalitaet des Boesen*, Leipzig 1986 Neuaufl., S. 400f.

3 参见 Ian Kershaw 的 *Hitler 1936 – 1945*, Stuttgart 2000, S. 647ff。

4 请参阅 Helmut Krausnick 的 Denkschrift Himmlers Ueber die Behandlung der Fremdvoelkischen im Osten, 刊登于 *VfZ* 5 (1957), S. 196 – 209。

5 请参阅 Hans Mommsen 的 Die Funktion des Antisemitismus im Dritten Reich, 刊登于 Dirk Blasius 和 Dan Diner 的 *Zerbrochene Geschichte. Leben und Selbstverstaendnis der Juden in Deutschland*, Frankfurt am Main 1994, S. 161 – 171。

6 Martin Broszat, Soziale Motivation und Fuehrer – Bindung des Nationalsozialismus, 刊登于同一作者的 *Nach Hitler. Der schwierige Umgang mit unserer Geschichte*, Muenchen 1988, S. 28 和 S. 33。

7 J. Peter Stern, *Hitler. Der Fuehrer und das Volk*, Muenchen 1978, S. 22ff.

8 Hans Mommsen, Rueckkehr zu den Urspruengen. Betrachtungen zur inneren Aufloesung des Dritten Reiches nach der Niederlage von Stalingrad, 刊登于同一作者的 *Von Weimar*

注 释

nach Auschwitz. Zur Geschichte Deutschlands in der Weltkriegsepoche, Stuttgart 1999, S. 318f。

9 Hans Mommsen, Die NSDAP. Typus und Profil einer faschistischen Partei, 同上, S. 208f。

10 参见 Martin Broszat 的 Der Staat Hitlers. Grundlegung und Entwicklung seiner inneren Verfassung, Muenchen 1969, S. 262ff。

11 请参阅 Dieter Rebentisch/Karl Teppe 的 Einleitung, 刊登于同一作者（出版）的 Verwaltung contra Menschenfuehrung im Staat Hitlers. Studien zum politisch - administrativen System, Goettingen 1986, S. 23ff。

12 Frank Bajohr, Parvenues und Profiteure. Korruption in der NS - Zeit, Frankfurt am Main 2001, S. 49ff. u. passim.

13 参见 Lothar Gruchmann 的出色描述: Justiz im Dritten Reich. Anpassung und Unterwerfung in der Aere Guertner, Muenchen 1988, S. 487f。

14 Ralph Angermund, Deutsche Richterschaft 1919 - 1945, Frankfurt am Main 1990, 2. Aufl. 2001, S. 231ff.

15 Max Domarus（出版）, Hitler. Reden und Proklamationen, Bd. II, Wuerzburg 1963, S. 1865f.；请参阅 Angermund 的 Deutsche Richterschaft, 见上, S. 248f。

16 Gruchmann, Justiz im Dritten Reich, 见上, S. 487f。

17 参见 Gerhard Eisenblaetter 的 Grundlinien der Politik des Reiches gegenueber dem Generalgouvernement 1939 - 1945, Diss. phil. , Frankfurt am Main 1969, S. 31ff. , 请参阅 Alf

Luedtke/Bernd Weisbrod（出版）的 *No Man's Land of Violence. Extreme Wars in the 20th Century*, Goettingen 2006。

18　Hans Buchheim/Martin Broszat/Hans – Adolf Jacobsen/Helmut Krausnick, *Anatomie des SS – Staates*, Muenchen 1997, S. 493ff.

19　参见 Hamburger Instituts fuer Sozialforschung 制作的展览 Verbrechen der Wehrmacht 以及 Hannes Heer 以及其他人（出版）的 Verbrechen der Wehrmacht. *Dimensionen des Vernichtungskrieges 1941 – 1944*, Hamburg 2003 2. Aufl。

20　Chiristian Gerlach, *Kalkulierte Morde. Die deutsche Wirtschafts – und Vernichtungspolitik in Weissrussland 1941 bis 1944*, Hamburg 1999, S. 46ff.

21　Karl Heinz Roth,'Generalplan Ost' – 'Gesamtplan Ost'. Forschungsstand, Quellenprobleme, neue Ergebnisse, 刊登于 Mechthild Roessler 等人（出版）的 Der 'Generalplan Ost'. *Hauptlinien der nationalsozialistischen Planungs – und Vernichtungspolitik*, Berlin 1993, S. 60f。

22　参见 Goetz Aly 的重要描述：'Endloesung'. *Voelkerverschiebung und der Mord an den europaeischen Juden*, Frankfurt am Main 1995, 特别是 S. 46ff。

23　Besprechung im Reichsministerium fuer den besetzten Ostgebiete am 16. Juli 1941（IMT XXXVII, S. 86ff.）；请参阅 Peter Longerich 的 *Politik der Vernichtung. Eine Gesamtdarstellung der nationalsozialistischen Judenverfolgung*, Muenchen 1998, S. 362f。

注 释

24 请参阅 Gerhard Schreiber 的 *Deutsche Kriegsverbrechen in Italien. Taeter, Opfer, Strafverfolgung*, Darmstadt 2000, S. 149ff。

25 请参阅 Robert Gellately 的 *The Gestapo and German Society. Enforcing Racial Policy 1933 – 1945*, Oxford 1990, S. 130ff.; Hans Mommsen, Der deutsche Widerstand gegen Hitler und die Wiederherstellung der Grundlagen der Politik, 刊登于同一作者的 *Die Weisse Rose und das Erbe des deutschen Widerstandes*, Muenchen 1993, S. 198 – 215。

26 Roman Bleistein（出版）的 *Dossier: Kreisauer Kreis. Dokumente aus dem Widerstand gegen den Nationalsozialismus*, Frankfurt am Main 1987, S. 66f.; 请参阅 Hans Mommsen 的 Der Kreisauer Kreis und die kuenftige Neuordnung Deutschlands und Europas, 刊登于同一作者的 *Alternative zu Hitler. Studien zur Geschichte des deutschen Widerstandes*, Muenchen 2000, S. 217ff。

27 Brief Moltkes an Lionel Curtis vom 25. 3. 1943, 刊登在 Freya von Moltke/Michael Balfolur/Julian Frisby 的 *Helmuth James von Moltke 1904 – 1945. Anwalt der Zukunft*, Stuttgart 1975, S. 456。请参阅 Hans Mommsen 的 Der deutsche Widerstand gegen Hitler und die Wiederherstellung der Grundlagen der Politik, 见上, S. 198 – 215。

28 Frank Bajohr, *Parvenues und Profiteure*, 见上, S. 35ff。

29 参见 Christoph Klessmann 的 Hans Frank – Parteijurist und Generalgouverneur in Polen, 刊登于 Ronald Smelser（出

版）的 *Die braune Elite*, Darmstadt 1999, S. 41 – 51。

30 参见 Diemut Majer 的 *Grundlagen des nationalsozialistischen Rechtssystems, Fuehrerprinzip, Sonderrecht, Einheitspartei*, Berlin 1987, S. 182ff。

31 Bradley F. Smith/Agnes F. Peterson（出版）的 *Heinrich Himmler. Geheimreden 1933 – 1945*, Frankfurt 1974, S. 169ff。

第 12 章 第三帝国的瓦解

1 参见 Felix Kersten 的 *Totenkopf und Treue. Heinrich Himmler ohne Uniform*, Hamburg 1952, S. 343; Folke Bernadotte, *Das Ende. Meine Verhandlungen in Deutschland im Fruehjahr 1945 und ihre politischen Folgen*, Zuerich 1945, S. 66f.; 还有 Klaus – Dietmar Henke 的 *Die amerikanische Besetzung Deutschlands*, Muenchen 1995, S. 886ff。

2 请参阅 Ralph Georg Reuth 的 *Goebbels. Eine Biographie*, Muenchen 1990, S. 608f.; 请参阅 H. R. Trevor – Roper 的 *Hitlers letzte Tage*, Frankfurt am Main 1968, S. 19 以及 Georgi K. Shukov 的 *Erinnerungen und Gedanken*, Stuttgart 1969, S. 604f。

3 Lammers an Rosenberg am 10. August 1944, 刊登在 Hans Werner Neulen 的 *Europa und das Dritte Reich. Einigungsbetrebungen im deutschen Machtbereich, 1939 – 1945*, Muenchen 1987, S. 161f. 戈培尔改变了他之前的立场, 从这时开始赞成"大洲的社会新秩序", 不管它的名字叫什么; 参见 Elke Froe-

注 释

hlich（出版）的 *Die Tagebuecher von Joseph Goebbels*，T. II，Bd. 15，Muenchen 1995，S. 467。

4 参见 Andreas Hillgruber 的 *Hitlers Strategie*，*Politik und Kriegsfuehrung 1940 – 1941*，Frankfurt am Main 1965，S. 562ff.；Rolf – Dieter Mueller，*Hitlers Ostkrieg und die deutshe Siedlungspolitik*，Frankfurt am Main 1991，S. 23f。

5 参见 das Memorandum Goebbels' an Hitler am 25. Juli 1944（BABerlin，NL II 8100）；请参阅 Reuth 的 *Goebbels*，见上，S. 56 以及 Goebbels' Tagebuecher vom 10.，20. und 23. September 1944（*Tagebuecher*，T II，Bd. 9，S. 464，S. 542 和 S. 655）。

6 请参阅 Dieter Rebentisch 的 *Fuehrerstaat und Verwaltung im Zweiten Weltkrieg*，Stuttgart 1989，S. 499ff。

7 Memorandum Speers vom 12. und 20. Juli 1944，刊登于 Willy Boelcke（出版）的 *Deutschlands Ruestung im Zweiten Weltkrie. Hitlers Konferenzen mit Albert Speer*，Frankfurt am Main 1969，Nr. 2；Peter Longerich，Goebbels und der totale Krieg，刊登于 *VfZ35*（1987），S. 298；Chefbesprechung vom 22. Juli 1944（BA PotsdamR43 II 664 a）。

8 Helmut Heiber（出版），*Goebbels' Reden 1932 – 1945*，Duesseldorf 1991，Nr. 1，S. 12ff.；请参阅 Guenther Moltmann 的 Goebbels' Rede zum Totalen Krieg am 18. Februar 1943，刊登于 VfZ（1964），S. 13ff。

9 关于戈培尔定得很高的期望参见 Goebbels' Tagebuch T. II，Bd. II，2. Februar 1943。

10　Meldungen zur Versammlungswelle der NSDAP vom 8. November 1943，刊登于 BA Potsdam NS 6408，Bl. 39 和 404。

11　参见 Herwert Vorlaender 的 *Die NSV. Darstellung und Dokumentation einer nationalsozialistischen Organisation*，Boppard 1988，S. 14；Armin Nolzen, Die NSDAP, der Krieg und die deutsche Gesellschaft，刊登于 Militaergeschichtliches Forschungsamt der Bundeswehr（出版）的 *Das Deutsche Reich und der Zweite Weltkrieg*，Bd. 9/1：*Die deutsche Kriegsgesellschaft 1930 – 1945*，S. 152f。

12　请参阅 Aufklaerungs – und Rednermaterial der Reichspropagandaleitung der NSDAP, Lieferung 9（September 1942），Nr. 2 和 Nr. 4；Anordnung Bormanns Nr. 5543 vom 29. September 1943，刊登于 Parteikanzlei der NSDAP：*Verfuegungen, Anordnungen, Bekanntgaben*，7 Bde.，Muenchen 1942 – 1945, besonders Bd. 4（1993），S. 24ff. 和 Bd. 5（1944），A543 页；请参阅 Akten der Parteikanzlei, T. II, Nr. 06561ff。

13　请参阅 Dietrich Orlow 的 *The History of the Nazi Party*，Bd. II：*1933 – 1945*，Pittsburgh 1983，S. 345f。

14　请参阅党办公厅发行的小册子 Ich kaempfe. Die Pflichten des Parteigenossen, hrsg. von der NSDAP，见上，o. J.（Muenchen1943）。

15　请参阅 Franz Seidler 的 *Deutscher Volkssturm. Das letzte Aufgebot*，Muenchen 1989，S. 383ff。

16　Zeitschriftendienst/Deutscher Wochendienst, hrsg. vom Reichsministerium fuer Volksaufklaerung und Propaganda vom 20.

注 释

Oktober 1944（ZD Nr. 285）.

17 Goebbels' Rede auf der Gauleiter – Tagung vom 8. August 1944，摘自 Wolfgang Bleyer 的 Plaene der faschistischen Fuehrung zum totalen Krieg，刊登于 *ZfG* I（1969），S. 132f。

18 请参阅 Francois Courtage/Pierre Cadars 的 *Geschichte des Films im Dritten Reich*，Muenchen 1975，S. 21ff。

19 参见 das Gauleitertreffen in der Reichskanzlei vom 25. Februar 1945；请参阅 Rudolf Jordan 的 *Erlebt und erlitten. Der Weg eines Gauleiters von Muenchen nach Moskau*，Freiburg 1971，S. 252ff. 以及 Karl Wahl 的 '... es ist das deutsche Herz'. *Erlebnisse und Erkenntnisse eines ehemaligen Gauleiters*，Augsburg 1954，S. 385f。

20 请参阅 Manfred Messerschmidt/Fritz Wuellner 的 *Die Wehrmachtsjustiz im Dienste des Nationalsozialismus. Zerstoerung einer Legende*，Baden – Baden 1987；Juergen Thomas, Die Wehrmachtsjustiz im Zweiten Weltkrieg，刊登于 Norbert Haase/Gerhard Pauls（出版）的 *Die anderen Soldaten*，Frankfurt am Main 1995，S. 43。

21 参见 Goebbels Tagebuecher, T. II, Bd. 15, S. 393f., S. 45, S498；请参阅 Charles Whiting 的 *Werewolf. The Story of the Nazi Resistance 1944 – 1945*，London 1972，S. 145ff. 以及 Arno Rose 的 *Werwolf 1944 –1945*，Stuttgart 1980，S. 70ff。

第13章 走向"最终解决"的转折点:国家社会主义对犹太人迫害的升级

1 概况请参照 Christopher R. Browning 的 *Judenmord. NS - Politik, Zwangsarbeit und das Verhalten der Taeter*, Frankfurt am Main 2001, S. 11 - 92; 同一作者, *Die Entfesselung der 'Endloesung'. Nationalsozialistische Judenpolitik 1939 - 1942*, Berlin 2003; Peter Longerich, *Politik der Vernichtung. Eine Gesamtdarstellung der nationalsozialistischen Judenverfolgung*, Muenchen 1998; Raul Hilberg, *Die Vernichtung der europaeischen Juden. Die Gesamtgeschichte des Holocaus*, Berlin 1982; 同一作者, *Taeter, Opfer, Zuschauer. Die Vernichtung der Juden 1933 - 1945*, Frankfurt am Main 1992。

2 Karl A. Schleunes, *The Twisted Road to Auschwitz. Nazi Policy towards Jews 1933 - 1939*, Chicago 1970.

3 引自 Marlis Steinert 的 *Hitlers Krieg und die Deutschen. Stimmung und Haltung der deutschen Bevoelkerung im Zweiten Weltkrieg*, Wien 1978, S. 553。

4 对研究争论的分析参见 Browning 的 *Judenmord*, 见上, S. 60ff。

5 Denkschrift Himmlers ueber die Behandlung der Fremdvoelkischen im Osten (Mai 1940), Helmut Krausnick 出版, 刊登于 *VfZ* 5 (1957), S. 194 - 198。

6 Uwe Dietrich Adam, *Judenpolitik im Dritten Reich*, Duesseldorf 1972, S. 310.

注　释

7　Hans Mommsen, Hitler's Reichstag Speech of 30 January 1933, 刊登于 *History & Memory 9* (1997), S.147–161。

8　对波兰问题进行了杰出描述的 Browning 的 *Entfesselung*, 见上, S.49ff。

9　Sueddeutsche Zeitung vom 13.6.2005: Sonja Zekri, Ein neues Madagaskar. Wie Hitler versuchte, Juden in die Sowjetunion umzusiedeln.

10　关于尼斯科参见 Browning 的 Judenmord, 见上, S.16ff.; 同一作者, *Der Weg zur 'Endloesung'. Entscheidungen und Taeter*, Bonn 1998, S.110; 关于后续计划参见 Longerich 的 *Politik der Vernichtung*, 见上, S.96f.; Browning: *Judenmord*, 见上, S.20ff。

11　请参阅 Magnus Brechtken 的 *'Madagaskar fuer die Juden'. Antisemitsche Idee und politische Praxis, 1885–1945*, Muenchen 1998, S.228ff.; Hans Jansen, *Der Madagaskar-Plan. Die beabsichtigte Deportation der deutschen Juden nach Madagaskar*, Muenchen 1997, S.320ff.; Hans Mommsen, *Auschwitz, 17. Juli 1942. Der Weg zur europaeischen 'Endloesung der Judenfrage'*, Muenchen 2002, S.108。

12　摘自 Goetz Aly 的 *'Endloesung'. Voelkerverschiebung und der Mord an den europaeischen Juden*, Frankfurt am Main 1995, S.269。

13　原文见 Peter Longerich (出版) 的 *Die Ermordung der europaeischen Juden. Eine umfassende Dokumentation des Holocaust 1941–1945*, Muenchen 1989, S.78; 请参阅 Mommsen 的 *Auschwitz*, *17. Juli 1942*, 见上, S.155f。

14 但是不久前 Browning 在 *Entfesselung*（见上, 第 456、457 页）中认为, 7 月 31 日的授权对海德里希来说是个"专利", 它可以"追溯到希特勒在 7 月中旬的煽动言论", 但是与海德里希在 1941 年 3 月向戈林提出的关于在整个欧洲"解决犹太人问题"考虑的关系是毫无疑问的; 请参阅 Aly 的 *Endloesung*, 见上, S.270。

15 *Die Tagebuecher von Joseph Goebbels*, Elke Froehlich（出版）, T.II, Bd.1, Muenchen 1994, S.269。

16 请参阅 Mommsen 的 *Auschwitz*, *17. Juli 1942*, 见上, S.117f。

17 请参阅 Klaus—Michael Mallmann 的 Die Tueroeffner der 'Endloesung', 刊登于 Gerhard Paul/同一作者（出版）的 *Die Gestapo im Zweiten Weltkrieg*, '*Heimatfront*' *und besetztes Europa*, Darmstadt 2000, S.448ff。; Ralf Ogorreck, *Die Einsatzgruppen und die Genesis der* '*Endloesung*', Berlin 1996, S.47f。

18 Martin Cueppers, *Wegbereiter der Shoah. Die Waffen – SS, der Kommandostab Reichsfuehrer – SS und die Judenvernichtung 1939 – 1945*, Darmstadt 2005, S.153.

19 Longerich, *Die Ermordung der europaeischen Juden*, 见上, S.74f。

20 Schreiben an Eichmann und Hans Ehlich v.3.9.1941, 摘自 Browning 的 *Judenmord*, 见上, S.59f。

21 Stahlecker an Lohse vom 6.8.1941, 刊登在 Hans

注 释

Mommsen/Susanne Willems（出版）的 *Herrschaftsalltag im Dritten Reich*, Duesseldorf 1988, S. 467ff。

22 Wolfgang Benz/Konrad Kwiet/Juergen Matthaeus（出版）的 *Einsatz im 'Reichskommissariat Ostland'. Dokumente zum Voelkermord im Baltikum und in Weissrussland 1941 - 1944*, Berlin 1998, S. 46ff。

23 Christian Gerlach 在 Die Wannsee - Konferenz, das Schicksal der deutschen Juden und Hitlers Grundsatzentscheidung, alle Juden Europas zu ermorden 中正确地指出，放逐德国犹太人的决定绝对不是和清洗他们一个意思，刊登于 *WerkstattGeschichte 18* (1997), S. 42ff。

24 Longerich, *Politik der Vernichtung*, 见上, S. 462ff。

25 同一作者, *Die Ermordung der europaeischen Juden*, 见上, S. 157。

26 基本参见 Dieter Pohl, *Von der 'Judenpolitik' zum Judenmord. Der Distrikt Lublin des Generalgouvernements 1939 - 1944*, Frankfurt am Main 1993；同一作者, *Nationalsozialistische Judenverfolgung in Ostgalizien 1941 - 1941. Organisation und Durchfuehrung eines staatlichen Massenverbrechens*, Muenchen 1996；请参阅 Thomas Sandkuehler 的 *'Endloesung' in Galizien. Der Judenmord in Ostpolen und die Rettungsinitiativen von Berthold Beitz 1941 - 1944*, Bonn 1996。

27 请参阅 Hermann Kaienburg 的 Juedische Arbeitslager an der 'Strasse der SS', 1999, *Zeitschrift fuer Sozialgeschichte II* (1996), S. 19ff., 格洛博奇尼克与卡茨曼的关系起初是

由竞争所决定，但后来则是由合作决定。

28　请参阅 Pohl 的 *Nationalsozialistische Judenverfolgung in Ostgalizien*，见上，S. 338ff.，S. 355；Sandkuehler,'Endloesung' in Galizien，见上，S. 142ff.，S. 148。

29　Aly, *Endloesung*，见上，S. 267f。

30　关于 Globocnk 的角色参见 Pohl 的 *Von der 'Judenpolitik' zum Judenmord*，见上，S. 99ff。

31　Pohl 确定这一过程的时间为 1941 年 11 月，同上，S. 100f.；请参阅 Christian Gerlach 的 *Krieg, Ernaehrung, Voelkermord. Forschungen zur deutschen Vernichtungspolitik im Zweiten Weltkrieg*, Hamburg 1998, S. 154。

32　Der Dienstkalender Heinrich Himmlers 1941/42, bearb. v. Peter Witte u. a., Hamburg 1999, S. 233；请参阅 Peter Witte 的 *Zwei Entscheidungen in der 'Endloesung der Judenfrage'*, Prag 1995, S. 61。

33　请参阅 Bogdan Musial 的 *Die deutsche Zivilverwaltung und die Judenverfolgung im Generalgouvernement. Eine Fallstudie zum Distrikt Lublin 1939 – 1944*, Wiesbaden 1999, S. 196f.；Longerich, *Politik der Vernichtung*，见上，S. 453。

34　请参阅同上，S. 455f.；Pohl, *Von der 'Judenpolitik' zum Judenmord*，见上，S. 93f。

35　请参阅 Cornelia Essner 的 *Die 'Nuernberger Gesetze' oder Die Verwaltung des Rassenwahns 1933 – 1945*, Paderborn u. a. 2002, S. 394ff。

36　Goebbels – Tagebuecher，见上，T. II, Bd. 2, S. 533f.

注 释

37 刊登于 Longerich 的 *Die Ermordung der europaeischen Juden*，见上，S. 85ff。

38 刊登于 Miroslav Karny u. a.（出版）的 *Deutsche Politik im 'Protektorat Boehmen und Maehren' unter Heydrich 1941 - 1942*，Berlin 1993，S. 205f.；请参阅 Gerlach 的 *Krieg, Ernaehrung, Voelkermord*，见上，S. 125。

39 Richard Breitman，*The Architect of Genocide. Himmler and the Final Solution*，Hanover 1991，S. 158；Browning，*Judenmord*，见上，S. 109。

40 Gerlach, Die Wannsee - Konferenz，见上，S. 43ff.；Browning，*Judenmord*，见上，S. 71ff.；Mommsen，*Auschwitz, 17. Juli 1942*，见上，S. 159。

41 Politisches Testament v. 29. 4. 1945：在他再次把"国际犹太主义"说成是战争"真正的罪人"之后，希特勒强调："我没有再让一个人不明不白：不仅几百万成年男人可能遭受死亡、不仅城市里的几十万妇女儿童可能会被烧死和炸死，而真正的罪人却没有为他们的罪责赎罪，即便是通过人道主义手段——这种情况这一次不会发生"，Max Domarus，*Hitler. Reden und Proklamationen*，Bd. II/2：1941 - 1945，Muenchen 1965，S. 2237。

42 Pohl，*Nationalsozialistische Judenverfolgung in Ostgalizien*，见上，S. 139ff。

43 Rede v. 16. 12. 1941，摘自 Longerich 的 *Die Ermordung der europaeischen Juden*，S. 191f。

44 请参阅 Peter Klein 的 Die Rolle der Vernichtungslager

Kulmhof, Belzec und Auschwitz – Birkenau in den fruehen Deportationsvorbereitungen,刊登于 Dittmar Dahlmann/Gerhard Hirschfeld（出版）的 *Lager, Zwangsarbeit, Vertreibung und Deportation. Dimensionen der Massenverbrechen in der Sowjetunion und in Deutschland 1933 bis 1945*, Essen 1999, S.459 – 481。

第 14 章 德国抵抗希特勒运动——总结

1 参见 Hans Mommsen, Gesellschaftsbild und Verfassungsplaene des deutschen Widerstands,刊登于同一作者的 *Alternative zu Hitler. Studien zur Geschichte des deutschen Widerstands*, Muenchen 2000, S.53 – 158。

2 概况参见 Juergen Schmaedecke/Peter Steinbach（出版）的 *Der Widerstand gegen den Nationalsozialismus. Die deutsche Gesellschaft und der Widerstand gegen Hitler*, Muenchen 1985 2.Aufl。

3 请参阅 Klaus – Juergen Mueller 的 *Der deutsche Widerstand 1933 – 1945*, Paderborn 1986, S.13 – 21。

4 仍旧是 Detlef Peukert 的描述, *Die KPD im Widerstand*, Wuppertal 1980。

5 Walter Ulbricht, *Die Legende vom 'deutschen Sozialismus'*, Berlin 1945, S.61.

6 请参阅 Peter Grassmann 的 *Sozialdemokraten gegen Hitler 1933 – 1945*, Muenchen 1976。

7 请参阅 Hans Mommsen 的 Wilhelm Leuschner und die Widerstandsbewegung des 20. Juli 1944,刊登于同一作者的

注 释

Alternative zu Hitler，见上，S. 167ff。

8　参见 Horst R. Sassin 的 *Liberale im Widerstand. Die Robinson – Strasser – Gruppe 1943 – 1942*，Hamburg 1993。

9　参见 Hans Mommsen 的 *Alternative zu Hitler*，见上，S. 340。

10　Guenter Brakelmann, *Helmut James von Moltke 1917 – 1945. Eine Biographie*, Muenchen 2007; Volker Ullrich, *Der Kreisauer Kreis*, Hamburg 2008.

11　Motlke an Freya am 4. 8. 1943，刊登于 Helmut James von Moltke: *Briefe an Freya 1939 – 1945*, Muenchen 1988, S. 519。

12　Hans Mommsen, *Alternative zu Hitler*，见上，S. 217f。

13　参见堪为典范的 Ger van Roon 的编辑：*Neuordnung im Widerstand. Der Kreisauer Kreis innerhalb der deutschen Widerstandsbewegung*, Muenchen 1967, S. 561ff。

14　请参阅 Hans Mommsen 的 Der Kreisauer Kreis und die kuenftige Nuerordnung Deutschlands und Europas，刊登于同一作者的 *Alternative zu Hitler*，见上，S. 109ff。

15　请参阅 Mommsen，同上，S. 341ff。

16　参见 Gerd R. Ueberschaer 的 Generalmajor Henning von Treschkow，刊登于同一作者（出版）的 *Hitlers militaerische Elite* Bd. 2, Darmstadt 1998, S. 256 – 66；请参阅 Bodo Scheurig 的 *Henning von Tresckow. Ein Preusse gegen Hitler*, Neuausgabe 1987, S. 210 和 S. 217f。

17　请参阅 Johannes Huerter 的 Auf dem Weg zur Militaeropposition. Tresckow, Gersdorf, der Vernichtungskrieg und der Judenmord, 刊登于 *VfZ52*（2004），S. 257 - 262 和紧接着 *VfZ54*（2006）的讨论。

第15章 克劳斯·申克·冯·施陶芬贝格伯爵和德国希特勒反对派

1 传记的经典之作是 Peter Hoffmann 的 *Claus Schenk Graf von Stauffenberg und seine Brueder*, Stuttgart 1992 2. Aufl.；军事方面参见 Christian Mueller 的 *Oberst i. G. Stauffenberg*, Duesseldorf 1970；Joachim Kramarz, *Claus Graf Stauffenberg, Das Leben eines Offiziers*, Frankfurt am Main 1965。

2 请参阅 Mueller 的 *Oberst i. G. Stauffenberg*，见上，S. 161 和 S. 216。

3 请参阅 Hoffmann 的 *Stauffenberg*，见上，S. 249f；Hans von Herwarth, *Zwischen Hitler und Stalin. Erlebte Zeitgeschichte 1931 - 1945*, Frankfurt am Main 1982, S. 332ff。

4 参见 Bernd Wegner, Von Stalingrad nach Kursk, 刊登于 *Das Deutsche Reich und der Zweite Weltkrieg*, Bd. 8, Muenchen 2007, S. 8ff. 和 S. 67；Bernhard Kroener, Die personellen Ressourcen des Dritten Reiches, 同书, Bd. 5. I, Stuttgart 1988, S. 878ff。

5 请参阅 Hoffmann 的 *Stauffenberg*，见上，S. 254, S. 258f。

6 同上，S. 320。

注　释

7　Mueller, Oberst i. G. *Stauffenberg*, 见上, S. 280, S. 554; 请参阅 S. 258。

8　请参阅同上, S. 246。

9　全面分析参见 Winfried Heinemann 的 Der militaerische Widerstand und der Krieg, 刊登于 *Das Deutsche Reich und der Zweite Weltkrieg*, Bd. 9/1, Muenchen 2004, S. 718ff., S. 808ff。

10　Fabian von Schlabrendorff, *Offiziere gegen Hitler*, Walter Bussmann 再版, Berlin 1994, S. 51f。

11　摘自 Mueller 的 *Oberst i. G. Stauffenberg*, 见上, S. 290f.; 请参阅 Hoffmann 的 *Stauffenberg*, 见上, S. 302。

12　Mueller, *Oberst i. G. Stauffenberg*, 见上, S. 299f。

13　同上, S. 348f。

14　摘自 Hoffmann, *Stauffenberg*, 见上, S. 180。

15　同上, S. 262, 请参阅 S. 268。

16　参见 Hans Mommsen 的 Die Stellung der Militaeropposition im Rahmen der deutschen Widerstandsbewegung gegen Hitler, 刊登于同一作者的 *Alternative zu Hitler. Studien zur Geschichte des deutschen Widerstandes*, Muenchen 2000, S. 373f。

17　Hans Mommsen, 参见 Langsamer Weg in den Widerstand. Klaus - Juergen Muellers Biographie zeigt Lugwig Beck in neuer Perspektive, 刊登于 *Frankfurt Rundschau* vom 25. Juni 2008。

18　Hans - Adolf Jacobsen（出版）的 *Spiegelbild einer Verschwoerung*, Stuttgart 1984, S. 34。

19　请参阅 Stauffenberg an Georg von Sodenstern vom 13. 3. 39，刊登在 Hoffmann 的 *Stauffenberg* 上，见上，S. 458f。

20　基本研究参见 Peter Hoffmann 的 *Widerstand gegen Hitler und das Attentat vom 20. Juli 1944*，Konstanz 1994。

21　Hans Mommsen, Verfassungs – und Verwaltungsreformplaene der Widerstandsgruppen des 20. Juli 1944 刊登于 J Schmaedecke/Peter Steinbach（出版）的 *Der Widerstand gegen Nationalsozialismus*, Muenchen/Zuerich 1985, S. 581f.

22　请参阅 Hans Mommsen 的 Neuordnungplaene der Widerstandsbewegung des 20. Juli 1944，刊登于同一作者的 *Alternative zu Hitler*，见上，S. 189f。

23　请参阅 Hans Mommsen 的 Generaloberst Ludwig Beck in neuer Perspektive，基本材料见 Klaus Juergen Mueller 的 *Generaloberst Ludwig Beck*, Paderborn 2007。

24　Mueller, *Oberst i. G. Stauffenberg*，见上，S. 305f。

25　请参阅 Hans Mommsen 的 Carl Friedrich Goerdeler im Widerstand gegen Hitler，刊登于 Sabine Gillmann/Hans Mommsen（出版）的 *Politische Schriften und Briefe Carl Friedrich Goerdelers*, Bd. I, Muenchen 2003, S. liiiff.

26　请参阅 Klaus Juergen Mueller 的 *Generaloberst Ludwig Beck*，见上，S. 482, S. 500。

27　Hans Mommsen, Carl Friedrich Goerdeler im Widerstand gegen Hitler，见上，S. lviif。

28　请参阅 Hoffmann 的 *Stauffenberg*，见上，S. 472ff。

29　请参阅 Klemens von Klemperer 的 *Die verlassenen Ver-*

schwoerer. Der deutsche Widerstand auf der Suche nach Verbuendeten 1938 – 1945，Berlin 1994，S. 283ff。

30　分析参见 Hoffmann 的 *Stauffenberg*，见上，S. 472ff。

31　Jacobsen（出版）的 *Spiegelbild einer Verschwoerung*，S. 373；请参阅 S. 57。

第16章　卡尔·弗里德里希·格德勒在1944年 "七二〇" 运动中的地位

1　关于格德勒赞成 1919 年东部国家计划请参阅 Ines Reich 的 *Carl Friedrich Goerdeler：Ein Oberbuergermeister gegen den NS – Staat*，Koeln 1997，S. 84ff。

2　请参阅 Sabine Gillmann/Hans Mommsen（出版）的 *Politische Schriften und Briefe Carl Friedrich Goerdelers*（= *Schriften*），Bd. I，Muenchen 2003，S. 179f。

3　他是向总统内阁过渡的坚定拥护者，并支持 Kuno Graf Westarp 在 1932 年谈到的 "政党黄昏" 的观点；请参阅 Hans Mommsen 的 Die Illusion einer Regierung ohne Parteien und der Aufstieg der NSDAP，刊登于同一作者的 *Von Weimar nach Auschwitz*，Stuttgart 1999，S. 127f。

4　请参阅 Ines Reich 的 *Carl Friedrich Goerdeler*，见上，S. 239ff。

5　同上，S. 245f. 以及 *Schriften* Bd. 2，见上，S. 411ff。

6　对格德勒代表被迫害犹太人利益的持续努力的生动描写见 Ines Reich 的 Carl Friedrich Goerdeler，见上，S. 203ff。

7　参见 Gerhard Ritter 的 *Carl Goerdeler und die deutsche Widerstandsbewegung*, Stuttgart 1964, S.82f。

8　*Schriften*, Bd.2, S.744.

9　Schreiben Goerdelers an Fritz Wiedemann vom 19.10.1938, 刊登于 *Schriften* Bd.I, S.643f. 以及 Schreiben vom 10.12.1938, BA Berlin, NS10, Bd.335, Bl.178ff。

10　同上, S.486f。

11　请参阅 *Schriften* Bd.I, 见上, S.477ff。

12　同上, S.650f。

13　Hans-Peter Schwarz, *Adenauer. Der Aufstieg. 1866-1952*, Stuttgart 1986, S.40f.

14　请参阅 Christian Mueller 的 *Oberst i. G. Stauffenberg. Eine Biographie*, Duesseldorf 1970, S.385f., S.465f. 以及 S.473; Bernd Gisevius, *Bis zum bitteren Ende*, Bd.2, Hamburg 1961, S.300-305; 请参阅 Peter Hofmann 的 *Widerstand, Staatsstreich, Attentat. Der Kampf der Opposition gegen Hitler*, Muenchen 1969, S.502。

15　参见 Marion Thielenhaus 的 *Zwischen Anpassung und Widerstand. Deutsche Diplomaten 1938-1941*, Paderborn 1984, S.61ff。

16　此外请参阅 Arnold Paucker/Konrad Kwiet 的 Jewish Leadership and Jewish Resistance, 刊登于 David Bankier（出版）的 *Probing the Depths of German Antisemitism*, New York 1999, S.389f。

17　参见 Hans Mommsen 的 Der 20. Juli und die deutsche

注　释

Arbeiterbewegung，刊登于同一作者的 *Alternative zu Hitler. Studien zur Geschichte des deutschen Widerstandes*，Muenchen 2000，S.295f.。

18　参见 Ger van Roon 的 *Widerstand im Dritten Reich*，Muenchen 1987，4.Aufl.，S.131。

19　参见 Schreiben Goerdelers an Fritz Wiedemann vom 19.10.1938，刊登于 *Schriften* Bd.I，见上，S.643f.以及 Schreiben vom 10.12.1938，BA Berlin，NS10，Bd.335，Bl. S.178ff.。

20　Denkschrift zur Innenpolitik，4.1.2，Okt./Nov.1938 刊登于 *Schriften* Bd.I，见上，S.703ff.很能说明特点的是，他没有具体到专制者的作用。

21　参见 Klaus - Juergen Mueller 的 *Generaloberst Ludwig Beck. Eine Biographie*，Paderborn 2008，S.467f.。

22　请参阅 Ritter 的 *Carl Goerdeler*，见上，S.358。

23　同上，S.409。

24　BAK N 1113，Bd.26，p.I.

25　请参阅 Hans - Adolf Jacobsen（出版）的 *Spiegelbild einer Verschwoerung*，Stuttgart 1984，S.248。

26　参见 Winfried Heinemann 的 *Ein konservativer Rebell. Fritz - Dietlof Graf von der Schulenburg und der 20. Juli*，Berlin 1990，S.143ff.。

27　Unsere Idee，Bl.25.

28　Gisevius，*Bis zum bitteren Ende*，见上，S.237，S.241f.；请参阅 Allan Welsh Dulles 的 *Germany's Underground*，

New York 1947, S. 171ff., 以及 Mommsen 的 Gesellschaftsbild und Verfassungsplaene des deutschen Widerstands, 刊登于同一作者的 Alternative zu Hitler, 见上, S. 139f。

29　Unsere Idee, Bl. 25.

30　Jacobsen（出版）的 Spiegelbild einer Verschwoerung, 见上, S. 145。

31　请参阅 Klemens von Klemperer 的分析 Die verlassenen Verschwoerer. Der deutsche Widerstand auf der Suche nach Verbuendeten 1938 – 1945, Berlin 1994, S. 162ff。

32　参见 van Roon 的 Widerstand im Dritten Reich, 见上, S. 131f.; 请参阅 Aufzeichung Ulrich von Hassels vom 2. 8. 1941, 刊登于 Ulrich von Hassel 的 Tagebuecher, Berlin 1987 Neuausgabe, S. 200f.; 关于格德勒亲自向施陶芬贝格施加压力的情节请参加 Mueller, Stauffenberg, 见上, S. 364。

33　Gesamtlage, November 1940, 参见 Schriften, Bd. 2, 见上, S. 828ff。

34　关于 Kreisau 请参阅 Ernst Wilhelm Winterhager 的 Der Kreisauer Kreis. Portraet einer Widerstandsgruppe, Berlin 1985, S. 100ff.; Mommsen, Gesellschaftsbild, 见上, S. 116f。

35　Brief an Freya vom 9. 1. 1943, 刊登于 Helmuth James von Moltke 的 Briefe an Freya 1939 – 1945, Muenchen 1988, S. 450f.; 请参阅 Ulrich von Hassells Tagebuch vom 12. 1. 1943。

36　参见 Mommsen 的 Gesellschaftsbild, 见上, S. 88ff。

37　Daniela Ruether, Der Widerstand des 20. Juli auf dem

注 释

Weg in die soziale Marktwirtschaft. Die wirtschaftspolitischen Auffassungen der buergerlichen Opposition gegen Hitler, Paderborn 2002, S. 353ff.

38 Unsere Idee, Bl. 8（oben Anm. 24）; Die Aufgaben der deutschen Zukunft, *Schriften* Bd. 2, S. 1017ff.; 请参阅 Ruether 的 *Der Widerstand des 20. Juli*, 见上, S. 171。

39 细节参见同上, S. 283ff。

40 Brief an Freya vom 9. 1. 1943, 刊登于 Moltke 的 Schriften, 见上, S. 450f。

41 Von Hasselll, *Tagebuecher*, 见上, S. 347; 请参阅 Ruether 的 *Der Widerstand des 20. Juli*, 见上, S. 282, Anm. 68。

42 Ruether, 同上, S. 283。

43 请参阅 Heinemann 的 *Ein konservativer Rebell*, 见上, S. 299, Anm. 55。

44 参见 van Roon 的 *Neuordnung im Widerstand*, 见上, S. 228f。

45 摘自 Ritter 的 *Goerdeler*, 见上, S. 61。

46 请参阅 Goerdelers Briefentwurf an Kluge, 25. 7. 1942, 刊登于 *Schriften*, Bd. 2, S. 856ff 和 an Ulbricht, vom 17. 5. 1944, S. 853ff。

47 参见 Peter Hoffmann 的 *Claus Schenk Graf von Stauffenberg und seine Brueder*, Stuttgart 1992, 2. Aufl., S. 421。

48 他们是由舒伦堡和其他人校订过的, 参见 Jacobsen（出版）的 *Spiegelbild einer Verschwoerung*, 见上, S. 143。

49 请参阅 Hoffmann 的 *Widerstand*, *Staatsstreich*, *Attentat*, 见上, S. 437, 请参阅 S. 433f。

50 参见 Unsere Idee, November 1944, BAK N1113, Bd. 26, Bl. 18f。

51 Aufzeichnung ueber Judendeportationen aus Leipzig, Januar 1942, 刊登于 *Schriften*, Bd. 2, 见上, S. 846。

52 Aufruf vom 27.1.1945, 刊登于 *Schriften*, Bd. 2, 见上, S. 1235ff。

53 Aufzeichnung vom Dezember 1944, Bl. 2, 见上, S. 1201。

54 Unsere Idee, Bl. 19。

55 请参阅 Fritz Kieffer 的 Carl Friedrich Goerdelers Vorschlag zur Gruendung eines juedischen Staates, 刊登于 *Zeitschift der Savigny – Stiftung fuer Rechtsgeschichte*, Bd. 125 (2008), S. 499ff。

56 请参阅 Hans Mommsen 的 *Auschwitz, 17. Juli 1942. Der Weg zur europaeischen 'Endloesung der Judenfrage'*, Muenchen 2002, S. 10f。

57 (原文编码误。——译者注) Gedanken eines zum Tode Verurteilten, 刊登于 Schriften, Bd. 2, 见上, S. 1137。

58 Unsere Idee, Bl. 33.

59 参见 Schriften, Bd. I, S. 627ff。

60 Gedanken eines zum Tode Verurteilten, in: a. a. O. , S. 1138.

61 参见 Christof Dipper 的 Der Widerstand und die Ju-

den，刊登于 Juergen Schmaedecke/Peter Steichbach（出版）的 *Der Widerstand gegen den Nationalsozialismus*，Muenchen 1994，S. 598 – 616；Hans Mommsen, Der Widerstand gegen Hitler und die nationalsozialistische Judenverfogung，刊登于同一作者的 *Alternative zu Hitler*，见上，S. 397ff.；尽管有个人联系，但是几乎没有迹象表明格德勒赞同弗赖堡民族经济学家 Constantin von Dietze 尖锐的反闪米特人立场，该立场是作为 Anlage 5 zur Denkschrift 'Politische Gemeinschaftsordnung' an die BKD 起草的（请参阅 Dipper，同上，S. 606）。

62 Jacobsen（出版）的 *Spiegelbild einer Verschwoerung*，见上，S. 232 以及 'Politisches Testament'，Aufzeichnung vom 31.1.1945，刊登于 Schriften, Bd. 2，见上，S. 1251。

63 参见 *Schriften*, Bd. 2，见上，S. 1051 和 S. 1201f。

64 Aufruf, 27.1.1945，见上，Anm. 24。

65 Der wahre Frieden, Ende 1944, Bl. 7.

第17章 德国抵抗希特勒运动计划中德国和欧洲的未来

1 刊登于 Ger van Roon 的 *Neuordnung im Widerstand. Der Kreisauer Kreis innerhalb der deutschen Widerstandsbewegung*，Muenchen 1967，S. 507f.；请参阅 Hans Mommsen 的 Der Kreisauer Kreis und die kuenftige Neuordnung Deutschlands und Europas，刊登于同一作者的 *Alternative zu Hitler. Studien zur Geschichte des deutschen Widerstandes*，Muenchen 2000，S. 210。

2 参见 Sabine Gillmann/Hans Mommsen（出版）的 *Politische Schriften und Briefe Carl Friedrich Goerdelers*（= *Schriften*），Muenchen 2003, S. 879f。

3 Mommsen, Der Kreisauer Kreis, 见上, S. 211。

4 请参阅 Hans Mommsen 的 Neuordnungplaene der Widerstandsbewegung des 20. Juli 1944, 刊登于同一作者的 *Alternative zu Hitler*, 见上, S. 178。

5 关于 Delp 请参阅同上, S. 218ff. 和 S. 271。

6 参见 *Spiegelbild einer Verschwoerung, Die Kaltenbrunner – Berichte an Bormann und Hitler ueber das Attentat vom 20. Juli 1944*, Archiv Peter 出版, Stuttgart 1961, S. 34; 请参阅 Christian Mueller 的 *Oberst i. G. Stauffenberg. Eine Biographie*, Duesseldorf 1970, S. 224 和 Bodo Scheurig 的 *Henning von Tresckow. Ein Preusse gegen Hitler*, Frankfurt am Main 1987, S. 176f。

7 Van Roon, Neuordnung, 见上, S. 585; 请参阅 Klemens von Klemperer 的 *Die verlassenen Verschwoerer. Der deutsche Widerstand auf der Suche nach Verbuendeten 1938 – 1945*, Berlin 1994, S. 286f。

8 参见 Hans Mommsen 的 Adolf Reichweins Weg in den Widerstand und den Kreisauer Kreis, 刊登于 *Alternative zu Hitler*, 见上, S. 355ff。

9 请参阅 Daniela Ruether 的 *Der Widerstand des 20. Juli auf dem Weg in die soziale Marktwirtschaft. Die wirtschaftspolitischen Auffassungen der buergerlichen Opposition gegen Hitler*,

注 释

Paderborn 2002, S. 281f。

 10 Van Roon, *Neuordnung*, 见上, S. 567f。

 11 请参阅 Hans Mommsen 的 Wilhelm Leuschner und die Widerstandsbewegung des 20. Juli 1944, 刊登于 *Alternative zu Hitler*, 见上, S. 329ff。

 12 参见 Alfred Delp 的 Im Angesicht des Todes, 刊登于 *Gesammelte Schriften*, Bd. 4, 2. Aufl., S. 313; Roman Bleistein, Alfred Delp. *Geschichte eines Zeugen*, Frankfurt am Main 1989, S. 245ff。

 13 Brief Moltkes an Lionel Curtis vom 18.4.1942, 刊登于 Freya von Moltke/Michael Balfour/Julian Frisby 的 *Helmuth James von Moltke. 1907 – 1945. Anwalt der Zukunft*, Stuttgart 1975, S. 155。

 14 参见 Roman Bleistein（出版）的 *Dossier: Kreisauer Kreis. Dokumente aus dem Widerstand gegen den Nationalsozialismus*, Frankfurt am Main 1987, S. 246f。

 15 参见 Vera Buecker 的研究, *Nikolaus Gross. Politischer Journalist und Katholik im Widerstand des Koelner Kreises*, Muenster 2003, S. 181ff., S. 196f。

 16 请参阅 Ruether 的 *Der Widerstand des 20. Juli*, 见上, S. 315ff。

 17 参见 Schriften, S. 103; Mommsen, Gesellschaftsbild und Verfassungsplaene des deutschen Widerstands, 刊登于同一作者的 *Alternative zu Hitler*, 见上, S. 139f。

 18 Horst Sassin, *Liberale im Widerstand*, Hamburg 1993,

S. 70ff。

19 后续参见 Mommsen 的 Carlo Mierendorffs Programm der 'Sozialistischen Aktion',刊登于同一作者的 *Alternative zu Hitler*,S. 341 – 351,Berlin 1952,S. 283f。

20 参见 Mommsen 的 Carlo Mierendorff,见上,S. 347f。

21 参见 *Spiegelbild einer Verschwoerung*,S. 501;参见 Otto John 的 Maenner im Kampf gegen Hitler,1,Julius Leber,刊登于 *Blick in die Welt*,1947,S. 22;Julius Leber,*Ein Mann geht seinen Weg*,Berlin 1952,S. 283f。

22 请参阅 Emil Henk 的 *Die Tragoedie des 20. Juli*,Heidelberg 1946,S. 48ff。

23 Fabian von Schlabrendorff,*Offiziere gegen Hitler*,Berlin 1984,S. 109。

第18章 "克莱骚圈"的外交设想

1 请参阅在"克莱骚圈"第三次大会之前产生的 Denkschrif 'Aussen – und Innenpolitik',刊登于 Roman Bleistein(出版)的 *Dossier: Kreisauer Kreis. Dokumente aus dem Widerstand gegen den Nationalsozialismus*,Frankfurt am Main 1987,S. 248。

2 参见 Alfred Delp 的 Betrachtung ueber Europa in der Neujahrsnacht vom 1. 1. 1944,刊登于同一作者的 *Gesammelte Schriften*,Roman Bleistein 出版,Bd. 3,Frankfurt am Main 1984,S. 78ff.;请参阅 Bleistein 的 *Alfred Delp. Geschichte eines Zeugen*,Frankfurt am Main 1989,S. 362f。

注　释

3　参见 Dietrich Bonhoeffer 的 *Gesammelte Schriften* Bd. I, Eberhard Bethge 出版, Muenchen 1965, S. 362f.; 请参阅 Klemens von Klemperer 的 *Die verlassenen Verschwoerer. Der deutsche Widerstand auf der Suche nach Verbuendeten 1938 – 1945*, Berlin 1994, S. 242ff。

4　参见 Klemperer 的 Die verlassenen *Verschwoerer*, 见上, S. 246。

5　刊登于 Freya von Moltke 等人（出版）的 *Helmuth James von Moltke. 1907 – 1945. Anwalt der Zukunft*, Stuttgart 1975, S. 185。

6　请参阅 Hans Mommsen 的 Der deutsche Widerstand und die Ueberwindung der nationalstaatlichen Gliederung Europas, 刊登于同一作者的 *Alternative zu Hitler. Studien zur Geschichte des deutschen Widerstandes*, Muenchen 2000, S. 273ff。

7　刊登于 Ger van Roon 的 *Neuordnung im Widerstand. Der Kreisauer Kreis innderhalb der deutschen Widerstandsbewegung*, Muenchen 1967, S. 512f。

8　参见 Moltkes Essay: Fragestellung zur Wirtschaftspolitik. 14. Juni 1943, 刊登于 van Roon 的 *Neuordnung*, 见上, S. 552ff。

9　参见 Hans Rothfels 的 Trott und die Aussenpolitik des Widerstandes, 刊登于 VfZ12 (1964), S. 215f。

10　请参阅 Mommsen 的 Der deutsche Widerstand und die Ueberwindung der nationalstaatlichen Gliederung Europas, 刊登于同一作者的 *Alternative zu Hitler*, 见上, S. 274。

11 参见 Ernst Wilhelm Winterhager 的 *Der Kreisauer Kreis. Portraet einer Widerstandsgruppe*，Berlin 1985，S. 223 – 228；请参阅 Klemperer 的 *Die verlassenen Verschwoerer*，见上，S. 310ff。

12 参见 Bleistein（出版）的 *Dossier Kreisauer Kreis*，见上，S. 261。

13 请参阅 Dagmar Poepping 的基本研究 *Abendlaendisches Denken in der Zwischenkriegszeit*，Hamburg 2002。

14 请参阅 Antonia Leugers 的 *Georg Angermaier 1913 – 1945. Katholischer Jurist zwischen nationalsozialistischem Regiment und Kirche*，Mainz 1994，S. 108ff。

15 参见 Hans Mommsen 的 Neuordnungplaene der Widerstandsbewegung des 20. Juli 1944，刊登于同一作者的 *Alternative zu Hitler*，见上，S. 193ff。

16 请参阅 van Roon 的 *Neuordnung*，见上，S. 362。

17 请参阅 Hans Mommsen 的 Der Kreisauer Kreis und die kuenftige Neuordnung Deutschlands und Europas，刊登于同一作者的 *Alternative zu Hitler*，见上，S. 215。

18 参见 Bleistein（出版）的 *Dossier Kreisauer Kreis*，见上，S. 252；请参阅 Hans Mommsen，同上，S. 313ff。

19 Erste Weisung an die Landesverweser vom 9. August 1943，刊登于 van Roon 的 *Neuordnung*，见上，S. 567ff。

20 Aussen – und Innenpolitik, Aufzeichnung vom Fruehjahr 1943，刊登于 Bleistein（出版）的 *Dossier Kreisauer Kreis*，见上，S. 246f。

注　释

21　请参阅 1943 年 6 月 14 日在"克莱骚圈"通过的 Grundlagen fuer eine Aussenpolitik der Nachkriegszeit，同上，S. 269f。

22　*Denkschrift zur Befriedigung Europas*，Fruehjahr 1943，同上，S. 255。

23　请参阅 Gunter Schmoelders 的 *Personalistischer Sozialismus. Die Wirtschaftskonzeption des Kreisauer Kreises in der deutschen Widerstandsbewegung*，Koeln 1969。

24　刊登于 van Roon 的 *Neuordnung*，S. 572 - 575。

25　同上，S. 575ff。

26　请参阅同上，S. 309f；内容由 Trott 和 Moltke 密切合作编写。

27　关于这些先决条件参见 Klemperer 的 *Die verlassenen Verschwoerer*，见上，S. 188ff. 和 S. 209ff。

28　摘自 van Roon 的 *Neuordnung*，见上，S. 322。

29　Van Roon，*Neuordnung*，见上，S. 582ff.；Klemperer，*Die verlassenen Verschwoerer*，见上，S. 286ff。

30　Van Roon，*Neuordnung*，见上，S. 310f.；Klemperer，*Die verlassenen Verschwoerer*，见上，S. 332。

31　同上，S. 367。

32　同上，S. 313。

33　同上，S. 226ff。

34　请参阅 Thomas Childers 的 The Kreisau Circle and the Twentieth of July，刊登于 David C. Large（出版）的 *Contending with Hitler. Varieties of German Resistance in the Third*

Reich, Cambridge Mass. 1991, S. 99 – 118。

第19章 "红色乐团"和德国抵抗运动

1 请参阅 Juergen Denyel 的 Die Rote Kapelle innerhalb der deutschen Widerstandsbewegung, 刊登于 Hans Coppi/Juergen Dayel/Johannes Tuchel 的 *Die Rote Kapelle im Widerstand gegen den Nationalsozialismus*, Berlin 1994, S. 15ff。

2 请参阅 Leopold Trepper 的 *Die Wahrheit. Autobiographie*, Muenchen 1975, S. 119f。

3 请参阅 Peter Steinbach 的 Die Rote Kapelle – 50 Jahre danche, 刊登于 Coppi/Danyel/Tuchel 的 *Die Rote Kapelle*, 见上, S. 56ff.; 最近则是 Anne Nelson 的 *Die Rote Kapelle. Die Geschichte der legendaeren Widerstandsgruppe*, Muenchen 2010, S. 345ff。

4 请参阅 Heinz Hoehne 的 *Kennwort Direktor. Die Geschichte der Roten Kapelle*, Frankfurt 1970, S. 285ff。

5 Gerhard Ritter, *Carl Goerdeler und die deutsche Widerstandsbewegung*, Stuttgart 1956, S. 106f。

6 Heinz Hoehne, *Kennwort Direktor*, 见上, S. 303ff。

7 Hans Coppi 概况参见的 Elsa Boysen 的 *Harro Schulze – Boysen. Das Bild eines Freiheitskaempfers*, Koblenz 1992, S. 47f. 以及 Hans Coppi 的 *Harro Schulze – Boysen: Weg in den Widerstand*, Koblenz 1993; Peter Steinbach, Die Widerstandsorganisation Harnack – Schulze – Boysen, 刊登于 GWU42 (1991), S. 133 – 152 以及 Nelson 的 *Die Rote Kapelle*, 见上,

注　释

S. 477。

8　参见 Shareen Blair Brysac 的传记 *Mildred Harnack und die 'Rote Kapelle'*，Berlin 2003，S. 282ff。

9　Der Gegner – Kreis im Jahre 1932 – 33. Ein Kapitel aus der Vorgeschichte des Widerstands，刊登于 *Evangelisches Bildungswerk Berlin*，Dokumentation 79/91，Berlin 1990。

10　Der Gegner，5. Maerz 1932，摘自 Elsa Boysen 的 *Harro Schulze Boysen*，见上，S. 10。

11　Der Gegner 4. Jg. (1933)，S. 1；请参阅 Schulze Boysen an seinen Vater (Mitte April 1933)："在未来围绕着国家社会主义经济和宗教结构的斗争当中，我们希望成为第三个普鲁士的先驱"，*IfZ*，ED355/2。

12　参见 Brysac 的 *Mildred Harnack*，见上，S. 284ff。

13　参见 Elsa Boysen 的 *Harro Schulze – Boysen*，见上，S. 44。

14　请参阅同上，S. 44，S. 47 Anm. 8。

15　Brysac，*Mildred Harnack*，见上，S. 287。

16　请参阅 Christian Mueller 的 *Oberst i. G. Stauffenberg*，Duesseldorf 1970，S. 870。

17　请参阅 Peter Steinbach/Johannes Tuchel（出版）的 *Lexikon des Widerstandes*，Muenchen 1998，S. 270f.；Elsa Boysen 的 Mildred Harnack，见上。

18　同上，S. 273。

19　参见 Heinrich Scheel 的 *Vor den Schranken des Reichskriegsgerichts*，Berlin 1993，S. 259f。

20　同上，S. 260。

21　Hans Coppi, Harro und Libertas Schulze-Boysen, 刊登于 Coppi/Danyel/Tuchel 的 *Die Rote Kapelle*，见上，S. 199ff。

22　请参阅 Juergen Danyel 的 *Die Rote Kapelle* innerhalb der deutschen Widerstandsbewegung，同上，S. 29ff。

23　摘自 Egmont Zechlin，同上，S. 31。

24　请参阅 Dayel 的 Die Rote Kapelle，见上，S. 29ff。

25　还有 Anne Nelson 令人入迷的描述，*Die Rote Kapelle. Die Geschichte der legendaeren Widerstandsgruppe*，Muenchen 2010，它成功地描绘了活动延伸得很远的"红色乐团"的整体形象；请参阅我的讲座 Von Spionage kaum eine Spur，刊登于 2010 年 6 月 20 日 *Frankfurter Rundschau*，66. Jg. Nr. 147，S. 23。

26　请参阅 Heinrich Siefken 的 *Die Weisse Rose und ihre Flugblaetter*，Manchester 1994，S. 8f. und passim，以及 Soenke Zankel 的 *Mit Flugblaettern gegen Hitler. Der Widerstandskreis um Hans Scholl und Alexander Schmorell*，Koeln 2008，S. 250ff. 和 S. 354f。

27　Scheel, *Vor den Schranken des Reichtsgerichts*，见上，S. 253ff.

28　参见 Johannes Tuchel 的 Maria Terwiel und Helmut Himpel，刊登于 Coppi/Danyel/Tuchel 的 *Die Rote Kapelle*，见上，S. 267f.；Beatrix Herlemann 的 Die Rote Kapelle und der kommunistische Widerstand，同上，S. 79ff。

注　释

第 20 章　汉斯·罗特费尔斯：连接不同时期的历史学家

1　该报告是 2006 年 6 月 11 日为纪念汉斯·罗特费尔斯逝世 30 周年在蒂宾根大学作的纪念讲座。

2　Jan Eckel, *Hans Rothfels. Eine intellektuelle Biographie im 20. Jahrhundert*, Goettingen 2005.

3　请参阅 Matthias Beer 的研究报告 Hans Rothfels und die Traditionen der deutschen Zeitgeschichte，刊登于 Johannes Huerter/Hans Woller（出版）的 *Hans Rothfels und die deutsche Zeitgeschichte*, Muenchen 2005, S. 161f。

4　Carl von Clausewitz, *Politik und Krieg. Eine iddengeschichtliche Studie*, Berlin 1920.

5　参见 Eckel 的描述，*Rothfels*，见上，S. 213ff., S. 222f.；请参阅 Peter Th. Walther 的 Hans Rothfels im amerikanischen Exil，刊登于 Huerter，同上，S. 85f. 以及 Woller（出版）的 *Hans Rothfels und die deutsche Zeitgeschichte*，见上，S. 83ff。

6　请参阅 Winfried Schulze 的 *Deutsche Geschichtswissenschaft nach 1945*, Muenchen 1989, S. 141f.；Eckel, Rothfels，见上，S. 231ff。

7　纪念俾斯麦诞辰 150 周年，刊登于 *VfZ12*（1965），S. 225 - 235。

8　Hans Rothfels, *Theodor Lohmann und die Kampfjahre der staatlichen Sozialpolitik*, Berlin1927；请参阅 Karl Heinz

Roth 的分析 Hans Rothfels. Geschichtspolitische Doktrinen im Wandel der Zeiten，刊登于 *Zeitschrift fuer Geschichtswissenschaft* 4 (2001)，S. 1063ff。

9 请参阅 Eckel 的详细分析，*Rothfels*，见上，S. 148ff.；我记得，他把带到美国去的帝国档案的节选保存在蒂宾根的办公室里，一直还打算写个全面的描述。

10 参见 Hans Rothfels 的 Bismarck und Karl Marx，刊登于 *Jahresheft der Heidelberger Akademie der Wissenschaften 1959/60*，Heidelberg 1961，S. 51 – 67。

11 参见 Hans Rothfels 的 *Bismarck, der Osten und das Reich*，Neuausgabe Darmstadt1960，S. 26；请参阅 Eckel 的 *Rothfels*，见上，S. 155f.，他与将罗特费尔斯的东方政策计划与民族主义立场相认同的努力划清了界限，例如 Willi Oberkrone 在 Historiker im 'Dritten Reich' 中，刊登于 GWU50 (1999)；Ingo Haar, Anpassung und Versuchung. Hans Rothfels und der Nationalsozialismus，刊登于 Huerter/Woller (出版) 的 *Hans Rothfels und die deutsche Zeitgeschichte*，见上，S. 63 – 82 以及同一作者刊登于 Ingo Haar/Michael Fahlbusch (出版) 的 *Handbuch der voelkischen Wissenschaften*，Muenchen 2008，S. 58f。

12 请参阅 Eckel 的 *Rothfels*，见上，S. 204f。

13 参见 Wolfgang Neugebauer 的 Hans Rothfels als politischer Historiker der Zwischenkriegszeit，刊登于 Peter Drewk/Klaus Zernack (出版) 的 *Osteuropaeische Geschichte in vergleichender Sicht*，Berlin 1996，S. 333 – 378。

注　释

14　Jan Eckel, Geschichte als Gegenwartswissenschaft, 刊登于 Johannes Huerter/Hans Woller（出版）的 *Hans Rothfels und die deutsche Zeitgeschichte*, 见上, Muenchen 2005, S. 22f., 以及同一作者的 *Rothfels*, 见上, S. 123ff., S. 153f.；参见 Ingo Haar 的 Anpassung und Versuchung. Hans Rothfels und der Nationalsozialismus, 同上, S. 7ff. 以及同一作者, 刊登于 Fahlbusch 的 *Handbuch der voelkischen Wissenschaften*, 见上, S. 18f.。

15　请参阅 Karen Schoenwaelder 的 *Historiker und Politik. Geschichtswissenschaft im Nationalsozialismus*, Frankfurt am Main 1992, S. 55ff.。

16　请参阅 Hans Rothfels 的 Zur Krise des Nationalstaats, 刊登于 *Zeitgeschichtliche Betrachtungen*, Goettingen 1959, S. 93f.；请参阅 Hans Mommsen 的 Geschichtsschreibung und Humanitaet. Zum Gedenken an Hans Rothfels, 刊登于 Wolfgang Benz/Hermann Graml（出版）的 *Aspekte deutscher Aussenpolitik im 20. Jahrhundert*, Stuttgart 1976, S. 26。

17　参见 Eckel 的分析, Rothfels, 见上, S. 248ff.。

18　请参阅 Christoph Cornelissen 的 Hans Rothfels, Gerhard Ritter und die Rezeption des 20. Juli 1944, 刊登于 Huerter/Woller（出版）的 *Hans Rothfels und die deutsche Zeitgeschichte*, 见上, S. 113。

19　Nicolas Berg, *Der Holocaust und die westdeutschen Historiker. Erforschung und Erinnerung*, Goettingen 2003, S. 163。那里可以看到这一断言：罗特费尔斯"将德国人在 1945 年之

后的普遍歉疚反射作为科学建立了起来"。参见 Rothfels 的纲领性文章：Sinn und Aufgabe der Zeitgeschichte，刊登于 *Zeitgeschichtliche Betrachtungen*，Goettingen 1959，S. 9 – 16。

20 同一作者，Das politische Vermaechtnis des deutschen Widerstands，刊登于 *Zeitgeschichtliche Betrachtungen*，同上，S. 165。

21 批评参见 Eckel 的 Rothfels，见上，S. 364ff.；Berg，*Holocaust*，见上，S. 163f 以及 S. 189，称罗特费尔斯"违背良心"淡化了大屠杀的重要性。

22 Karl Heinz Roth，Hans Rothfels und die neokonservative Geschichtsschreibung diesseits und jenseits des Atlantik，刊登于 *Sozialgeschichte* H18（2003），S. 41 – 71。

23 请参阅 Eckel 的 *Rothfels*，见上，S. 244f。

24 细节参见同上，S. 187。

25 Berg，Holocaust，见上，S. 163。不管是 Eckel 还是 Berg 都批评罗特费尔斯倒不如说遏制了大屠杀研究（这在国际研究上也是不正确的），表明他们对一位犹太裔高校讲师在西德从事活动所处条件的完全不了解。

26 Rothfels，*Zeitgeschichtliche Betrachtungen*，见上，S. 16。

27 Karl Heinz Roth，Hans Rothfels. Geschichtspolitische Doktrinen im Wandel der Zeiten，刊登于 *Zeitschrift fuer Geschichtswissenschaft* 49（2001），S. 1073；请参阅，同一作者的 Neo – konservative Geschichtspolitik diesseits und jenseits des Atlantik，刊登于 *H – Soz – Kult* vom 15. Februar 2003，S. 1 – 6。

28 Eckel，*Hans Rothfels*，见上，S. 187。

人名译名对照表

Adennauer, Konrad　阿登纳，康拉德

Allemann, Fritz Rene von　阿勒曼，弗里茨·勒内·冯

Aly, Goetz　阿黎，格茨

Amann, Max　阿曼，马克思

Angermeier, Georg　安格迈尔，格奥尔格

Arendt, Hannah　阿伦特，汉娜

Badoglio, Pietro　巴多格里奥，佩特罗

Baeck, Leo　贝克，莱奥

Bajohr, Frank　巴约尔，弗兰克

Bauer, Otto　鲍尔，奥托

Beck, Ludwig　贝克，路德维希

Becker, Josef　贝克尔·约瑟夫

Benn, Gottfried　本，戈特弗里德

Berg, Nicolas　贝格，尼古拉斯

希特勒与20世纪德国

Bernadotte, Graf Folke　贝纳多特，福尔克

Bismarck, Otto von　俾斯麦，奥托·冯

Blaskowitz, Johannes　布拉斯科维茨，约翰内斯

Blum, Leon　布卢姆，莱昂

Boldt, Hans　博尔特，汉斯

Bolz, Eugen　博尔茨，欧根

Bonhoeffer, Dietrich　邦赫费尔，迪特里希

Bormann, Martin　博尔曼，马丁

Bosch, Robert　博世，罗伯特

Bouhler, Philipp　鲍赫勒，菲利普

Bracher, Karl Dietrich　布拉赫尔，卡尔·迪特里希

Brandt, Willy　勃兰特，维利

Brauer, Theodor　布劳尔，特奥多尔

Braun, Eva　布劳恩，埃娃

Broszat, Martin　布罗萨特，马丁

Bruening, Heinrich　布吕宁，海因里希

Brzesinski, Zbigniew Kazimierz　布热津斯基，兹比格涅夫·卡济米尔兹

Bullock, Alan　布洛克，艾伦

Burckhardt, Jacob　布尔克哈特，雅各布

Canaris, Wilhelm　卡纳里斯，威廉

Chamberlain, Neville　张伯伦，内维尔

Chaplin, Charlie　卓别林，查理

Clausewitz, Carl von　克劳塞维茨，卡尔·冯

Conze, Werner　康策，维尔纳

Coulondre, Robert　库隆德，罗贝尔

Cuno, Wilhelm　库诺，威廉

人名译名对照表

Curtis, Lionel 柯蒂斯,莱昂内尔

Dahrendorf, Ralf 达伦多夫,拉尔夫

Dannecker, Theodor 丹内克尔,特奥多尔

Darre, Walter 达雷,瓦尔特

Delp, P. Alfred 德尔普,阿尔费雷德·P

Dickels, Otto 迪克尔斯,奥托

Doenitz, Karl 邓尼茨,卡尔

Drexler, Anton 德莱克斯勒,安东

Dulles, Allan Welsh 杜勒斯,艾伦·威尔逊

Ebert, Friedrich 艾伯特,弗里德里希

Eckart, Dietrich 埃卡特,迪特里希

Eckel, Jan 埃克尔,扬

Ehard, Hans 埃哈德,汉斯

Ehrhardt, Hermann 埃尔哈特,赫尔曼

Eichmann, Adolf 艾希曼,阿道夫

Ersing, Josef 埃尔辛,约瑟夫

Erzberger, Matthias 埃茨贝格尔,马蒂亚斯

Esser, Hermann 埃塞尔,赫尔曼

Evans, Richard 埃文斯,理查德

Gaevernitz, Gero von 格费尼茨,格罗·冯

Gaulle, Charles de 戴高乐,夏尔

Gayl, Wilhelm Freiherr von 盖尔男爵,威廉·冯·

George, Stefan 格奥尔格,施特凡

Gerstenmaier, Eugen 格斯登美尔,欧根

希特勒与20世纪德国

Gilbert, Felix　吉尔贝特，费利克斯

Gisevius, Hans Bernd　吉泽菲乌斯，汉斯·贝尔德

Globocnik, Odilo　格洛博奇尼克，奥迪路

Gneisenau, August Neithardt von　格奈泽瑙，奥古斯特·奈德哈德·冯

Goebbels, Joseph　戈培尔，约瑟夫

Goerdeler, Carl Friedrich　格德勒，卡尔·弗里德里希

Goering, Hermann　戈林，赫尔曼

Goldhagen, Daniel　戈尔德哈根，丹尼尔

Greiser, Arthur　格莱瑟，阿图尔

Groener, Wilhelm　格勒纳，威廉

Gross, Nikolaus　格罗斯，尼古劳斯

Guertner, Franz　古特纳，弗朗茨

Gumbel, Julius　古姆贝尔，尤里乌斯

Habermann, Max　哈贝尔曼，马克思

Haeften, Werner von　黑夫滕，维尔纳·冯

Haffner, Sebastian　哈夫纳，塞巴斯蒂安

Halder, Franz　哈尔德，弗朗茨

Hamann, Brigitte　哈曼，布里吉特

Hanfstaengl, Elsa　汉夫施丹格尔，艾尔莎

Harlan, Veit　哈兰，法伊特

Harnack, Adolf von　哈纳克，阿道夫·冯

Harnack, Arvid　哈纳克，阿维德

Harnack – Fish, Mildred　哈纳克-菲什，米尔德里德

Harrer, Karl　哈勒，卡尔

Hassell, Ulrich von　哈塞尔，乌尔里希·冯

Haubach, Theodor　豪巴赫，特奥多尔

人名译名对照表

Henk, Emil 亨克，埃米尔

Hennis, Wilhelm 亨尼斯，威廉

Herbst, Ludolf 赫布斯特，卢多尔夫

Herfs, Jeffrey 赫弗茨，杰弗里

Hess, Rudolf 赫斯，鲁道夫

Heuss, Theodor 豪斯，特奥多尔

Heydrich, Reinhard 海德里希，赖因哈特

Hildebrand, Klaus 希尔德布兰特，克劳斯

Himmler, Heinrich 希姆莱，海因里希

Hindenburg, Paul von 兴登堡，保罗·冯

Hitler, Adolf 希特勒，阿道夫

Hoehne, Heinz 赫内，海因茨

Hoeppner, Rolf – Heinz 赫普讷，罗尔夫-海因茨

Hoess, Rudolf 赫斯，鲁道夫

Hoetzsch, Otto 赫茨施，奥托

Hoffmann, Heinrich 霍夫曼，海因里希

Holborn, Hajo 霍尔本，哈约

Hugenberg, Alfred 胡根贝格，阿尔弗雷德

Husemann, Walter 胡泽曼，瓦尔特

Jackson, Robert H. 杰克逊，罗伯特·H

Jaeckel, Eberhard 耶克尔，埃贝哈德

Jeckeln, Friedrich 杰克林，弗里德里希

Jessen, Jens 耶森，延斯

John, Otto 约翰，奥托

Jost, Hans 约斯特，汉斯

Juenger, Ernst 荣格尔，恩斯特

希特勒与20世纪德国

Kahr, Gustav Ritter von 卡尔，古斯塔夫·冯

Kaiser, Jakob 凯泽，雅各布

Kaltenbrunner, Ernst 卡尔滕布伦纳，恩斯特

Kapp, Wolfgang 卡普，沃尔夫冈

Katzmann, Friedrich 卡茨曼，弗里德里希

Keitel, Wilhelm 凯特尔，威廉

Kelsens, Hans 凯尔森斯，汉斯

Kennan, George 凯南，乔治

Kershaw, Ian 克肖，伊恩

Kippenberg, Anton 基彭贝格，安东

Kirk, Alexander 柯克，亚历山大

Kleist-Schmenzin, Ewald von 克莱斯特-施门津，埃瓦尔德·冯

Koehler, Erich 克勒，埃里希

Kortikov, Alexander 科蒂科夫，亚历山大

Koshar, Rudy 寇莎，鲁迪

Kriebel, Ernst 克里贝尔，恩斯特

Kuechenmeister, Walter 屈兴迈斯特，瓦尔特

Kuckhoff, Ernst 库克霍夫，恩斯特

Kube, Wilhelm 库彼，威廉

Kujau, Konrad 库耀，康拉德

Lammers, Hans Heinrich 拉默斯，汉斯·海因里希

Lammers, Wilhelm 拉默斯，威廉

Leber, Julius 勒伯尔，尤里乌斯

Lederer, Emil 莱德雷尔，埃米尔

Lehmann, Julius 勒曼，尤里乌斯·F

人名译名对照表

Lehr, Robert　勒尔，罗伯特

Lenin, Wladimir　列宁，弗拉基米尔

Lenz, Siegfried　伦茨，西格弗里德

Letterhaus, Bernhard　莱特豪斯，伯恩哈德

Leuschner, Wilhelm　洛伊施讷，威廉

Ley, Robert　莱伊，罗伯特

Liebknecht, Karl　李卜克内西，卡尔

Linz, Juan　林茨，胡安

Lipset, Seymour Martin　李普塞特，西摩·马丁

Litt, Theodor　利特，特奥多尔

Lohmann, Theodor　洛曼，特奥多尔

Lohse, Hinrich　洛泽，欣里希

Lubbe, Marinus van der　卢贝，马里努斯·范·德尔

Ludendorff, Erich　鲁登道夫，埃里希

Lukacs, Georg　卢卡奇，捷尔吉

Luxemburg, Rosa　卢森堡，罗莎

Maass, Hermann　马斯，赫尔曼

Mahraun, Artur　马劳恩，阿图尔

Mann, Heinrich　曼，海因里希

Manstein, Erich von　曼施泰因，埃里希·冯

Marx, Karl　马克思，卡尔

Marx, Wilhelm　马克思，威廉

Mayr, Karl　迈尔，卡尔

Mehnert, Klaus　梅纳特，克劳斯

Meinecke, Friedrich　迈内克，弗里德里希

Menzel, Walter　门采尔，瓦尔特

希特勒与20世纪德国

Mertz von Quirnheim, Albrecht Ritter　默茨·冯·基尔海姆, 阿尔布雷希特·里特尔·

Mierendorff, Carlo　米伦多夫, 卡洛

Moeller van den Bruck, Arthur　默勒·范登布鲁克, 阿图尔

Moltke, Freya Graefin von　毛奇伯爵夫人, 弗雷亚

Moltke, Helmuth James Graf　毛奇伯爵, 赫尔姆特·詹姆斯·冯

Mueller, Heinrich　米勒, 海因里希

Mueller, Karl Alexander von　米勒, 卡尔·亚历山大·冯

Mussolini, Benito　墨索里尼, 贝尼托

Napoleon I.　拿破仑一世

Neugebauer, Wolfgang　诺伊格鲍尔, 沃尔夫冈

Neumann, Franz　诺依曼, 弗兰茨

Niekisch, Ernst　尼基施, 恩斯特

Nietzsche, Friedrich　尼采, 弗里德里希

Nolte, Ernst　诺尔特, 恩斯特

Olbricht, Friedrich　奥尔布里希特, 弗里德里希

Oppenhoff, Franz　奥本霍夫, 弗兰茨

Oster, Hans　奥斯特, 汉斯

Papen, Franz von　巴本, 弗兰茨·冯

Petain, Philippe　贝当, 菲利普

Peukert, Detlef　波伊克特, 德特勒夫

Pflanze, Otto　普夫兰策, 奥托

Popitz, Johannes　波皮茨, 约翰内斯

Preuss, Hugo　普罗伊斯, 胡戈

人名译名对照表

Prinz, Michael 普林茨,米夏埃尔

Reichwein, Adolf 赖希魏因,阿道夫
Reinecke, Hermann 赖内克,赫尔曼
Remarque, Erich Maria 雷马克,埃里希·玛丽亚
Remer, Otto Ernst 雷默,奥托·恩斯特
Renner, Karl 伦纳,卡尔
Ribbentrop, Joachim von 里宾特洛甫,约阿希姆·冯
Robespierre, Maximilien de 罗伯斯庇尔,马克西米连·德
Robinson, Hans 罗宾逊,汉斯
Roeder, Manfred 勒德尔,曼弗雷德
Roehm, Ernst 罗姆,恩斯特
Roesch, Augustin 勒施,奥古斯廷
Roesch, Paul 勒施,保罗
Roever, Karl 勒韦尔,卡尔
Rommel, Erwin 隆美尔,埃尔温
Rosenberg, Alfred 罗森堡,阿尔弗雷德
Roth, Karl Heinz 罗特,卡尔·海因茨
Rothfels, Hans 罗特费尔斯,汉斯
Ruestow, Alexander 吕斯托,亚历山大

Schacht, Hjalmar 沙赫特,亚尔马
Schieder, Theodor 席德尔,特奥多尔
Schlabrendorff, Fabian von 施拉布伦多夫,法比安·冯
Schleicher, Kurt von 施莱歇,库尔特·冯
Schleunes, Karl 施洛伊内斯,卡尔
Schoenbaum, David 舍恩鲍姆,达维德

Schulenburg, Fritz – Dietlof von der　舒伦堡，弗里茨–迪特洛弗·冯·德

Schulz, Gerhard　舒尔茨，格哈德

Schulze – Boysen, Harro　舒尔策–博伊森，哈罗

Schumacher, Kurt　舒马赫，库尔特

Seeckt, Hans von　泽克特，汉斯·冯

Shirer, William L.　夏伊勒，威廉·L

Shukov, Georgi K.　朱可夫，格奥尔吉·K

Sieg, John　西格，约翰

Siemer, P. Laurentius　西默尔，P·劳伦丘斯

Spann, Otmar　施潘，奥特马尔

Speer, Albert　施佩尔，阿尔贝特

Spengler, Oswald　斯宾格勒，奥斯瓦尔德

Spranger, Eduard　斯普朗格，爱德华

Stahlecker, Walter　施塔莱克，瓦尔特

Stalin, Josef　斯大林，约瑟夫

Stauffenberg, Berthold Schenk Graf von　施陶芬贝格伯爵，贝托尔德·申克·冯

Stauffenberg, Claus Schenk Graf von　施陶芬贝格伯爵，克劳斯·申克·冯

Steltzer, Theodor　施特尔策，特奥多尔

Stern, J. Peter　斯特恩，彼得

Strasser, Gregor　施特拉塞尔，格雷戈尔

Strasser, Otto　施特拉塞尔，奥托

Streicher, Julius　施特莱歇尔，尤里乌斯

Stresemann, Gustav　施特雷泽曼，古斯塔夫

Suesterhenn, Adolf　聚斯特亨，阿道夫

人名译名对照表

Thuengen, Karl Freiherr von　廷根男爵，卡尔·冯

Trepper, Leopold　特雷佩尔，利奥波德

Tresckow, Henning von　特雷斯科，亨宁·冯

Trevor – Roper, Hughes　特雷弗 – 罗珀，休

Trotha, Carl Dietrich von　特罗塔，卡尔·迪特里希·冯

Trott zu Solz, Adam von　特罗特·楚·佐尔茨，亚当·冯

Turner, Henry A.　特纳，亨利·A

Uexkuell – Gyllenband, Nikolaus Graf von　尼古劳斯伯爵，于克斯屈尔 – 居伦班德·冯

Ulbricht, Walter　乌布利希，瓦尔特

Vissert Hooft, Willem　维瑟特·霍夫特，威廉

Weber, Christian　韦伯，克里斯蒂安

Weber, Max　韦伯，马克斯

Wehler, Hans – Ulrich　魏勒，汉斯 – 乌尔里希

Weinberg, Gerhard　魏因贝格，格哈德

Weizsaecker, Ernst von　魏茨泽克，恩斯特·冯

Wilbrandt, Hans　维尔布兰特，汉斯

Wildt, Michael　维尔特，米夏埃尔

Wilhelm II.　威廉二世

Wirmer, Josef　维尔默，约瑟夫

Witzleben, Erwin von　维茨莱本，埃尔温·冯

Wlassow, Alxeji　弗拉索夫，安德烈

Wurm, Theophil　武尔姆，特奥菲尔

希特勒与20世纪德国

Yorck von Wartenburg, Peter Graf 约克·冯·瓦滕堡伯爵,彼得

Zapf, Wolfgang 查普夫,沃尔夫冈
Zehrer, Hans 策雷尔,汉斯
Zitelmann, Rainer 齐特尔曼,赖讷

图书在版编目(CIP)数据

希特勒与20世纪德国 /(德)莫姆森(Mommsen,H.)著. 赵涟译. —北京:社会科学文献出版社,2013.6(2018.7重印)
(莱茵译丛)
ISBN 978-7-5097-4417-8

Ⅰ.①希… Ⅱ.①莫…②赵… Ⅲ.①德意志第三帝国-研究 Ⅳ.①K516.44

中国版本图书馆CIP数据核字(2013)第056214号

·莱茵译丛·

希特勒与20世纪德国

著　　者	／〔德〕汉斯·莫姆森(Hans Mommsen)
译　　者	／赵　涟
出 版 人	／谢寿光
项目统筹	／段其刚　董风云
责任编辑	／冯立君　段其刚
出　　版	／社会科学文献出版社·甲骨文工作室(010)59366551
	地址:北京市北三环中路甲29号院华龙大厦　邮编:100029
	网址:www.ssap.com.cn
发　　行	／市场营销中心(010)59367081　59367018
印　　装	／三河市尚艺印装有限公司
规　　格	／开本:889mm×1194mm　1/32
	印张:13　字数:280千字
版　　次	／2013年6月第1版　2018年7月第5次印刷
书　　号	／ISBN 978-7-5097-4417-8
著作权合同登记号	／图字01-2011-7084号
定　　价	／49.00元

本书如有印装质量问题,请与读者服务中心(010-59367028)联系

△ 版权所有　翻印必究